JN485697

세계문학 속의 여성

경북대학교 기초교육원
복현모둠강좌 No. 6

세계문학 속의 여성

찍은날 2011년 6월 24일 • **펴낸날** 2011년 6월 30일
저자 김성택 심진경 최승수 박연옥 조주관 이강은 윤영순
이재진 이은숙 정지용 한재환 정혜욱 인성기
편자 김성택
펴낸이 함인석 • **펴낸곳** 경북대학교출판부 • **출판등록** 1973년 10월 10일 ㉑97호
주소 대구광역시 북구 대학로 80번지 • **전화** 053-950-6741~3 • **팩스** 053-953-4692
이메일 press@knu.ac.kr • **홈페이지** http://knupress.com
정가 15,000원 • **ISBN** 978-89-7180-312-7 93890
※파본은 바꾸어 드립니다.

세계문학 속의 여성

김성택 심진경 최승수 박연옥 조주관
이강은 윤영순 이재진 이은숙 정지용
한재환 정혜욱 인성기 공저

김성택 편

서문

이 책을 엮게 된 '서구문학 속의 여성'이란 부제의 모둠강좌가 열린 때는 경북대학교 기초교육원에서 '복현모둠강좌'를 기획한 지 두 번째 학기인 2010년 1학기였다. 나를 포함하여 서구문학을 전공한 몇몇 교수들은 대학생들이 하나의 일관된 시선이나 주제를 통해 세계의 여러 문학 작품을 읽을 수 있게 할 방안을 고민하던 중 '복현모둠강좌'라는 기획에 기대어 이 고민을 해결하고자 의견을 모았고, 그것이 이 강좌의 출발점이 되었다.

하나의 일관된 시각을 공동강의에 부여하는 것이 처음부터 쉽지는 않았다. 공동으로 나누어 가져야 할 시각 혹은 주제가 우선 포괄적이면서 많은 사람의 입을 통해 논의가 이루어져 왔던 것이어야 했고, 그런 면에서 '여성'이란 주제는 그럴 듯했다. 얼마나 많은 연구자들이 여성에 관한 글을 쓰고 발표를 했던가! 그리고 수많은 강연과 강의가 있었을 것이다. 하지만 '서구문학 속의 여성'에 관한 강의는 아직 없었거나 짧은 시간 안에 부분적으로 다루어졌던 것 같다. (물론 이 말은 내 짧은 소견일 따름이다. 많은 대학의 모든 강의를, 또 그 강의 내용을 살펴보기란 거의 불가능한 일이다.)

강사진은 영어권, 불어권, 독일어권, 러시아어권을 중심으로 섭외하였지만, 우리문학 속의 여성에 관한 강의도 필요하다고 보았고 또한 시대나 장르, 그리고 소외계층에 대한 배려도 염두에 두었다. 지금까지의 페미니즘을 조망할 수 있는 강의도 넣고자 했으나 우리의 주제를 흩뜨려 놓을 것 같아 매우 조심스러웠고 섭외의 어려움도 있어서 결국 이 부분은 포기했다. 그 대신 교실 밖의 세미나로 대신하였다. 이 책에서 볼 수 있는 강사진이 최상이거나 가장 적절했다고 볼 수는 없지만, 나름대로 주어진 조건 안에서는 최선을 다했다고 본다.

우리들의 고민은 사실 '어떻게 학생들이 문학작품에 관심을 갖게 하고 읽게 하느냐', 이런 것이었다. 이런 말을 해도 될지 모르겠지만, 여성이란 주제는 일종의 '유혹'이었다. 물론 이 '유혹'은 말 그대로 매우 매혹적이면서 논란거리가 많은 것이어서 더욱 효과가 있으리라는 것이 우리의 생각이었다. 궁극적으로는 문학작품을 통해 삶 전체를 더욱 폭넓고 또 깊게 이해하고 문학적 언어를 맛보면서 타자와 소통하는 방법을 각자의 방식으로 익히도록 하는 것이 우리의 목적이었다. 요즘 우리는 일상생활 속에서 그리고 특히 인터넷에서 너무도 거친 언어를 마구 내뱉고 있지 않던가!

말해 놓고 보니 한 학기의 강좌가 갖는 목적으로는 너무 거창한 것이 되었지만, 사실 모든 문학 강좌가 다 그러한 목적을 잠정적으로 지니고 있다고 말해도 과언이 아니다. 그러나 이런 목적에 부합하여 실질적으로 실천하는 일이 만만치는 않았다. 강의에 일관성을 주기 위해 우리는 사전에 워크숍도 가졌고, 충실한 수강을 위해 학생들에게 매번 강의록을 작성하여 제출케 하였다. 강의록을 작성하면서 학생들은 자신의 사고를 발전시킬 수 있으리라고 생각했고, 제출한 강의록을 검토한 결과 그런 변화를 어느 정도 확인할 수 있었다.

물론, 문제점도 있었다. 우선 강좌명 앞부분에 '서구문학'이라 밝혔음에도 불구하고 그 영역에 아랍과 아프리카 그리고 우리문학까지 포함되어 결국 세계문학 전체를 다루게 된 셈이어서 학생들이 그 폭과 차이를 좇아가기가 수월하지 않은 강좌가 되어 버렸다. 그래서 출판을 계기로 아예 책 제목을 '세계문학 속의 여성'으로 바꾸게 된 것이다. 그리고 강사마다 자신의 시각이 있어서 강의 내용에서 이견을 보일 것도 예상할 수 있었다. 이 문제는 여러 강사가 공동으로 하는 강의에서는 피할 수 없는 것이기도 하고 또 이런 점이 한편으로는 학생들에게 생각할 여지를 주는 것이기도 할 것이다. 우수한 학생이라면 오히려 이러한 차이가 더 유익할 수도 있었을 것이다. 이 강좌가 따로 시험을 보지 않고 출석 여부만을 확인하여 평가하는 것이라서 수강생들이 건성으로 강의에 참석할 가능성도 높았다. 강의마다 강의록을 내게 했지만 아무래도 수동적으로 강의에 임하는 학생들이 어느 정도는 있었다. 그러나 그런 학생들도 들은 것이 있으니 언젠가 불현듯 강의에서 들은 구절들이 마음속에서 일어날 날이 있으리라 생각한다.

이 강좌를 준비하면서 나 자신도 배운 것이 많았다. 타자를 어떻게 수용하느냐 하는 문제제기는 지금까지 남성중심의 독선적인 문화 속에서 살아 온 여성-타자들이 볼 때에는 잘못 던진 질문일 수 있지만, 여성도 이제 모든 것의 주체가 되어야 하고 또 되어 가고 있는 시점에 이르렀으므로 결국 이것은 우리 모두가 타자와 함께 살아가는 방법에 대한 질문이라고 볼 수 있다. 프랑스의 여성학자인 이리가라이가 여성의 몸이 태반을 매개로 삼아 이질적이면서도 공존할 대상으로서 태아를 품게 된다는 점을 지적하면서 이러한 사회 문화적 장치의 필요성을 강조하고 있듯이, 우리 사회도 우리의 정신도 여성만이 아니라 소외된 주변인과 이방인을 폭 넓게 품을 수 있는 일종의 '문화적 태반'을 마련해야 한다. 다문화 시대에 들어선 요즘에 이르러 이러한 논의는 더욱 시급하고 절실한 것이 아닐 수 없다. 특별하게 기획한 강좌를 다시 책으로 편찬하게 된 것도 바로 이러한 까닭이다.

2011년

김성택

| 차례 |

| 첫 번째 강의 |

여성이란 타자와 마주보기

–프랑스 현대시에서 만나는 여성

김성택(경북대 불어불문학과)

여성이란 누구인가? 이 질문은 쉬운 듯하지만, 다른 어떤 개념과 마찬가지로 언어가 갖는 추상적인 정의에서 맴돌다 보면 결코 어떠한 실체에도 이르지 못한다. 추상적인 정의란 결국 빈칸을 설정하는 작업일 따름이다. 무조건 비어 있는 공백이 아니라, 최소한의 조건이 부여된 빈칸을 마련하는 일인 것이다. 남성의 상대적 개념에 의한 정의나 생물학적인 정의는 조건에 불과하다. 실제로 존재하는 여성이란 어머니이거나 연인 혹은 아내이고 또는 자기 자신이거나 어느 누구의 딸일 수도 있다. 그렇지만 그 어느 하나만을 지칭하는 것은 아니다.

그런데 문학 속에서 나타나는 여성은 구체적이다. 작가에 의해 조건이 부여되지만, 그렇더라도 마치 실존하는 인물처럼 살아 있는 얼굴을 갖는다. 즉 어머니거나 연인이거나 자신이거나 딸이다. 다시 말해 문학 속의 여성은 언어의 실천에 의해 의식의 직접적인 대상처럼 존재한다. 이런 면에서 '문학 속의 여성'은 다양하고 구체적이며 살아 있다. 추상적이고 포괄적인 어떤 개념이 아니라 역사적 상황 속에서 집단적이면서도 개별적으로 표현되는 욕망과 연결되어 살아가는 하나의 존재이다. 아마도 그래서 '여성'이라는 이름으로 이 다양한 대상들을 종합하기란 지극히 어렵거나 본질적으로 불가능한 일일지도 모른다. '인간'이란 이름으로 인간들을 규정하고 종합하기 어려운 것처럼 말이다. 그렇지만 문학 작품 속에서 여성에 대한 인식의 변화를 알려주는 이정표 정도는 발견할 수 있을 것이다. 그러니까 '여성이란 누구인가'에 대하여 대답하는 방식으로 문학은 여성을 어떻게 생각해 왔고 또 그러한 인식이 어떻게 변하고 있는가를 먼저 묻고자 한다. 물론 이번 강의에서 문학의 범위는 프랑스 시라는 매우 제한된 테두리에 머물게 될 것이다.

1. 여성에 대한 인식의 변화

서구에서 여성에 대한 인식은 서구문명의 근본을 이루는 이성중심주의와 밀접하게 연관되어 있다. 여기서 여성에 대한 이전의 인식을 세부적으로 설명하지는 않을 것이다. 페미니즘과 관련된 서적이 많이 나와 있으므로 그러한 책을 참조한다면 상세하게 이해할 수 있으리라 생각한다. 다만 이러한 종전의 인식이 변화하고 있으며 이 변화는 서구의 이성중심주의에 대한 비판적 견해와 같은 맥락에서 진행되고 있다는 점은 강조해 두고 싶다. 다시 말하여 이성만으로 모든 것을 설명할 수는 없다는 관점이 인문학의 새로운 시각으로 등장하였다. 특히 이성중심주의에서 자주 이차적인 것으로 밀려났던 인간의 본능이나 욕망, 무의식과 감성은 오히려 오늘날 인간 연구에 있어서 주요 탐구 영역으로 부각되고 있다. 이성중심주의가 왜 남성중심주의와 겹쳐 있는지에 대해서는 역사적인 조망과 함께 심리학이나 정신분석학을 이용하여 어느 정도 설명할 수 있을 것이다. 어쨌든 여성에 대한 새로운 인식은 이러한 서구문명의 특성을 꿰뚫고 남성중심적 사유를 맹렬하게 비판하기 시작했다.

여성은 제2의 성인가? 인간을 지칭하는 말이 곧 '남자'와 같은 낱말이라면[1] 여성은 인간에 속하지 않거나 이차적인 존재로 인식되고 있다. 이런 관점에서 서구

1 잘 알다시피, 영어로는 'man', 불어로는 'homme'로 인간을 지칭한다.

의 남성중심주의를 맹렬하게 비판한 사람이 『제2의 성』을 쓴 시몬느 드 보부아르이다. 보부아르는 특히 여성에 대한 기존의 정의에 신랄한 비판을 가한다. "여성은 어떤 질적 '결여' 때문에 여성이다"라고 정의를 내린 아리스토텔레스나 여성을 '불완전한 남자'로 본 성 토마스, 그리고 성서의 창세기를 언급하며 아담의 '여분의 뼈' 하나로 이브가 만들어졌다는 이야기를 여자의 불완전성을 상징하는 것으로 이해하는 보쉬에는 서구적 사유를 주도하던 독선적인 주체의 편견을 그대로 표명한 대표적인 인물들이다. "주체는 대립함으로써 비로소 그 자신을 결정한다. 즉 자기를 본질적인 것으로 주장하고 타자를 비본질적인 객체로 설정함으로써 자신을 확립시켜 나가려는 것이다."라고 말함으로써 보부아르는 그 독선적인 주체를 비판하며 반성을 촉구하게 된다.

미국의 여성철학자 영과 프랑스의 여성학자 크리스테바의 주장에 의하면 시몬느 드 보부아르는 "1세대 여성주의자"로서 "인간주의적 여성주의"[2]라고 명명될 수 있는 여성운동을 대표한다. 여기서 여성은 남성처럼 보편적인 인간으로 대우받아야 한다는 점이 강조되고 있다. 그렇지만 보편적인 인간이란 개념 자체가 '이성적이고 자율적이며 자기통일적인 주체'라고 정의됨으로써, 여전히 남성중심적 사유체제에 종속된 여성상을 제기하는 한계를 드러낸다.

그러나 여성을 생물학적인 개념 속에 가두어서 통제하던 편협한 이성주의에서 벗어나게 한 공로는 보부아르에게 돌아가야 한다. 보부아르의 실존주의적 사상은 "스스로 만들어 가는 존재"로서의 여성을 서구사회에 화두로 제기하였다.

"인간이란, 주어진 존재가 아니라 현재의 자기를 스스로 만들어나가는 존재이다. 메를로 퐁티의 아주 지당한 말처럼, 인간은 자연의 종(種)이 아니

2 이현재, 『여성의 정체성 – 어떤 여성이 될 것인가』, 책세상, 2007, p. 31 이하 참조.

라 역사적인 관념이다. 여자는 응고된 현실이 아니라 하나의 생성이다."[3]

오늘날 페미니즘은 보부아르식의 전투적 관점에서 벗어나고 있다. 보부아르와 같은 1세대 여성운동가들은 여성을 결국은 본질적으로 고정된 범주로 보고 남성과 같은 인간의 위상을 되찾게 하는 데 노력을 기울인 '인간주의적 여성주의'를 주창한 데 비하여, 그 후 등장한 새로운 경향의 여성운동가들은 여성성이 본질이 아니라 사회문화적 형성물이며 따라서 이 여성성을 아예 해체하거나 또는 여성성의 긍정적 가치를 복원하려는 방향으로 주장을 펴 왔다. 그중 프랑스의 여성학자인 이리가라이는 '차이의 여성주의'를 강조하면서 성별 간의 차이를 인정하는 사회문화적 기제의 구축에 논의의 초점을 맞추고 있다.

여성의 관점이 왜 중요한가? 여성의 인권을 신장시켜 양성평등의 사회를 이룩하기 위함이라는 거시적인 안목에서도 중요하지만, 기존의 여러 인식의 기준이 되어 온 서구이성중심적 가치판단을 극복할 수 있는 새로운 지평을 열고 있다는 인식론적 가능성 때문에도 이러한 관점은 매우 중요하다. 서구 역사에서 타자로 기능하던 많은 존재의 하나로서 여성은 아시아나 아프리카와 같은 공간적 개념의 타자와 마찬가지로 그 자체로도 매우 근원적인 비판적 성찰을 하도록 한다.

그러므로 이러한 페미니즘 운동을 여성의 인권신장이란 측면에서만 강조하는 것은 오히려 그 의미를 축소하는 결과를 초래한다. 페미니즘 운동은 서구중심적으로 진행되어 온 근대문명에 새로운 변화를 요구하는 인류 전체의 바람 속에서 이해되어야 한다. 남성의 타자로서 '타자화'되어 온 여성을 진정한 주체로 인정하는 일은 비이성적인 영역으로 제외시키거나 주변화하였던 모든 것들에 주체적 권리를 부여하는 21세기적 정신 속에 포함될 수 있기 때문이다. 주변인에 대한 배려, 소수의 권리 존중, 야생적 삶의 가치에 대한 새로운 인식, 탈인간중심주의적

3 시몬느 드 보부아르, 『제2의 성』, 이희영 역, 동서문화사, 2009, p. 61.

사유 등등을 통하여 다원적이고 다양한 문화를 포섭하고 포용하는 것이 인류의 미래이다.

이런 관점에서 '여성이란 타자와 마주보기'가 프랑스의 문학작품과 사유 전반에 걸쳐 점차 절실해졌을 것이다. '마주보기'란, 대상을 추상적으로 관념화하여 인식함으로써 실제적으로는 배제하는 행위에서 벗어나기 위하여 대상을 구체적이고 직접적인 실체로서 우선 인정하면서 그 주체성을 받아들이는 행위를 뜻한다. 특히 여성이라는 타자와 구체적으로 관계 맺고 지속적으로 그 실체를 인정하는 데에는 두 가지 태도가 꼭 필요하다. 하나는 이성중심주의에서 벗어나려는 태도이고, 다른 하나는 다양성을 인정하면서 공존을 지향하는 태도이다.[4]

이성중심주의의 관점에서 볼 때에는 이질적이어서 비본질적이고 비합리적으로 간주된 가치들이 서서히 재평가되는 방향으로 사람들의 인식이 옮겨 가는 과정은 프랑스 시에서도 그 이정표라 할 만한 시들을 통하여 확인해 볼 수 있다. 즉 고전적 미에 대한 추구가 다양한 미적 양상의 제시로, 남성적 주체가 만들어 내는 이상적인 여성상에서 점차 현실 속에서 찾아내는 여성상으로, '타자화'하여 고정된 대상에서 주체적으로 변화하고 생성되는 '너'의 발견으로 나아가는 몇 가지 예를 만날 수 있다.

2. 남성적 주체가 만들어 낸 여인상

현대시는 서정시가 주도하고 있다. 서정시란 개인의 감성과 사유가 드러나는

4 이성중심주의는 서구의 남성적 사유가 낳은 결과다. 모호하고 이해하기 힘들며 규정하기 어려운 감각과 감성을 가능한 한 배제하고 단순하고 분명한 것만을 우선적으로 추구하면서 현상을 왜곡해 온 결과이기 때문이다. 여러 여성학자들이 여성적 사유에 대한 새로운 시각을 예를 들고 있다. 이현재의 『여성의 정체성 – 어떤 여성이 될 것인가』, (책세상, 2007)를 참조하면 좋은 예들을 만날 수 있다. 특히 '페넬로페의 순환하는 시간'(앞의 책, p. 37)이나 '하인즈의 딜레마'(앞의 책, pp. 81–86)가 흥미롭다.

글쓰기로서 개인이 강조되기 시작한 현대의 문학적 결실이라 감히 말할 수 있다. 그것은 현대의 시인들이 개인이 시적 주체의 근원임을 의식하면서 또한 이 개인성을 극복하려는 노력을 멈추지 않았기 때문이다.

여기서 우리는 '개인'이라는 개념의 한계를 또한 인식하지 않을 수 없다. 이미 말했듯이 '인간'은 '남자'로 대표되어 왔고, 이는 단순히 언어의 차원을 넘어 제도와 사유의 영역에서도 그러했다. 참고로 프랑스 시의 역사 속에서 시인들은 남성이 대부분이었다. 문학사를 저술하는 주체가 남성이어서 그렇게 된 점도 있었겠지만, 그보다는 여러 가지 사회적 제약에 의해 여성들이 글쓰기의 주체가 될 기회가 적었다고 보는 것이 더 타당하리라. 그럼에도 불구하고 여류시인이 아주 없었던 것은 아니다.

물론 20세기에 들어와서는 많은 여류작가가 등장했듯이 많은 여류시인도 등장했다. 그러나 그 이전에는 기록으로 남아 있는 여류시인은 결코 많지 않다. 그래도 중세부터 문학사에 여류시인이 등장하기는 한다. 12세기 후반에 작품을 남긴 마리 드 프랑스는 프랑스의 첫 여류시인이다. 14세기에서 15세기 사이에 크리스틴 드 피장은 글쓰기를 직업으로 삼은 여류시인이었다. 16세기엔 루이즈 라베와 같은 여류시인이 문학사에 언급된다. 19세기에는 마르슬린 데보르드-발모르나 루이즈 콜레 등이 있지만, 그렇더라도 프랑스 시의 주류는 남성 시인이었음이 틀림없다.

어느 쪽이 주류였는가 하는 문제는 단순하게 숫자의 많고 적음에 달려 있는 것만은 아니다. 숫자가 아니라 평가가 주류를 결정하는 기준이다. 이런 의미에서 더욱더 프랑스 시만이 아니라 프랑스 문학 전반이 남성중심주의에 의해 주도되었던 것은 분명하다. 예를 들어, 크리스틴 드 피장과 같은 작가는 글쓰기를 해서 먹고 살았기 때문에 무척이나 인색하고 악의적인 평론에 평생을 괴로워했다고 전해진다. 오늘날 여성작가의 특성으로 부각되는 '여성적 글쓰기'가 남성중심주의적 문화 속에서 제대로 평가받기란 극히 어려웠을 것임은 불 보듯 뻔한 사실이었다.

시인의 대부분이 남성인 까닭에 프랑스 현대시에서 시적 주체는 대부분 남성이었다. 그래서 시 속에서 연모하는 대상으로는 여성이 주로 등장한다. 특히 낭만주의 시에서 우리는 애달픈 사랑의 대상으로서 여성이 항상 등장하는 것을 볼 수 있는데, 알퐁스 드 라마르틴의 '엘비르(Elvire)'가 그 낭만적 연인의 대표다. 그의 시「호수」의 한 연만 적어 본다.

어느 날 저녁, 우리 함께 조용히 배를 탔던 그때를 기억하지?
물살 위로 하늘 아래로 저 멀리까지
오로지 들리는 것이라곤 박자에 맞춰 노 젓는 소리뿐이었지.
너의 조화로운 물결을 휘젓던 그 소리.

호수에서 같이 배를 탔던 실제 여인은 쥘리 샤를르(Julie Charles)이지만 라마르틴은 '엘비르'라는 여성을 시 속에서 만들어 낸다. 그런데 이 유명한 시「호수」에서 '너'는 엘비르가 아니다. 엘비르는 회상 속의 여인이며, 대화의 상대는 호수를 비롯한 주변의 '자연'이다. 대화의 상대자로서 자연은 이미 객관적인 사물이 아니라 내면화된 대상이다. 주체 속에 내면화된 '자연'에 영원히 새겨 놓고자 한 여인 엘비르도 따라서 시인의 욕망이 투사되어 재구성된 일종의 환영이다. 달리 말하자면 이 여인은 실제 인물과는 상당히 거리가 있는 시인 자신의 '일부'인 셈이다. 시몬느 드 보부아르가 지적하듯이 "여자라는 것에 대한 생각을 통해서 자기의 세계관과 이기적인 꿈과의 모순"[5]을 라마르틴도 노출시키고 있을지 모른다. 어쨌든 엘비르가 시적 주체의 낭만적 세계관 속에서 형상화된 여성이라면 그녀는 끝까지 외부에 남아 있는 타자가 아니라 이미 주체 속에 동일시된 존재, 즉 주체의 일부라고 말해야 한다.

5 시몬느 드 보부아르, 앞의 책, p. 327.

낭만주의 시인이더라도 빅토르 위고는 훨씬 다양한 여성상을 창출해 낸다. 라마르틴과 같이 조화로운 자연 속에서 이상화된 여성이 그의 서정시에서도 자주 등장하지만, 19세기 여성의 비참한 현실을 송두리째 보여 주는 팡틴느나 민중 봉기에 참가하는 에포닌느와 같이 좀 더 현실적인 여성들도 그의 소설 『레미제라블』에서는 등장한다.[6] 그러나 이들처럼 사회에서 스스로 돈을 벌어 삶을 영위하는 여성은 그 당시 매우 천시되었기 때문에 이상화된 여성상과는 거리가 멀었고 오히려 '비참한 삶'의 대표라 할 만하였다.

낭만주의나 상징주의 시인들이 활약하던 19세기에도 여성은 가정주부 외에는 당당한 직업을 가질 수 없었다. 직업여성은 경멸당하던 시대였기 때문에, 여성이 품위 있는 존재로 남아 있으려면 독립적인 일을 가져서는 안 되었다. 무용수, 배우, 간호부, 가수, 바느질 하는 여자 등은 거의 창녀나 다를 바 없을 정도로 인식되었다. 그러니까 한 가정의 주부가 사실상 당시의 여성에게 허용된 최상의 선택인 셈이다. 이런 점에서 빅토르 위고는 『레미제라블』에서 코제트를 그 시대의 요구에 맞춘 여인으로 성장하도록 만든다. 코제트는 수녀원에서 교육받고 결혼하여 한 가정의 주부로 살아가는 것이 최상의 행복인, 전형적인 19세기 서구의 여성상이다.

3. 현대의 시인들이 찾은 새로운 여성상

천대받는 여성을 단지 비참함의 표상만이 아니라 오히려 미의 한 표상으로 제시하면서 시의 세계에 '현대적인 여성상'을 등장시킨 혁신을 이룩한 작가는 샤를

6 코제트의 어머니인 팡틴느는 파리에 상경하여 직공 일을 하다가 바람둥이 대학생과 연애를 하다가 코제트를 낳고 그 후 전락하고 마는 여인이며, 에포닌느는 사악한 부모 밑에 자라지만 주어진 상황에서 벗어나고자 하는 여인으로 시가전이 벌어질 때 마리우스를 대신하여 총을 맞아 죽는 시대의 희생자이다. 오늘날 『레미제라블』을 새로이 해석하는 뮤지컬이나 영화에서는 이러한 에포닌느의 적극적인 여인상을 강조하는 경향이 두드러진다.

보들레르라 할 수 있다. 이때 '현대적인'이란 수식어는 새롭게 부각시킬 아름다움이 고전적인 미에 익숙한 독자들에게 줄 충격을 완화하기 위하여 과학적 진보가 보여 주는 시대적인 변화의 새로운 양상에 슬쩍 기댄 표현이다. 사실상 가장 천대받는 여성인 창녀를 두고 "검은 태양"이라고 묘사했기에 더더욱 충격적인 일이었다.

보들레르를 새로운 여성상의 이정표를 제시한 시인으로 소개하는 이유는, 첫째로는 이 새로운 미를 제시함으로써 고전적 미의 절대적 아성을 고집하던 당시의 남성중심적 부르주아지의 고정관념을 흔들어 놓았기 때문이고, 둘째로는 이 새로운 미적 가치를 적용하면서 주체적으로 자신의 욕망을 표현하는 능동적인 여인상을 그려냈기 때문이다.

우선 보들레르에게도 여성상의 대표적인 모습은 고전적인 미의 여신이다. 이 여신은 그리스 신화 속의 뮤즈 여신처럼 시인과 예술가에게는 절대적인 존재이다. 그런데 예술적 감성의 성스러움을 형상화한 미의 여신 역시 내면화된 시인의 꿈에 해당하는 여성상이라 할 수 있다. 그러나 라마르틴의 엘비르와는 달리 이런 여성상은 처음부터 주체 자신의 내면에서 끌어내 온 이미지로서 주체 자신의 일부이지만 그 자체로 신성함이라는 이질성을 확보하고 있다.[7] 보들레르의 시집 『악의 꽃』에 실린 「미의 여신(La Beauté)」에서 시인은 이러한 내면적이면서도 동시에 이질적인 이미지에 '나'라는 주체적 권한을 부여한다.

> 돌의 꿈처럼 나는 아름다워라. 오, 덧없는 인간들이여!
> 저마다 다가왔다 상처 입는 내 젖가슴은
> 물질처럼 영원하고 말없는 사랑을

7 인간의 유한성에 비춰볼 때 무한함을 지닌 신성함은 이질적인 것이다. 더욱이 여성적 신성함을 주체의 영역으로 받아들이는 것은 가톨릭 문화권에서는 그 자체로도 신성모독이 될 수 있다. 물론 보들레르에게 이 아름다움과 관련된 신성함은 그리스적인 것이다.

시인에게 불어넣기 위한 것이라네.
불가사의한 스핑크스처럼 나는 창공에서 군림하네.
백조의 순백에 백설의 마음을 결합하고,
선(線)을 흔들어 놓는 움직임을 싫어하는
나는 결코 울지도 않고 웃지도 않네.

가장 자랑스러운 기념물에서 빌은 듯한
내 고고한 태도 앞에 시인들은
엄정한 연구로 세월을 소진하리니!

이 고분고분한 애인들을 홀리기 위하여 나는
만물을 한결 아름답게 만드는 순수한 거울을 가졌다네.
나의 눈, 영원의 광채를 띤 커다란 내 눈을!

이 군림하는 여신은 고전적 아름다움의 화신으로서 신격화되어 있다. 그리스 조각의 "선(線)"과 같이 흔들림 없이 "고고한 태도"를 가진 이 여신은 "만물을 한결 아름답게 만드는 순수한 거울"과 같다. 보들레르는 이 여성상에 주체성을 부여했지만 그 주권은 절대적 군주의 것이어서 아무나 이해하고 아무나 다가갈 수 없는 거리감까지 느끼게 이미지를 구성했다.

시인들이 시적 영감이나 영혼을 여성적인 이미지로 구체화한 것은 오래되었다. 그리스 신화에서 뮤즈 여신의 역할은 칼 구스타브 융의 '아니마'라는 개념에서 보듯이 매우 보편적인 심리에서 비롯되었다고 말할 수 있다. 그러나 이 내면에서 솟구쳐 오는 부드러운 감성은 고전주의라는 미적 이데올로기에 의해 위의 시에서 보듯이 자주 신성화되어 왔다.

상징주의의 계승자이자 프랑스 20세기의 대표적인 시인이라고 부를 수 있는 폴 발레리의 시에서도 시적 영감은 여성화되어 나타난다. 여신의 위치는 아니지만 시인의 사유를 키워 주는 연인으로 등장하면서 여전히 성스럽고 순수한 이미지로 표현되고 있다. 발레리의 시 「발걸음」을 읽어 보도록 하자.

내 침묵의 결실인 너의 발걸음
성스럽게 느릿하게 움직이며
불면의 침대를 향해 다가온다.
말없이 얼어붙은 듯.

순수한 사람, 성스러운 그림자여,
너의 절제된 발걸음은 또 얼마나 감미로운지!
맨발로 내게로 오는 그 모든 선물을
신들이여! 나는 알아내지.

네가 만약 볼록한 입술로
내 사유 속의 거주자를 달래려고
입맞춤이란 음식을
준비하고 있다면,

있는 듯 없는 듯한 부드러움,
저 다정한 행위 서두르지 마라.
너희를 기다리며 난 살아왔고
또 내 마음은 오로지 너희의 발걸음일 뿐이니.

"내 침묵의 결실인 너의 발걸음"이니, 시인은 내면의 소리를 듣고 있다. 여기서 발걸음의 주체가 여성이라는 근거는 확실하지 않지만, 시인의 성별과는 상관없이 감미로운 발걸음과 부드럽고 다정한 입맞춤은 사유라는 이지적 행위와 비교되면서 내면의 여성성을 드러내고 있다. 칼 구스타브 융의 아니무스와 아니마의 구분을 생각하면 "사유 속의 거주자"는 아니무스이고 발걸음의 주체는 아니마라고 말할 수도 있겠다. 시인이 남성이라 하여도 시적 영감은 내면의 여성성이라는 것이 융의 주장이 아니던가.

발레리는 시적 영감을 신격화하거나 구체적인 여성으로 구상화하는 대신에 '너' 혹은 '너희'라고 2인칭화와 복수화를 꾀함으로써 일반적인 기다림의 대상으로 추상화하였다. 시적 영감이 외부에서 오는 것인지 내부에서 오는 것인지를 따지는 것은 사실상 무의미하다. 우리의 정신은 항상 외부 세계나 기억과 연결되어 있어 무엇이 먼저인가를 설명하기가 어렵기 때문이다. 다만 외부에 구체적인 대상이 있는지 없는지를 놓고 말하자면 발레리의 이 시에 등장하는 '너'는 분명 시인의 상상력이 만들어 낸 순수한 환영이다.

이런 면에서 보들레르는 일찌감치 미학적이거나 관념적인 대상화를 넘어서는 새로운 여성상을 제시하였다. 지난 시절의 여인이든 구원의 여인이든 예술적 영감의 이미지화든 이런 여인상에는 여성의 육체가 결여되어 있었다. 그래서 정신적인 순수함이 더욱 강조되어 나타난다. 그러나 보들레르는 기존의 관념과 이데올로기가 만들어 내었던 미와 추의 경계를 허물면서 매우 적극적으로 자신의 관능적 육체를 표현하는 여성상을 제시한다. 보들레르의 시 「패물」의 일부를 읽어 보자. 시의 1연과 4연이다.

> 내 지극히 사랑하는 여인은 알몸이었고,
> 내 마음을 알기에 소리 나는 보석만을 지녔다.
> 그 호화로운 노리개로, 행복한 나날을 보내는
> 무어족의 노예처럼 의기양양하였다.

…

길들인 호랑이처럼 나를 지긋이 지켜보며,
막연하고 꿈꾸는 듯한 모습으로 자태를 꾸며,
그 음탕함과 결합된 천진난만함이
그녀의 갖가지 변모에 새로운 매력을 준다.

…

보들레르는 특유의 솔직함으로 받아들인 새로운 아름다움으로서 관능적인 '요부'의 이미지를 제시한다. 가톨릭의 가치관에 의하면 내면의 욕망이란 원죄에 해당하기 때문에, 관능성은 '악'의 항목으로 거론되던 것이어서 고전적인 미의 세계에서는 사악한 요소로 평가되던 인간의 속성이었다. 그런데 보들레르는 바로 이 관능을 시의 주제로 활용하면서 '악의 꽃'을 피워냈다. 악에 대한 미학적 평가로서의 추함, 그 이질적인 불쾌함을 미의 영역에 받아들이는 것은 미의 경계를 허무는 일이었다. 그때 이 추함이라고 평가되던 것은 사실상 실제로 엄연하게 외재하던 타자의 것이었고, 이 타자의 것을 인정하는 일이 바로 보들레르의 미학이 지닌 혁신적인 의미이자 역량이었다. 이 타자의 것은 주체의 내면에서도 억눌려 있던 것이기에 이를 용인하는 태도는 스스로의 인식을 뒤집을 수 있었던 자체의 반성이기도 했다. 보들레르는 스스로, 그러니까 솔직함이라는 반성적 태도로 주체의 한계를 뛰어넘어 타자를 수용한 것이다.

그 결과로서 위의 시를 읽을 수 있다. 즉 알몸이 된 "사랑하는 여인"은 주체의 욕망의 대상이자 포로로서 "노예"처럼 주체에 종속된 존재이지만, "의기양양"하다. 이 여인은 묘하게도 욕망의 대상으로서 노예와 같은 한계도 드러내지만 그와 동시에 욕망의 주체로서 당당할 수 있는 가능성도 은근히 보여 주고 있다. 인용된 4연에서 보다시피, 시인은 이 "길들인 호랑이"에게서 음탕함으로 단죄된 욕망이 만들어 내는 매력을 새삼 발견한다.

보들레르는 「이국향기」에서도 이국적인 육체의 솔직함과 관능적 매혹을 이 새로운 미학 속에 병합시킴으로써, 욕망을 본능적인 인간의 죄악으로 치부하여 추함으로 묶어 버리지 않고 기독교적 차원을 넘어선 인간 본연의 순수한 가치로 격상시킨다.

> 가을날 더운 저녁녘에 두 눈 딱 감고,
> 네 화끈한 젖가슴 냄새 들이마실 때,
> 단조로운 태양의 불길에 현혹된
> 행복한 바다 기슭이 눈앞에 전개되도다.
>
> 자연이 야릇한 나무들이며 맛있는
> 과일을 주는 게으른 섬 하나,
> 날씬하고 기운찬 육체의 사내들,
> 솔직한 눈매가 놀라운 여자들.
>
> 네 체취에 매혹적인 풍토로 이끌려
> 바다의 풍랑에 시달려 지쳐 있는
> 돛이며 돛대로 꽉 찬 항구를 보네.
>
> 공중에 휘돌다가 내 코를 부풀게 하는
> 초록의 타마린 향기가 선원들 노래에 섞여
> 나의 넋 속으로 스며드는구나.

보들레르를 지나 타자에 대한 새로운 이정표를 제시한 주요 시인과 예술가들로는 초현실주의 그룹이 있다. 프로이트가 리비도를 모든 인간의 본연적 특성으로 간주하면서 우리의 내면에서 스스로 받아들이지 않았던 이질적인 특성을 무의식의 영역으로 인정하기 시작했다. 이를 철저하게 새로운 창조적 동력으로 활용한 예술가들이 '초현실주의자'이다. 내면의 이질성을 수용하는 사람에게는 외부의 이질적 존재를 이해하는 것이 용이하다. 더 나아가 타자성 자체가 일종의 매력이 될 수도 있다. 마치 19세기에 유행했던 '이국취향'처럼 초현실주의자들은 내면의 무의식이란 바다로 상상의 출항을 거듭했던 것이다.

이런 흐름 속에서 초현실주의의 세례를 받았던, 프랑스의 시인인 폴 엘뤼아르와 르네 샤르의 시에서 우리는 '타자와 마주보기'로서의 사랑을 비로소 만나게 된다. 어느 한쪽이 다른 쪽을 지배하지 않고 서로서로가 자기 자신의 주체로서 만나는 공존의 상태가 바로 '타자와 마주보기'라는 방식이다.

20세기 사랑의 시인이라 일컬을 수 있는 폴 엘뤼아르는 "사랑한다는 것, 그것이야말로 삶의 유일한 이유다. 이유 중의 이유, 행복의 이유다. 우리 인간은 항상 사랑함에서 커다란 환희를 얻을 것이며, 사랑의 고통에서조차 그러할 것이다."[8]라고 삶의 존재 이유를 사랑으로 규정하고 있다. 이러한 사랑은 상호 간의 신뢰를 전제로 삼고 있어 일방적인 시선이 아닌 주고받는 시선을 통해 이루어진다. 마치 "두 거울 사이에/수정의 신뢰"[9]가, 즉 두 시선 사이에 수정처럼 투명하고 단단한 신뢰가 놓여 있는 것 같은 그런 사랑이 이루어진다.

여인은 내 눈꺼풀 위에 서 있네
여인의 머리카락은 내 머리카락 속에 있지

8 Paul Eluard, *Oeuvres complètes*, Gallimard, p. 878.

9 Ibid., p. 393.

여인은 내 손의 모습을 하고
내 눈의 색깔을 띠며
내 그림자 속으로 잠겨드네
하늘로 던져진 돌멩이 하나처럼.

여인은 항상 눈을 뜨고 있지
내가 잠들게 내버려 두지도 않아.
빛으로 가득한 여인의 꿈은
태양도 증발케 하고,
날 웃기고 울리고 또 웃기다가
아무런 할 말도 없으면서 말하게 하네.

위의 시는 폴 엘뤼아르의 「사랑하는 여인」이다. 이 여인은 '나'의 눈꺼풀, 머리카락, 손, 눈, 그림자 속으로 잠겨들지만, 결코 수동적인 대상이 아니다. 2연을 읽어 보면 이 여인은 '나'를 잠들게 내버려 두지도 않고, 웃고 울게 하고 또 말하게 한다. 1연이 '나'의 시선에 잡힌 '너'에 관한 것이라면, 2연은 '너'의 뜬 눈에 이끌리는 '나'에 관한 것이다. 서로 주고받는 시선 속에서는 서로가 서로에게 영향을 주고받는 관계를 설정한다. 따라서 시적 주체는 사랑에 의해 변모할 수밖에 없다.

이 오래된 벽으로 가둘 수 없는 마르뜨. 나의 고독한 왕국이 비치는 샘이여. 당신을 기억할 필요 없으니 어찌 내가 당신을 언제라도 잊을 수 있겠는가. 당신은 쌓여 오는 현재로다. 서로 말할 필요 없이 미리 준비할 필요 없이 우리 결합하리다. 두 개의 양귀비가 사랑으로 하나의 커다란 아네모네를 이루듯이.

당신의 가슴속에 들어가 그 가슴의 기억을 제한하진 않으리다. 당신의 입을 막아, 떠남에 대한 목마름과 대기의 푸름을 향하여 살며시 열려 가는 것을 방해하진 않으리다. 나 당신을 위해 자유가 되리다. 이 밤이 찾을 길 없게 되기 전에 영원의 문턱을 지나는 생의 바람이 되리다.

엘뤼아르와 함께 초현실주의의 세례를 받았던 르네 샤르는 위에 인용한 시 「마르뜨」를 통해 사랑이란 끊임없이 변화해 가는 '타자성'의 체험임을 우리에게 전하고 있다. 1연이 '네'가 '나'에게 무엇인가를 말하고 있는 부분이라면, 2연은 '내'가 '너'에게 무엇인가를 말하고 있는 부분이다. 이 시의 형식처럼 '너'와 '나'는 사랑이란 이름 아래 종속되지 않고 상호적이면서 독립적이다. 그래서 1연의 내용은 '나'의 의식에 가두어지지 않는 '너'에 관한 것이고, 2연의 내용은 '너'의 의식에 한계를 두지 않으려는 '나'에 관한 것이다.

결론을 대신하여, 르네 샤르의 아래와 같은 아포리즘을 인용하겠다.

"나는 너와 너였던 저 타자 사이를 걷곤 했다."

사랑의 체험은 현재 이 순간에 존재하는 '너'에 대한 즉각적인 인식에 의해 "쌓여"간다. 그럼으로써 '타자와 마주보기'는 끊임없는 실천을 요구할 뿐이다. '너'는 시시각각 달라지므로 '나'의 사랑은 그런 '너'와 '너' 사이를 놓치지 않고 좇아가며 걷는 일이다. '기억'에 제한된 사랑이 아닌 "쌓여 오는 현재" 속에서 실현될 뿐인 그런 사랑만이 자유롭다.

결코 주체의 인식에 의해 규정될 수 없는 '너'는 진정 자유로운 존재이다. 시시각각 달라지는 '너'는 항상 내가 포착한 '너'가 아니다. 주체의 시야에서 언제나 벗어나는 대상은 이미 종속된 대상이 아니라 주체적인 대상이다. '너'를 '너'라는 주체로 인정하는 것, 그것이 '너'에게 속한 것을 '너'에게 돌려주는 올랭프 드 구즈의 "자유와 정의"이다. 프랑스 대혁명 때 여성혁명가인 그녀가 작성한 『여성과 여성시민의 권리선언』(1791)의 4조의 내용은 이런 면에서 다시 한번 되새길 만하다.

> "자유와 정의는 타인에게 속한 것을 돌려주는 데 있다."

이 명제는 자유와 정의에 대한 기본적인 조건처럼 보인다. 이 전제조건이 배제된 자유와 정의는 허위일 따름이다. 여성 작가로 살아가는 것이 매우 힘들었던 시대에 여성 시인의 이 절규는 그녀가 단두대에서 처형되었을 때 함께 사라졌다. 그리고 오랜 세월이 흐른 후에 20세기 후반의 시인들에 의해 조금씩 실천되기 시작한 것이다. '너'에게 속한 모든 권리와 모든 의무가 순간순간 실존하면서 생성되는 '너'의 것으로 송두리째 인정된 것이다. 타자와 마주보는 타자의 이름으로.

| 두 번째 강의 |

문학 속의 여성과 정체성 찾기

–여성, 문학을 가로지르다

심진경(문학평론가)

1. "나는 여성작가가 아니다"

1990년대 문학, 특히 여성문학을 논할 때 반드시 거론되는 테마의 하나가 바로 '여성성'이다. 여성성은 모성성, 여성적 글쓰기 등과 같은 방계(傍系) 주제와 더불어 1990년대 이후 여성문학에 대한 미학적 평가의 기준으로 작용해 왔다. 그러나 '여성성'이 함의하는 내용은 요약이나 정리가 불가능할 정도로 다양할 뿐만 아니라, 그 의미 또한 여성 비하적인 것에서부터 여성해방적인 것에 이르기까지 극단적으로 이질적인 논의들 속에서 아무런 고민 없이 무차별적으로 받아들여져 왔다. 이러한 개념상의 혼돈은 모성성이나 여성적 글쓰기의 경우에도 마찬가지지만, 특히 여성성은 그 자체의 의미나 여타 개념들과의 관계조차도 명확하게 규명되지 못한 채 사용되었다.

그 결과 여성성은 페미니즘에 적대적인 진영이나 페미니즘 문학에 대한 진지한 연구를 하지 않는 사람들조차 손쉽게 사용할 수 있는 '뻔하고 흔한' 개념이 되었다. 그러나 여성성이라는 개념이 뻔하고 흔한 것으로 당연하게 받아들여지면 질수록 그 의미는 점점 모호해진다. 1990년대 여성문학을 대표하는 여성작가로 평가받았던 은희경의 다음과 같은 자기 부정의 진술은 그 동안 여성성 혹은 여성문학이 어떻게 오해되고 왜곡되었는가를 짐작할 수 있게 한다.

> 나는 '여성성'에 대해 주장을 펼 만한 문제의식도 없지만 대표성 또한 없다. 여성성의 의미가 '여성적인 정서'이든, 반대로 '페미니즘적인 경향성'이든 간에 마찬가지이다. 그런데도 내가 쓴 소설은 흔히 '여성의 자아 찾기', 내가 의도한 호랑이가 아닌 사자로서 평가를 받았다.
>
> 물론 나는 여성을 주인공으로 한 소설을 써 왔다. 여성 화자, 3인칭 화자, 남성 화자를 고루 배치하지만 내용은 화자에 관계없이 대부분 여성이 주체가 되어 있다. 그러나 그때의 여성은 인간의 대표이지 여성 대표가 아니다.
>
> 나는 여성성을 전면에 내세우는 일에는 관심이 없다. 내가 관심을 갖는 것은 인간이다. 인간관계의 본질이 무엇인가, 그것이 삶을 어떻게 규정하는가, 타인 및 사회까지를 포괄하는 타자(他者)와 자아의 긴장은 어떻게 나타나는가. 그런 질문을 통해 인과를 넘어서는 삶의 불합리성이나 제한된 존재로서의 인간, 그 부대낌의 온기와 상처 따위를 그려 보려는 것이다.

"나는 여성작가가 아니다"라는 은희경의 자기부정적 선언을 통해 짐작할 수 있는 것은 여성성과 여성문학이 여성작가들에게조차 거부될 정도로 젠더 편향적으로 사용되어 왔다는 것이다. 즉 지금까지 여성성, 여성문학은 '여성'이라는 작가의 생물학적 성에 근거하여 판단되어 왔을 뿐, 문학의 미학적 원리로 접근되지 않았다는 것이다. 여성문학에 대한 이러한 오해의 근거에는 여성성, 여성문학이 생물학적 여성들만의 '사소한' 문학일 뿐, '인간관계의 본질'을 탐구하고 해명하기에는 부족하다는 인식이 깔려 있다. 비록 1990년대 여성문학이 '공적/거대/외적/남성' 담론이 붕괴된 이후에 '사적/미시/내적/여성' 담론을 내포하는 새로운 대안적인 문학으로 각광받기는 하지만, 이러한 이분법적 도식은 근본적으로 기존의 남성과 여성을 구분하는 생물학적 성 구분의 도식을 반복함으로써 여전히 여성을 남성과의 대타적 관계 속에서만 제한적으로 사유하게 한다는 점에서 태생적으로 한계를 가질 수밖에 없다.

특히 자서전과 자기고백의 문학, 성장소설을 여성적인 것으로 규정하고 거기에 과도한 미학적 의미를 부여하는 논의들에 의해, 여성문학의 범주는 더욱 협소한 것이 되고 만다. 분명 자서전적인 글쓰기가 여성성을 미학화함으로써 특정한 여성적 글쓰기의 일면을 드러내 보여 준 것은 사실이다. 그러나 박완서를 비롯하여 공지영, 신경숙, 김형경, 은희경과 같은 여성작가들의 자전적 체험에 대한 글쓰기는 작품의 미학적 완성도와는 무관하게 '여성적인 것'으로 젠더화되고 특권화되었다. 이로써 여성문학에 대한 진지한 물음을 사라지게 하고 그에 대한 속류적인 이해만을 반복, 재생산하게 되었다는 사실 또한 부정할 수 없다. 즉 여성문학은 제한된 성격의 여성성을 강조함으로써 아이러니하게도 고립과 소외의 길을 자처하게 된 것이다. 그 결과 여성문학은 '그들만의 문학'으로 게토화되고 만다.

그런 맥락에서 스스로 여성작가임을 거부하는 은희경의 태도는 '여성'이라는 편향적 수식어에 의해 자신의 문학적 결과물이 협소하고 배타적인 것으로 규정되는 것에 대한 불안에서 기인한 것이라고 볼 수 있다. 그뿐만이 아니다. 1990년대 주류 문단을 이끌던 여성작가의 대부분이 주류 문단의 바깥에서 거둔 상업적 성공[1]은 여성의 성, 사랑, 결혼을 아무런 미학적 여과장치 없이 자극적이고 상업적으로 다루는 대중문학과 '여성문학'을 동일시하는 오래된 문학적 편견을 더욱 강화하는 부정적 결과를 낳게 된다. 그리하여 1990년대 한국문학에 활기를 불어넣고 주류 문학담론을 주도적으로 이끌던 여성문학은 이제 경박한 유행담론으로 비난받다가 슬

1 전경린, 공지영, 김형경 등의 장편소설은 2000년대 이후 엄청난 상업적 성공을 거두었음에도 불구하고, 1990년대와는 달리 문예지에서 거의 다루어지지 않았다. 이는 여성작가와 여성문학에 대한 위상이 어떻게 달라졌는가를 단적으로 보여 주는 예이다.

그머니 사라질 운명에 처하게 된다. 그래서일까. 새로운 밀레니엄 시대에 여성문학은 더 이상 주목받지 못한다. 이제 신진 여성작가들은 아무도 여성주의 문학을 표방하지 않으며, 평론가들 또한 더 이상 여성문학에 대해 다루지 않는다.

그렇다면 여성문학은 정말 폐업 정리된 진부한 저급 문학이 되어 버린 걸까? 그러나 언제 여성문학이 미학적 차원에서건 정치적 차원에서건 진지하게 다뤄진 적이 있었나? 돌이켜 보면 잘못은 여성문학 그 자체에 있다기보다는 여성문학에 대한 과도한 옹호와 비난에 있다. 문단의 양대 진영인 창작과비평사와 문학과지성사 모두에서 예외적으로 열렬한 비평적 호응을 얻었을 뿐만 아니라 상업적 성공까지 거둔 신경숙의 소설들(특히 『외딴방』)을 둘러싼 여성문학적 담론은 1990년대 여성문학이 거둔 이러한 한계를 고스란히 보여 주는 전형적인 사례라고 할 수 있다. 따라서 다음 장에서는 1990년대에 '가장 여성다운 작가'로 평가받던 신경숙에 대한 논의들을 구체적으로 살펴봄으로써 1990년대 여성문학이 어떤 과정을 거쳐 진부하고 뻔한 통속의 문법으로 전락했는지, 그리고 그러한 통속적 문법이 여성성, 여성문학에 대한 해묵은 통념과 고정관념을 어떻게 반복, 재생산했는지를 구체적으로 살펴볼 것이다. 바로 이러한 부정의 우회적 과정을 통해서만 비로소 우리는 2000년대 새로운 여성문학의 가능성을 타진해 볼 수 있을 것이다.

2. 곤경에 빠진 여성문학

우리 사회에서 모성은 전통적으로 희생적인 어머니, 그리운 고향, 혹은 과거에 대한 향수 등과 같은 상투적인 기호로 재현되어 왔다. 그 때문에 모성은 대개 여성의 근원이나 본질로, 혹은 여성 성장의 최종 목적지로 인식되었다. 이처럼 모성은 페미니스트들의 최후의 격전지라고 할 만큼, 여성을 둘러싼 신화·통념·편견의 집결지라고 할 수 있다. 1990년대 여성작가들의 소설의 중요한 특징은 이런 전통적인 모성 신화를 침식하고 있다는 점이다. 1990년대 여성작가들의 가족소설에서 어머니와 딸의 갈등구조가 많이 나타나는 이유 또한 이와 무관하지 않다. 이제 모성은 시대를 초월한 신화가 아니라 담론과 이데올로기의 변화와 무관하지 않은 사회적 구성물로 받아들여지게 된 것이다. 그러나 여전히 대다수 평론가들은 모성을 여성성의 궁극적 발현 양태로, 여성적 정체성의 최후 종착지로 보고 있다. 이러한 모성 담론은 대개 표면적으로는 여성문학에 대한 옹호와 찬사를 동반하지만, 여성을 탈성화(脫性化)된 모성의 이미지 속에 가둔다는 점에서 기존의 모성 담론에서 한 치도 벗어나지 못하고 있다. 바로 그러한 모성 담론의 한가운데에 신경숙 소설이 있다. 1990년대 신경숙 문학은 '신경숙 현상'이라는 말이 나올 정도로 많은 비평가들의 시선을 받았다. 특히 신경숙 소설에 등장하는 여성인물들의 모성적 배려와 같은 여성적 자질은 백낙청, 김명환, 염무웅, 윤지관과 같은 민족민중문학 진영의 남성평론가들에 의해 매우 긍정적으로 평가받았다.[2] 다음과 같은 구절은 신경숙 문학이 체현하는 여성성 혹은 모성성에 대한 이러한 평가의 관점을 전형적으로 보여 준다.

> 신경숙은 견디기 어려운 슬픔이나 고통이 닥치면 묵묵히 책상 앞으로 돌아가, 어머니가 음식을 만들어 밥상을 차리듯 소설을 쓰는 듯하다. 부엌이 어머니들에게 '가슴속에 불어닥친 슬픔을 견디는 유일한 장소'이자 삶의 은밀한 기쁨과 금지가 간직된 성소였듯이 신경숙에게 있어 소설쓰기란 바로 그 부엌과도 같아 보인다. … 그의 소설을 지배하는 의식은 다분히 모성적이다. 그의 소설에 대한 근년의 호응은 돌아가 어머니의 무릎을 베고 누워 위로와 안식을 다시 얻고 싶어하는 우리 시대의 내밀한 욕구에 일면 대응한

2 백낙청, 「'외딴방'이 묻는 것과 이룬 것」, 『창작과비평』, 가을호, 1997 참조.
김명환, 「'외딴방'의 문을 열기 위하여」, 『실천 문학』, 봄호, 1996 참조.
염무웅, 「글쓰기의 정체성을 찾아서」, 『창작과비평』, 겨울호, 1995 참조.
윤지관, 「90년대 리얼리즘의 길 찾기–방현석, 신경숙, 근대성의 문제」, 『동서문학』, 여름호, 1996 참조.

다. … 위험을 무릅쓰고 일반화해 보자면, 신경숙을 위시한 여성작가들의 부상은 한편, 우리 시대가 모성적 자질들을 통한 신생을 희구하고 있는 까닭이라고 나는 해석한다.[3]

리타 펠스키(Rita Felski)에 따르면, 근대성 담론 내에서 근대화 프로젝트의 주체인 남성은 근대성의 모순에 의해 찢긴 존재로 전락하게 되는데, 이때 모성은 "구원적인 총체성의 궁극적 상징"[4]으로 비유된다. 이 오래된 성별화된 수사, 즉 근대/탈근대를 남성/여성으로 대체하는 이러한 낡은 수사학은 신경숙 소설에서 위안을 얻었던 이들에게 반복된다. 어머니들의 성소가 부엌인 것처럼 신경숙의 성소는 '부엌과도 같'은 소설인 것이다. 이러한 '부엌 소설'은 "돌아가 어머니의 무릎을 베고 누워 위로와 안식을" 얻고자 하는 남성들의 '내밀한 욕구'를 충족시켜 주는 동시에, 우리에게 익숙한 통념화된 모성 이미지에 안주함으로써 남성에게 '위안을 주는 천사'와도 같은 역할을 하게 된다. 「풍금이 있던 자리」에 대한 백낙청의 평가 또한 이에서 그리 멀지 않다. 그는 유부남을 사랑하는 여성이 유부남과의 사랑의 도피행을 포기하게 되는 일련의 갈등 상황을 "도덕적인 각성을 수반한 갈등"이라고 지적하는데, 이때 이러한 도덕적 각성을 불러일으킨 존재를 "고향의 어머니들"로 꼽는다.[5] 이러한 논의에 따르면, 결국 주인공 여성의 불륜(不倫), 즉 문자 그대로 윤리에 어긋난 '짓'은 모성적 본성에 의해서만 비로소 제지될 수 있는 것이다.

그런데 신경숙 소설에서 부엌으로 상징되는 모성적 공간은 신경숙 문학을 사인성 및 내면성과 관련짓는 또 다른 문학적 논의들과 겹쳐지면서, 현실세계로부터 고립된 신화적 장소로 탈물질화, 탈현실화된다. 특히 신경숙의 『외딴방』에서 우물

3 김사인, 「『외딴방』에 대한 몇 개의 메모」, 『문학동네』, 봄호, 1996, pp. 110-111.

4 리타 펠스키(Rita Felski), 『근대성과 페미니즘(The Gender of Modernity)』, 김영찬, 심진경 역, 거름, 1998, p. 94.

5 백낙청, 「지구시대의 민족문학」, 『창작과비평』, 가을호, 1993, p. 109.

은 이러한 사인화된 여성 신화적 공간의 상징으로 나타나는데, 대다수 평론가들에 의해 『외딴방』에서 '나'가 쇠스랑을 빠뜨렸던 우물은 존재의 상처 입은 내면을 상징하는 것으로 해석되었다. 그리하여 신경숙 소설에서 "내면의 우물을 향"한 '자맥질'은 "사적인 진정성의 추구"[6]라는 점에서 깊이 있는 자기반성과 성찰의 한 양식으로 평가되었다. 박혜경의 다음 글은 신경숙 소설의 내면성을 사인성의 세계와 연관 짓는 논의의 양상을 대표적으로 잘 보여 주고 있다.

> 신경숙은 90년대 문학이 보여 주는 사인성의 세계의 한 극단에 서 있는 작가라고 할 수 있다. 그녀의 작품에서 그 사인성의 공간은 바로 타자들의 세계로부터 단절된, 혹은 그 타자들과의 관계로부터 상처받은 개인에게 그의 삶이 거처할 최소한의 실존적 공간으로 남겨진 밀폐된 방의 이미지로 나타난다. 그녀의 소설 속에 등장하는 여성들은 대부분 타자들과의 관계에서 깊은 절망과 상처를 체험하고, 타자로부터 밀폐된 공간 속에 스스로를 가둔 채, 그 속에서 자신의 상처받은 삶의 의미를 반추하고, 그 삶의 존재론적 심연을 들여다보는 고독한 응시자의 모습으로 등장한다.[7]

"신경숙 소설의 모든 주제의 바탕은 개인의 내면에 대한 관심이다"[8]라는 진술에서도 알 수 있듯이, 신경숙 소설에서 내면이라는 항목은 중요하다. 그것은 단지 "외부적 현실에서 독립된 마음의 작용들"[9]이 이루어지는 심리적 공간이 아니라, 타인으로부터 상처받은 개인이 타인을 비난하는 대신 자아를 응시함으로써 일정한 성

6 서영채, 「냉소주의, 죽음, 매저키즘: 90년대 소설에 대한 한 성찰」, 『문학의 윤리』, 문학동네, 2005, pp. 118–119.
7 박혜경, 「사인화된 세계 속에서 여성의 자기 정체성 찾기」, 『문학동네』, 가을호, 1995, p. 31.
8 황종연, 「내향적 인간의 진실」, 『비루한 것의 카니발』, 문학동네, 2001, p. 123.
9 위의 글, 같은 쪽.

찰에 이르게 하는, 그 자체로 윤리적 의미를 획득하는 공간이 된다. 즉 사인화(私人化)된 내면이라는 공간은 타인들로부터 자신을 보호할 수 있는 영역이자 동시에 자신의 상처를 통해 더욱 깊은 삶에 대한 통찰에 이를 수 있는 자기만의 '성소(聖所)'가 된 것이다. 특히 1990년대 여성작가들에게서 이러한 사인화된 세계로서의 내면이 문제가 되는 것은 그러한 상징적 장소가 유독 여성작가들의 작품에 한해서만 '부엌'이나 '우물'과 같은 여성만의 특권화된 장소로 성별화되기 때문이다. 이런 과정을 거쳐 1990년대 여성문학의 지위와 성격은 1980년대 거대담론의 대척점에서 '내면=사적=여성'이라는 도식을 반복하면서 형성된다. 다시 말해서 1990년대 여성문학에 대한 비평적 옹호는 동구권 몰락과 자본주의의 심화와 같은 사회정치적 배경 속에서 발언권과 영향력을 상실한 1980년대 문학을 비판하면서 '1990년대'로 상징되는 새로운 시대의 문학을 옹호하는 과정에서 전략적으로 이루어진 작업이라는 것이다. 따라서 1990년대 문학담론이 세력을 잃은 2000년대에 더 이상 여성문학이 다루어지지 않게 된 것은 어쩌면 너무나 당연한 일이다. 그런 점에서 1990년대 여성문학의 이상한 활기는 "필요 이상으로 과대포장된 거품"[10]에 불과한 것으로, 바로 그러한 여성문학의 거품은 여성성의 문제를 '내면성'으로 대표되는 문학 담론의 변화를 설명하기 위한 보조적인 개념으로 활용하고 왜곡하는 1990년대 비평 담론에 의해 촉발된 것이다. 물론 그 과정에서 여성성, 여성문학이 여성에 대한 고정관념을 반복하는 수사학으로만 동원될 뿐, 새로운 미학적 긴장이나 여성적 담론의 동력학이 되지 못한 것은 당연하다.

이렇게 여성문학의 의미를 적극적으로 평가하는 준거가 되었던 모성과 내면의 '우물'은 아이로니컬하게도 여성과 여성성, 그리고 여성문학에 관한 기존의 관습적이고 전통적인 관념을 무반성적으로 반복하는 가운데 나온 것이었다. 그리고

10 김미현, 「이브, 잔치는 끝났다」, 『문학동네』, 봄호, 1999, p. 331.

그것은 결국 여성문학을 "전설의 우물"[11]이라는 황종연의 표현 그대로 역사 뒤편으로 사라질 운명에 처한 '전설'로 만들어 버렸다.[12] 비유컨대 그들은 내면이라는 우물에 빠져 갇혀 버렸던 것이다. 그 결과 1990년대 여성문학에 적극적인 의미를 부여하는 근거가 되었던 '부엌'과 '우물'의 메타포와 관련된 여성문학의 고정관념은 이제 결과적으로 여성문학을 '여성들만의 문학'으로 제한해 버림으로써 끝내 문학의 변두리 하위장르로 밀어내 고착시켜 버리는 작용을 하게 된다. 이 점에서는 지난 시기 여성문학을 적극 옹호했던 여성(주의)평론가들의 책임도 크다. '모성'과 '내면'을 여성문학을 위한 하나의 전략적 거점으로 적극 옹호하고자 했던 그들의 비평적 시도 역시 역설적이게도 이전의 여성에 대한 통념과 고정관념 – 전통적인 어머니상의 복제 및 공·사 영역의 젠더 이분화 – 을 더욱 강화하는 연장선상에 있었던 것이다.

그러나 문제는 여전히 현재진행형이다. 지금도 여전히 여성성과 여성문학에 대한 편견과 오해는 '부엌 문학'과 '우물 문학'에 대한 비평가들의 고정관념에서부터 피어오른다. 나아가 그런 고정관념은 여성성/여성문학에 대한 논의를 남성/여성이라는 생물학적 성 구분의 도식 바깥으로 나아가지 못하게 할 뿐만 아니라 여성문학을 한정적이고 고정적인 범주 속에 가둠으로써 새롭고도 생산적인 문학의 가능

11 황종연, 「여성소설과 전설의 우물」, 앞의 책. 이 글에서 황종연은 오정희와 신경숙 소설에 나타나는 '우물'에 대한 상상력을 "여성문화의 전통을 새롭게 천착하고 포용"함으로써 "여성적 창조성의 충만한 비전이 자라나"(83쪽)오는 장소로 진술하고 있다. 여성적 창조성과 상상력의 원천을 '옛우물', 즉 전통적인 여성문화에서 발견하려는 이러한 비평적 시도는 한편으로는 그동안 은폐되어 왔던 여성적 경험에 잠재된 문화적 가능성을 복권하려는 기획이라는 점에서 의미 있지만, 다른 한편으로는 이러한 발상이 여성성과 모성성에 대한 새로운 해석이라기보다는 가부장제하에서 형성된 전통적인 어머니상을 부분적으로 반복하는 것에 불과하다는 점에서 한계가 있다.

12 여성문학에 대한 비평담론의 변화는 1990년대 여성문학에 대한 최근의 논의에서 더욱 분명하게 드러난다. 특히 사인화된 여성성의 세계이자 내면의 진실성이 담보된 여성적 공간으로 추앙받던 신경숙의 '외딴방'은 이제 "가부장적인 삶이 온화한 형태로 왜곡되지 않은 채 지배하는 곳"(104쪽)으로 재평가받게 된다. 김영옥, 「90년대 한국 여성문학 담론에 대한 비판적 고찰」, 『상허학보』 9집, 2002. 8 참조.

성을 차단한다. 어쩌면 현실적으로 "남성성/여성성의 가부장제적 이분법에서 벗어나 여성을 이야기하는 것"은 그렇게 쉽지 않으며 그런 의미에서 정녕 "남성형 담론의 '바깥'[13]은 없을지도 모른다. 그럼에도 불구하고, 그런 도식적이고 규범적인 이분법을 해체하려는 시도에서부터 새로운 여성문학의 시작은 가능해질 것이다. 그 시도는 구체적으로 남성 혹은 여성이라는 단수적 젠더(gender)를 고집하기보다 복수적 젠더'들'의 가능성을 타진하는 것이며, 여성에게 사적 공간을 할당한 뒤 그곳에 여성을 가두기보다 새로운 여성적 영역'들'을 발견하는 것이기도 하다. 이어지는 장은 바로 이러한 새로운 여성문학의 가능성을 보여 주는 최근의 문학적 성과들을 짚어보고, 특히 천운영, 강영숙, 황병승을 중심으로 2000년대 여성문학의 지형도를 부분적이나마 그려 보는 일이 될 것이다.

3. 이분법적 젠더 정체성을 '탈(脫)'하기

최근 여성 작가들의 작품은 1990년대 여성문학의 경우처럼 몇 가지 항목으로 묶을 수 없을 정도로 다양한 갈래들을 보여 준다. 그중에서도 주목할 만한 것은 많은 여성작가들의 소설에서 관습적인 성차의 흔적이 지워지고 있다는 것이다. 예컨대 1990년대 배수아 소설에 등장하던 성장을 거부하는, 성별화 이전의 미성숙한 존재였던 아이들은 이제 2000년대 들어서면서부터는 속물적인 세계와 동떨어진 채 물질에 속박되지 않는 순수한 정신을 지향하는 동성애자로 변모한다.[14] 이 소설에서 동성애자는 사회에서 소외된 성적 소수자라기보다는, 남성과 여성이라는 관습적 성차가 삭제된 탈젠더적 존재로 그려진다. 그런데 배수아 소설의 인물들에게서 나타나는 이러한 성적 차이의 삭제 내지 은폐는 기존의 가부장제적 젠더 이데

13 황종연, 앞의 글, p. 65.

14 동성애자가 등장하는 대표적인 소설로는 『에세이스트의 책상』이 있다.

올로기에 대한 직접적 비판이라기보다는, 전체적 집단주의로부터 거리를 두는 개별 자아의 고립적이고 독자적인 삶의 방식을 옹호하기 위한 하나의 소설적 장치에 가깝다. 「동물원 킨트」에서 작가 서문을 대신해 자신의 창작방법과 원리를 설명하고 있는 다음 구절은 이러한 작가의 생각을 잘 보여 주고 있다.

> 드물게도, 이 글은 분명하게 미리 생각되어진 면이 있었다. 그것은 주인공의 성별을 규정하지 않겠다는 것이었다. 소극적인 면으로 본다면, 생각하기에 따라서 그(녀)는 남자도 또한 여자도 될 수 있는 것이다. 그러나 좀더 개입한다면, 성 정체성의 의도적인 거세이다. 성별이 결정되지 않으면 주인공의 사회적 입장, 정서적인 상태, 개별적인 사건에 대한 반응, 작가나 독자가 소설을 접할 때 느끼는 무의식적인 동일시, 그런 점들이 방해받게 되는 것이 사실이다. 더구나 중요하게 평가받고 있는 자의식이 확고해지기 어렵기 때문에 더욱 매력적인 주인공의 전형에서 멀어질 것이다. 결정적으로 말해서 성별이 없는 인간이란, 지금 현재 그다지 인상적이지 않다. 그럼에도 불구하고 이 글의 그(녀)에게 성별을 규정하지 않은 이유는, 성적 정체성이 자연스럽게 부여하는 모든 정서의 상태를 부정하기를 원했기 때문이다.[15]

작가에게 관습적으로 이분화된 성별체계는 이미 자연스럽게 받아들여지고 있는 현실적 기준으로 인식되고 있다. 따라서 대다수에게 일종의 이데올로기로 작용하는 통념적이고 천편일률적인 가치를 거부해 온 작가에게 이러한 젠더 고정관념은 당연히 "가장 무시하고 경멸해야 할 대상이 된다."(6쪽) 그런 관점에서 볼 때 배수아 소설에 등장하는 성차가 지워진 인물들은 우리 사회 전반에 걸쳐 아직도 농후한 남성중심적 가치에 대한 비판적 자의식을 가진 존재라기보다는 다수결주의와

15 배수아, 『동물원 킨트』, 이가서, 2002, pp. 5–6.

몰개성이 지배하는 한국의 사회문화 전반을 조롱하고 비아냥거리는 존재에 더 가깝다. 배수아 소설이 여성주의적으로 해석될 여지가 많은 것은 분명하지만 여성주의 문학이라고 보기 어려운 것은 이 때문이다. 이러한 생각은 2000년대 이후에 등단한 젊은 여성작가들의 작품에 등장하는 성차가 지워진 인물들을 볼 때 더욱 분명해진다. 최근 소설에 자주 등장하는 이러한 인물 유형은 분명 기존의 정형화된 인물에서 벗어난다는 점에서 의미가 있지만 여성주의적 의식과는 무관한, 오히려 반여성주의적으로 해석될 여지가 있다는 점에서 문제적이다.[16]

천운영 소설에서도 이러한 성차의 삭제 혹은 전도가 나타나는데, 특히 「늑대가 왔다」(『명랑』, 문학과지성사, 2004)의 '늑대'는 관습적으로 남성을 상징하는 늑대라는 동물에 모성적 성격을 부여함으로써 새로운 성적 지표의 의미를 획득하게 된다. 또한 천운영 소설에 자주 등장하는 그로테스크한 육체에 동물성의 식욕을 갖춘 여성인물들 역시 한국문학에서 보기 드문 낯선 유형의 캐릭터다. 「월경」의 가분수 여자아이, 「숨」의 육식동물을 닮은 할머니, 「행복고물상」의 쭈글쭈글한 아내, 「포옹」의 곱사등이 등 그녀의 대부분의 소설에서 여성 신체는 뒤틀리고 비정상적인 것으로 그려진다. 게다가 그들은 수시로 남편을 구타하고 손자의 삶을 착취하거나 심지어 남자의 목숨까지도 빼앗아 갈 만큼 폭력적이다. 이러한 추함과 육식성, 폭력성은 적어도 한국문학에서 여성에게 주어진 적이 없는, 남성적인 것으로 젠더화된 속성이었다. 그런 점에서 천운영 소설의 여성인물들은 "남근적 여성들(phallic women)"[17]이라고 할 수 있다.

그러나 남성적 욕망의 소유자인 천운영 소설의 여성인물들은 한편으로는 관습적 남성성을 재연하는 유사 남성의 성격을 띠면서도, 다른 한편으로는 그녀들의 남

16 예컨대 김애란 소설에 자주 등장하는 어린 남자아이는 젠더 중립적이거나 탈젠더적인 존재라고 할 수 있지만, 반복적으로 자신의 생과 글쓰기의 기원을 부재하는 아버지에게서 발견하려고 한다는 점에서 아버지-아들로 이어지는 남성적 가계도에 충실한 인물이라고 볼 수도 있다.

17 이명호, 「2000년대 한국 여성의 위상과 여성문학의 방향」, 『문학수첩』, 봄호, 2006, p.92.

성적 욕망이 상징질서에 포섭될 수 없는 불구의 형태를 띤다는 점에서 상징질서의 처벌을 두려워하면서도 상징질서의 내적 질서를 교란하는 불투명한 존재성을 드러낸다. 특히 「월경(crossing the border)」에서 이러한 사정은 좀더 분명하게 나타난다. 이 소설의 주인공인 '나'는 열세 살 이후로 성장을 멈춘, 150센티미터도 안 되는 키에 곱추의 등허리처럼 부담스럽게 달린 머리통을 가진 이제 스무 살의 여성이다. 부모가 모두 떠난 집에서 홀로 지내는 '나'는 여종업원으로 고용한 '계집'의 수입 중 절반으로 생활하는데, '나'의 유일한 즐거움은 계집의 몸을 훔쳐보는 것이다.

> 계집이 치마를 모으고 앉아 땅바닥에 손을 짚어 가며 머리카락을 찾는 동안 나는 셔츠 사이로 봉긋 솟아오른 가슴을 훔쳐본다. 서른이 훨씬 넘은 나이에도 계집은 제법 탱글탱글한 가슴을 유지하고 있다. 가슴도 가슴이지만 계집의 엉덩이는 정말 탐스럽다. 표주박 두 개를 나란히 놓은 듯 완만한 곡선을 이루다가 툭 불거지는 모습이 여간 아니다. … 나는 문틈에 대고 숨을 죽인 채 계집의 엉덩이를 훔쳐보곤 한다. 엉덩이 사이로 손가락을 쑥 넣거나 체벌을 하듯 엉덩이를 찰싹찰싹 때리는 상상을 하면서.[18]

'나'가 계집의 몸을 훔쳐보고 있는 위의 구절은 마치 남성 서술자에 의해 서술된 듯하다. 특히 '탱글탱글한 가슴'과 표주박에 빗대어지는 엉덩이, 그 엉덩이에 가해지는 사디즘적 폭력까지, '나'는 남성의 관음증적 시선으로 계집의 몸을 분편화하고 대상화하면서 은밀한 성적 쾌감을 느낀다. 전통적으로 남성적 성적 도착의 하나로 간주되어 온 관음증을 전유함으로써, '나'는 관능성과 공격성을 공유한 사디즘적 주체가 된다. 그런 점에서 '나'는 남성의 욕망을 모방하는 유사 남성이라고 할 수 있다. 그러나 전적으로 그렇다고 단언하기 어려운 이유는 '나'의 신체의 기형성

18 천운영, 「월경」, 『바늘』, 창작과비평사, 2001, p.70.

과 도착적인 욕망이 아버지가 그어 놓은 욕망의 금지선으로부터 촉발된 것이기 때문이다. 다시 말해서 '나'의 남근적이고 도착적인 욕망은 과도한 욕망의 소유자인 어머니를 살해한 아버지의 남근적 욕망에 대한 두려움과 자신의 여성적 욕망을 그러한 아버지의 질서 속에서 억압하고 통제한 결과 왜곡되어 표출된 것이라고 볼 수 있다. 따라서 소설의 결말 부분에서 벌거벗은 계집이 사내와 행복해 하는 모습을 목격한 '나'는 어렴풋하게나마 금기와 위반으로만 규정되는 욕망의 패러다임을 넘어 여성 욕망의 향연을 이해할 수 있게 된 것이다.

분명 천운영 소설의 남근적 여성은 관습적인 남성성을 재연하는 유사 남성의 성격을 지닌다. 게다가 천운영 소설에서 대개의 여성은 자신들의 도착적이고 과잉된 성적 욕망 때문에 처벌받고 있다는 점에서, 관습적으로 젠더화된 욕망의 패러다임에서 자유롭지 못하다고도 볼 수 있다. 기존 사회의 성적 관습에서 벗어나 쾌락과 욕망의 여성중심적 체제를 새롭게 구축하려는 문학적 시도가 아직까지는 그리 매끄러워 보이지 않는 것은 그 때문이다. 그럼에도 불구하고 그녀들은 기존의 남성과 여성의 성 구분이 모호해지는 특이한 성적 존재로서, 남성중심적 상징질서에 포섭되기 어려운 불구적 형태를 띤다고 할 수 있다. 즉 그녀들은 한편으로는 남성적 상징질서를 내면화하면서 그에 포섭되는 듯하면서도 바로 그런 가운데서 그 상징질서의 내적 질서를 교란하는 모호하고 양가적인 존재성을 드러낸다. 바로 이러한 여성인물의 양가성과 모호성이야말로 고정된 성적 관념에 문제를 제기하고, 우리로 하여금 관습적인 여성성의 관념으로부터 벗어날 수 있게 해 준다.

4. 복수적 젠더'들'의 출현

천운영이 남성적 욕망을 모방하는 유사 남성의 정체성을 가진 그로테스크한 여성인물을 통해 기존의 이분화된 젠더 정체성을 교란하고 있다면, 남성시인인 황병승은 여성의 자궁을 욕망하는 시적 화자를 등장시킴으로써 여성성의 문제를 생물학적

성의 범주를 넘어서서 사유하게 한다. 뿐만 아니라 이러한 여성성의 시적 상상력은 가부장적 상징질서의 고정된 이분법의 경계에서 남성도 여성도 아닌, 인간도 짐승도 아닌, 복수적 존재들을 만들어 내어 여성성을 이분법적 성 정체성의 경계 바깥에서 사유할 수 있게 한다. 특히 황병승 시에서 '자궁'은 여성의 생물학적 기관이라는 의미를 넘어서 시적 상상력의 모태라는 새로운 상징적 의미를 획득하게 된다.

> 나는 나의 질긴 자궁을 어디에 두었나
> 광장의 시체들을 깨우며
> 새엄마를 낳던 시끄러운 밤이여.
> 꼭 맞는 호주머니를 잃어서
> 오늘밤은 모두 슬프다
>
> 「검은 바지의 밤」 중에서[19]

이 시에서 시적 화자가 잃어버린 호주머니–자궁은 탈·부착이 가능한 가변적인 것이다. 게다가 그러한 호주머니–자궁은 '검은 바지'로 은유화된다. 이 순간 '남성의 의복으로 간주되어 온 바지는 내적으로 비어 있는 공간인 호주머니–자궁과 구조적으로 상동함으로써 남성의 것이기도, 여성의 것이기도 한 모호하고 중간적인 것이 된다.'[20] 황병승 시에서는 이렇게 자궁을 연상시키는 속이 텅 빈 사물들이 자주 등장한다. '서랍'(「서랍」)과 '자루'(「너무 작은 처녀들」), '입의 나라'(「주치의 h」) 등이 그것인데, 그것은 시적화자인 '나'가 선천적으로 가지고 태어난 것이 아니라 후

19 황병승, 『여장남자 시코쿠』, 랜덤하우스중앙, 2005, p. 22.(이하 『여장남자 시코쿠』의 인용은 본문 안에 (시 제목 또는 쪽수)로 표기함.)

20 허윤진, 「나의 분홍 종이 연인들, 언어로 가득 찬 자궁이 있는 남성들」, 『문예중앙』, 여름호, 2005.

천적으로 획득한, 그리고 탈·부착이 가능한, 하나가 아닌 여러 개라는 특징이 있다. 뿐만 아니라 그곳은 '나'가 평생 "들락날락"(「주치의 h」)하면서 끊임없이 새로운 '나'를 태어나게 함으로써 자신의 '옛 이름을 우스꽝스러운'(「시코쿠」) 것으로 만들어 버리는 곳이기도 하다. 황병승 시에서 자궁을 단순히 생물학적 여성의 기관으로만 한정할 수 없는 것은 이 때문이다. 그곳은 단순히 생산하기만 하는 곳이 아니라 생산된 것을 소멸시키는 곳이기도 하다. 그렇게 호주머니-자궁에서 생산된 것들은 하나의 고정된 사회적 정체성을 거부한 채 환유적으로 대체되거나 삭제된다. 황병승의 시에 자주 등장하는 트렌스젠더나 드랙퀸, 크로스드레서와 같은 존재들을 새로운 성적 주체성으로 규정할 수 없는 것은 이 때문이다. 그들은 오히려 "모든 것을 선언한 뒤 알 수 없는 사람"이 될 뿐이다. 심지어 그들은 "죽을 때까지 어떠한 이름으로도 불려지지 않"(「시코쿠」)고 싶어한다. 이렇듯 자궁의 가변성에서 촉발된 가변적 주체에 대한 시적 상상력은 이 세계의 명명법으로는 이름 붙일 수 없는 낯선 복수적 존재들을 만들어 낸다.

부끄러워요 저처럼 부끄러운 동물을
호주머니 속에 서랍 깊숙이
당신도 잔뜩 가지고 있지요

부끄러운 게 싫어서 부끄러울 때마다
당신은 엽서를 썼다 지웠다
손목을 끊었다 붙였다
백년 전에 죽은 할아버지도 됐다가 고모할머니도 됐다가……

「커밍아웃」 중에서

자신의 진짜 정체성을 "뒤통수"와 "항문"이라고 선언했던 시적화자는 곧바로, 그러한 단언적 진술을 '썼다 지운다.' 이처럼 황병승 시에서는 사회비판적인 자기 선언조차 거부되거나 삭제된다. 그리하여 '나'는 "백 년 전에 죽은 할아버지도 됐다가 고모할머니도" 된다. 자신을 뒤통수와 항문으로 커밍아웃한 직후, '나는 누구인가'라는 질문은 또 다시 제기되는 것이다. 이렇게 황병승의 시에서 자기 확인의 질문은 대답을 유예한 채 끝없이 지속된다. 그런 과정을 거치면서 '나'는 "마리오 속의 미란다가 미란다 속의 마리오가 마리오 속의 쟝이 쟝 속의 치타 씨"(「소년미란다좌절공작기」)가 된다. 이들은 "하나이면서 모든 것들이, 한순간이면서 모든 순간인 세계", 즉 자기동일적이고 순환론적인 단일성의 세계로부터 추방된 존재들이다. 그런 점에서 황병승의 시는 "너무 많은 인물들이 등장하는 한 미치광이의 이야기"(153쪽)라고 할 수 있다. 사회가 부여해 준 단일한 젠더 정체성을 거부한 이들은 결국 정신병동에 갇히지만, 정신병자라는 정체성 역시 그들을 온전히 해석해 주지 못한다. 그것 또한 하나의 연기에 불과하기 때문이다. 그리하여 정신병동에 갇힌 '리타'는 이렇게 속삭인다. "걱정 마세요 수간호사님, 이건 그저 연기일 뿐이니까요."(「리타의 습관」)

이들 연기하는 주체는 자기 정체성 확인에 실패한 존재들이다. 황병승 시에 등장하는 수많은 등장인물들은 모두 시적 자아의 분신이거나 변이형이라고 할 수 있다. 자궁의 무한한 확장과 수축을 통해 생성된 황병승 시의 등장인물들은 "정육점에서 뿌리째 잘라 준, 쬐끄만 녀석을 허리춤에 차"(「대야미의 소녀–황야의 트랜스젠더」)거나, "순돈육 자지를 달고 불 속을 걸"(「에로틱파괴어린빌리지」)어가기도 한 '여장남자 시코쿠'다. 이렇게 황병승 시에서 페니스는 자궁과 마찬가지로 탈·부착이 가능할 뿐만 아니라, 인공적이기까지 하다. 그리하여 완고한 이분법적 젠더 체계 속에서 남성과 여성을 구분해 주었던 페니스와 자궁이라는 생물학적 기관은 이제 합체와 분리가 가능한 기계가 된다. 그리하여 생물학적 기원 서사를 가지지 않는 사이보그인 '여장남자 시코쿠'는 남성에도 여성에도 속하지 않은 채, 남성과 여성의 경계 '사이'를 파고들어 가 모든 명확한 존재를 모호하게 한다. 모든 경계 지대에 존재하는 것들과 마찬가지로, 이들은 어떤 단일한 잣대나 기준으로 규정하려는 순간 "웃음소리"(「Cheshire Cat's Psycho Boots－7th sauce－여왕의 오럴 섹스 취미」)만 남긴 채 사라진다. 완고한 성 정체성의 경계를 넘나들며 경계 자체를 질문하는 이 여장남자들은 한편으로는 여전히 강고한 가부장제적 질서를 뒤흔들면서도 다른 한편으로는 규범화된 페미니즘에 의해 신화화된 여성성 또한 심문한다. 그리하여 이제 황병승 시에 출몰하는 복수적 젠더들은 남성과의 대타적 관계 속에서만 제한적으로, 순환론적으로 논의되던 여성성을 이분법의 범주를 넘어서는 곳에서 새로운 방식으로 이야기할 수 있는 가능성을 제시하고 있다.

5. 경계 넘기, 경계 되기

분명 황병승의 시는 표면적으로 여성성의 미학을 표방하지 않음에도 불구하고 기존의 여성성에 대한 고정관념이나 문학적 관습과는 다른 자리에서 생겨나고 있는 여성성에 대한 탐구의 일면을 보여 준다. 그러나 이때의 여성성은 그 자체로 탐구되는 것이라기보다는 하위문화적 상상력의 장치를 빌려서 표출되는 징후와 같은 것이다. 황병승의 시가 여성적 육체 속에 거주하는 수많은 타자들을 불러내어 여성의 서사를 만들어 내는 여성주의 시인인 김혜순의 시(「내가 모든 등장인물인 그런 소설 1, 2, 3」)와 닮아 있으면서도 여성성의 원리를 궁극적인 글쓰기의 지향점으로 삼지 않는 것은 이 때문이다. 오히려 황병승에게 여성성의 문제는 큰 타자의 심급이 무력해지고 자아가 사라져 가는 후기 자본주의 사회에서 '나'를 다르게 말하는 하나의 시적 방법론으로 차용하고 있는 듯하다. 따라서 그에게 여성성은 부차적 효과일 뿐 궁극적인 문학적 원리로까지 원용되지는 않는다고 볼 수 있다. 이와 달리 강영숙의 소설은 새로운 여성성과 여성문학의 가능성을 적극적으로 탐구하면서 그것을 소설의 미학적 차원으로까지 끌어올리고 있어 주목된다. 특히 최근 발간되어 한국일보문학상을 수상한 장편소설 『리나』는 경계지대에 거주하는 복수적 존재들의 삶을 통해서 남성성/여성성이라는 기존의 이분법적인 단수 젠더체계에 문제를 제기하는 동시에, 여성 육체와 섹슈얼리티의 관점에서 경계에 대해 사유함으로써 여성적 존재방식을 세계에 대한 새로운 인식적 방법론으로 만들고 있다.

강영숙의 『리나』[21]는 더럽고 냄새나는 공간들의 순례를 기록한 '악취'와 '땟국'의 서사이다. 예컨대 리나가 화공약품 공장에서 강간당할 때 리나의 배 위로 쏟아진 것은 "내장이 뒤집힐 것처럼 독한 냄새가 나는 흰 화공약품"[22]인데, 소설이 끝날 무렵 이 지독한 악취는 매춘과 중노동에 시달린 리나의 몸으로 옮겨 간다. "나는 화학 가스에 오염된 몸이랍니다. 내가 낳는 아이들은 대대손손 병신이고 불임이라는데요."(313쪽)라는 리나의 고백은, "세계의 국경이 몸살을 앓고 있"(311쪽)는 현실이 어떻게 리나의 몸을 통해 구현되는가를 잘 보여 준다. 결국 리나의 세계여행은 바로 이런 세계의 악취를 자기 몸에 옮겨 놓는 과정에 불과한 것이 된다. 리나뿐만이 아니다. 할머니와 봉제공장 언니를 비롯한 소설 속 대부분의 국외자들은 쓰레기 천지의 세계를 여행하면서 점점 쓰레기가 된다. 그들의 몸은 "그야말로 오물천지"(288쪽)가 되는 것이다.

이러한 세계 고통의 전이와 동화가 가능한 것은 리나가 국경으로 상징되는 중첩적인 지역 안에 존재함으로써 그녀의 정체성을 다중적인 범주들에 걸쳐 놓고 있기 때문이다. 리나는 본래적인 기원을 고집하는 대신 그 위에 다른 존재 이미지를 겹쳐 놓음으로써 끊임없이 스스로를 낯설고 불안한 타자적 존재로 만든다. 가령 소설에서 리나는 자주 거울을 들여다보는데, 거울 속에서 매번 확인하는 것은 원래의 자기 모습이 아니라 자기 얼굴에 드리워진 '검은 그림자'와 '깊은 긴 주름'이다.

21 『리나』에 대한 분석은 필자가 얼마 전에 발표한 「새로운 거짓말과 진부한 거짓말」(『실천문학』, 겨울호, 2006)을 수정한 것이다.

22 강영숙, 『리나』, 랜덤하우스, 2006, p. 58.(이하 『리나』의 인용은 본문 안에 (쪽수)로 표기함.)

서사가 전개될수록 리나는 점점 "낯모르는 여자의 얼굴"(128쪽)이 되어 간다. 그렇게 리나는 국경 넘기를 거듭하면서 다른 존재들을 자기 안에 쌓아 간다. 그리하여 리나는 어떤 단일한 범주에도 귀속되지 않는 재현하기 어려운 복수성을 지닌 존재가 된다. 리나는 죽어가는 할머니를 끝까지 돌볼 정도로 착한 여자인가 하면 다른 한편으로는 "성격 파탄자, 알코올 중독자"(250쪽)이기도 하다. 봉제공장 언니와 육체적 관계를 맺지만 그렇다고 동성애자라고 보기도 어렵다. 그처럼 소설에서 리나는 "깨진 거울을 통하지 않고서는 자신이 누구인지 절대 알 수 없"(89쪽)는, 스스로에게도 낯설고 이질적인 존재로 그려진다. 게다가 리나는 가족들이 있는 P국으로 갈 수 있는 기회조차 자발적으로 포기함으로써 자신의 기원을 삭제한다. 이제 그녀에게는 더 이상 돌아갈(가고 싶은) 고향이 없다. 그렇게 리나는 끝없는 탈국의 상황 속에서 자발적으로 스스로를 텅 빈 주체로 만들어 버림으로써 진정 세계의 불안과 공포를 구성하는 동시에 그런 불안과 공포를 배출하는 탈근대적·탈주체적 존재가 된다.

그러나 사실 리나의 탈출 여정과 국경 넘기는 이미 진부해질 대로 진부해진 현실에 불과한, 전혀 새롭지 않은 이야기이다. 우리는 이미 불법체류 노동자들에 관한 구구절절한 사연은 물론 자본의 유통경로를 따라 남하하는 매춘여성들이 그려낸 새로운 지도에 관해서도 익히 알고 있다. 따라서 "『리나』를 읽어 가는 과정은 클리셰와의 힘겨운 투쟁과정이었다"[23]는 진술은 전적으로 사실이다. 그럼에도 불구하고 『리나』가 익숙한 탈출자 이야기와 다른 리나의 모순적이고 중층적인 성격에 근거하여 '경계 넘기'라는 현실을 리나의 육체 위에 허구적으로 구축하고, 그러한 허구적 구축을 통해 뻔한 탈출 이야기를 '경계 되기'라는 문학적 현실로 재구성하고 있기 때문이다. 리나는 사랑하는 삐와 첫 관계를 맺으면서 그의 국경 탈출담을 자신의 몸으로 듣고 이해하게 되는데, 그 순간 리나는 "머릿속이 환해지면서 비

23 이혜령, 「국경과 내면성」, 『문예중앙』, 가을호, 2006, p. 235.

좁은 방 안의 벽들이 다 무너지고 저 먼 하늘로부터 둑처럼 펼쳐진 푸른 국경선이 다가"(140쪽)오는 낯선 경험을 하게 된다. 삐의 탈출담은 그대로 리나의 몸에 '국경선'으로 담겨지게 된 것이다. 그리고 삐의 국경 이야기가 리나의 몸에 받아들여지는 순간, 리나는 생명을 잉태하듯이 몸이 부푸는 환상을 경험한다. 국경을 넘으면서 리나가 보고 들은 국경 이야기는 그렇게 부풀려진 배의 텅 빈 공간만큼 차곡차곡 쌓인다.[24] 그리하여 리나의 몸은 차라리 국경 자체가 된다. 리나는 어떤 공간에서도 "자발적으로 사라지기로, 배경으로도 남지 않기로 결심"하는데, 왜냐하면 리나는 끊임없이 떠돌면서 스스로 공간을 만들어 가는 존재이기 때문이다. 그 공간은 아침에 세워졌다가 저녁에 붕괴되고 계속 움직이며 다른 공간들이 포개져 그 실체조차 불분명한 신기루 같은 곳이다. 그곳은 분명 주어진 현실 속에 위치해 있으면서도 어디에도 없는 '이상한 나라'인 것이다.

바로 그 순간 비로소 '경계'는 추방된 존재가 자신을 진부한 존재로 만드는 세계적 조건과 투쟁할 수 있는 새로운 문학적 공간으로 변모하게 된다. 이렇게 슬픔과 기쁨, 공포와 유머, 폭력과 애무가 공존하는 기이한 허구의 공간은 극악무도한 현실을 '극성맞음'으로 맞서는 존재가 구축한 새로운 담론과 존재방식을 가능케 하는 곳이다. 그렇기 때문에 "리나는 또다시 저만치 앞 허공에 푸른 둑처럼 펼쳐져 있는 국경을 향해"(348쪽) 끊임없이 달려갈 수 있는 것이다. 이러한 리나의 여정은 언뜻 끊임없이 세계의 경계를 넘음으로써 경계의 무화를 주장하는 것처럼 보인다. 그러나 모한티가 지적하듯이, '경계 없음(without border)'은 "경계를 상정하지 않는

24 『리나』 이전에 발표된 강영숙 소설들에서도 여성 육체는 단순히 소재에만 국한되지 않고 비극적 세계의 기미를 알아채는 수단인 동시에 그러한 세계의 비극성이 빚어 낸 하나의 '사건'이 되기도 한다. 그런 맥락에서 「봄밤」의 "임신이었다"라는 마지막 문장은 오정희의 「중국인 거리」에서 여성의 첫 번째 성장통을 암시하는 "초조였다"는 진술과 공명하면서 여성이 겪는 제2의 성장통을 암시한다. 그러나 그것은 단순히 여성 육체의 변화만을 가리키는 것이 아니라, 세계의 고통에 민감하게 반응하고 조응함으로써 세계에 대한 새로운 감각법을 터득하는 것을 의미하기도 한다. 특히 「날마다 축제」에서 임신과 출산을 경험한 여성 육체는 비극적 현실과 교통하는 새로운 감각기관으로 재탄생하고 있다.

(border-less)" 것이 아니라 "그 경계가 재현하는 단층선, 갈등, 차이, 두려움, 봉쇄를 인식하"고 "단 하나의 의미를 띠는 경계는 없다는 것을 인식하는" 것이며 "국가, 인종, 계급, 섹슈얼리티, 종교, 장애를 통과하며 그 사이를 가로지르는 경계선들이 실재함을 인식하는" 것이다.[25] 그런 의미에서 『리나』의 경계 넘기는 단순히 현존하는 이 세계의 차별과 차이를 삭제하는 것이 아니라, 오히려 경계 자체를 질문하고 나아가 자발적으로 그러한 경계가 됨으로써 이 세계의 변화에 대한 문학적 상상을 제공한다.

6. 정체성의 정치학에서 여성성의 미학화로

지금까지 천운영, 황병승, 강영숙을 통해 개괄적으로 살펴본 2000년대 여성문학의 특징을 요약해 본다면, 그것은 관습적인 성차로부터 벗어난 곳에서 여성, 여성성의 문제를 사유한다는 것이다. 천운영 소설에 등장하는 '남근적 여성들', 황병승 시의 '여장남자 시코쿠', 강영숙 소설의 국경을 넘는 리나는 바로 그러한 남성/여성의 이분법적 환원체계라는 환상의 스크린을 찢고 튀어나와 여전히 우리 사회를 지탱하는 견고한 젠더 이데올로기를 심문하는 존재들인 것이다. 이들의 텍스트는 바로 그러한 방식을 통해 한국문학에서 끈질기게 반복되어 온 해묵은 성차의 이분법으로부터 벗어나고 있을 뿐만 아니라, '여성성'의 범주를 좀더 탄력적으로 재구성하고 재사유할 수 있는 가능성을 열어 놓는다. 여성성/남성성은 물론, 주변/중심, 사적/공적, 미시/거시 등과 같은 이분법적 경계의 규정성을 흐려 버리는 다양한 복수적 존재들의 등장은 기존 여성문학의 경계를 넘어서는 새로운 여성문학의 가능성을 보여 준다는 점에서 의미가 있다.

25 찬드라 탈파드 모한티, 「서론: 탈식민주의, 반자본주의적 비평, 페미니즘적 개입」, 『경계 없는 페미니즘』, 문현아 역, 여이연, 2005, p. 14.

지금까지의 한국페미니즘 문학은 여성을 주체로 재현하고 그러한 여성 주체를 통해 페미니즘 정치학의 아젠다를 구성해 왔다. 분명 이러한 페미니즘의 정체성의 정치학은 한국의 여성 현실을 고발하고 제도권에서 소외된 여성들에게 일정한 권력을 분배해 줌으로써 억압받았던 여성을 어느 정도 해방시킨 것은 사실이다. 그러나 그 과정에서 '여성'의 범주를 아무런 고민 없이 끌어옴으로써 재현의 정치학으로서의 여성문학의 가능성을 제한해 온 것 또한 사실이다. 특히 1990년대 여성문학은 여성성을 생물학적 모성성과의 관련 속에서만 제한적으로 사유하고 나아가 이를 남성중심적인 문명적 폐해를 치유할 원리로 신비화하고 특권화함으로써 남성성과 여성성에 대한 기존의 남성중심적인 시각을 다른 차원에서 재생산해 왔다. 1990년대 여성문학이 일정한 성과에도 불구하고 더 이상 논의되거나 생산되지 못한 이유도 바로 여기에 있다. 반면에 비록 징후적으로, 산발적으로 나타나기는 하지만 2000년대 여성문학은 여성 존재와 여성성에 대한 관습과 통념에 얽매인 단선적인 이해와 감각을 넘어선 곳에서 그것을 부정하는 다양한 복수적 존재들의 교통과 교감 속에서 새로운 여성문학의 가능성을 제시해 주고 있다. 그것은 단순히 이분법적 젠더 시스템을 교란하는 데 그치는 것이 아니라, 새로운 문학적 방법론으로까지 적극적으로 사유되고 있다. 이제 여성성은 '여성'이라는 단일한 정체성의 정치학적 주체가 아니라, 새로운 미학의 가능성으로 모색될 수 있는 단계에 이른 것이다. 그리고 어쩌면 새로운 '문학'의 가능성 또한 이 가운데서 자라날지도 모른다.

| 세 번째 강의 |

괴테 문학에 나타난 구원의 여성상

최승수(경북대 독어독문학과)

1. 들어가며

『젊은 베르테르의 슬픔』으로 학창시절 우리에게 기억되는 괴테는 고전 작가로서뿐 아니라 많은 여성들과의 사랑으로 잘 알려진 작가이다. 그의 말대로 그는 체험하지 않은 것은 단 한 줄도 쓰지 않았으며, 또한 그대로 표현하지도 않았다. 이 글에서는 그가 여성과의 사랑을 통해 어떤 작품을 남기게 되었고, 그의 작품에 나타난 여성은 남성에게 어떤 존재인가를 살펴보고자 한다. 여기서 하나의 문제가 제기될 수 있다. 두 세기 반의 거리를 갖고 있는 괴테라는 서양의 작가가 말하는 사랑의 의미가 이메일과 휴대폰 문자로 소통하는 지금의 젊은 세대에게 과연 다가갈 수 있을 것인가 하는 점이다. 다시 말해 오늘날 위기의 전통적 문학이 영화나 사진, 미술뿐 아니라 기타 디지털 시대의 매체와 경쟁하여 독자에게 읽힐 수 있느냐, 없느냐의 문제로 이어진다. 아도르노가 지적한 대로 문화산업의 부정적 영향 아래 그리고 전자혁명으로 인한 속도의 지배 시대에 '느린 동작의 몸짓'인 문학을 과연 독자들이 선택할 것인지, 나아가 상품성을 담보로 하는 문화산업과 디지털 혁명의 시대에 '2차 문맹'으로 인한 독서 능력의 상실을 어떻게 극복할 수 있는지는 큰 문제가 아닐 수 없다. 이러한 문학의 위기상황에서도 고전작가의 작품을 올바로 이해하는 데 도움이 되고자 하는 시도는 분명 중요한 의미를 갖는다. 그 이유는 보편성이 붕괴되고 전통적 가치가 표류하는 시대, 극단적 합리화에 굴복해 누구도 세계화라는 메커니즘으로부터 자유롭지 못한 시대에 오히려 우리의 일상을 규정하는 객관적 시간의 지배에서 벗어나 자신을 찾으려는 노력이 중요하기 때문이다. 따라서 눈에 보이는 성과를 지향하는 유용성으로부터의 해방은 오히려 자신과의 만남 또는 자아인식의 가능성이며, "현실을 넘어서야 진리를 자기 것으로 할 수 있다"는 쉴러의 말은 시대를 초월하는 올바른 요구이다.

2. 괴테 문학의 성립 배경

『젊은 베르테르의 슬픔』으로 약관의 나이에 일약 세계적 작가의 반열에 오른 괴테(J. W. von Goethe)는 1749년 프랑크푸르트의 마인강변에서 태어났다. 괴테의 조부는 리옹과 파리에서 부를 축적한 후 신교도의 억압을 피해 1686년 프랑크푸르트로 이주하게 된다. 이곳에서 호텔을 경영하기도 했던 그는 사망 당시 많은 유산을 남긴다. 따라서 괴테의 부친 요한 카스파 괴테는 생존을 위한 직업 활동이 필요하지 않았고 특별한 경력이나 활동도 보여 주지 못했다. 현학적이며 엄격했던 그는 자유로운 여행을 하기도 했고 후일 아들 괴테에게 큰 영향을 주게 된, 다방면의 장서와 예술품을 소유하고 있었다. 괴테가 여섯 살 되던 해, 그는 자신의 집을 개축하게 되는데 그의 새로운 집은 '학문과 예술의 세계'라 불릴 만한 것이었다. 괴테의 어머니는 법률가 집안에서 태어났으며, 그녀의 증조부는 하이델베르크 대학의 교수와 총장을 지내기도 했다. 그녀는 연극에 관심을 가졌고 쾌활하며 삶에 대해 긍정적 태도를 가지고 있었다. 이러한 부모의 영향으로 괴테는 아버지에게서는 진지한 삶의 태도를, 어머니로부터는 풍부한 상상력을 물려받았다고 말하고 있다.

당시 독일의 사정을 고려하면 괴테는 태어나면서부터 행운아였다고 할 수 있다. 그보다 10년 연하이면서 후일 바이마르에서 괴테와 문학과 예술에 대한 공동의 작업을 통해 독일고전주의 문학을 꽃피우게 되는 쉴러 또한 예외가 될 수 없었지만, 당시 독일의 예술가들은 생존과 예술 활동을 위해 경제적 후원자-주로 제후나 귀족들이었지만-를 필요로 하고 있었다. 이러한 궁핍한 환경에 처한 경우와는 달리 괴테는 어린 시절부터 고전어문학 등 다양한 교양을 자신의 것으로 할 수 있었다. 18세기에서 19세기에 이르는 시기에 독일은 '시인과 사상가의 나라'라는 명성에 걸맞게 문화와 예술의 황금기를 누리고 있었다. 정치적으로는 수많은 공국으로 분열되어 통일된 국가의 모습조차 가질 수 없는 후진적 상황이었으나, 오히려 이러한 정치적 후진성은 아이로니컬하게도 독일이 문화적으로 번창하는 토대가 되었다. 그 이유는 제후나 군주들이 한편으로는 예술에 대한 올바른 이해와 교양에 대한 필요성을 절감하고 있었고, 또 다른 한편으로는 자기 과시적 욕구로 인해 예술가들이 후원자가 되려고 했기 때문이었다.

슈트라스부르크에서 법학박사 학위를 수여받은 괴테는 고향 프랑크푸르트로 돌아와 변호사로 개업하지만 그의 관심은 문학과 예술에 있었다. 1775년 아우구스트 공의 초청으로 프랑크푸르트를 떠나 바이마르에 도착한 괴테는 83세의 나이로 운명할 때까지 이곳에 머물게 된다. 바이마르에서 괴테는 영주의 정치적 조언자, 극장 관리자, 행정가 등 다방면의 실생활을 경험하게 되며, 다른 한편 영주의 배려로 3년여의 이탈리아 여행을 통해 고전문학에 눈뜨게 되고 수많은 예술가와 교류하는 기회를 얻게 된다.

3. 괴테의 시에 나타난 여성의 의미

1) 소외의 극복과 존재의 완성

슈트라스부르크 유학시절 괴테는 근교 제센하임 지역으로 소풍을 가게 된다.

그곳에서 만난 목사의 딸 프리데리케를 괴테는 『시와 진실』에서 다음과 같이 묘사하고 있다. "날씬한 몸매에 금발 머리와 푸른 눈을 가졌으며, 분별력이 깃든 명랑한 자의식이 함께하는 순진함, 그리고 선견지명이 있는 쾌활함을 보여 준다. 우아한 몸놀림은 꽃이 만발한 대지와 겨누는 듯하고, 싱그러운 환한 얼굴빛은 푸른 하늘과 내기라도 하는 듯하다." 사랑과 열정, 술과 춤으로 청춘의 자유를 맛본 괴테는 금욕적 태도가 허물어지는 것을 느꼈고 이로 인해 프리데리케에게 상처를 주게 되었다는 자책으로 절망하게 된다. 프리데리케와의 만남의 계기가 된 「오월의 축제」는 제센하임 시절 괴테의 대표적인 작품이다.

오월의 축제

얼마나 찬란하게 빛나는지
내게 자연은!
태양은 얼마나 반짝이는지!
벌판은 얼마나 웃는지!

가지 가지마다
꽃들 밀려 나오고
덤불에서는
수천의 목소리 밀려 나오고

가슴 가슴마다
기쁨과 환희 터져 나온다.
오 대지여, 오 태양이여,
오 행복이여, 오 기쁨이여,

오 사랑, 오 사랑이여,
금빛으로 아름다워라,
저 언덕 위
아침 구름처럼

파릇파릇한 들판을
그대가 찬란하게 축복하는구나
꽃 아지랑이 속
충만한 세계를!

오 소녀, 소녀여.
나, 얼마나 그대를 사랑하는가!
그대의 눈은 얼마나 빛나는가,
그대, 얼마나 나를 사랑하는가!

종달새가
노래와 창공을 사랑하고
아침 꽃들이
하늘 향기를 사랑하듯

따뜻한 피로
나 그대를 사랑하노라
내게 젊음과
기쁨과 용기를 주는

새로운 노래를 부르고
춤출 용기 주는 그대를.
영원히 행복하라
그대 나를 사랑하는 모습 그대로.

자연과의 교감과 합일은 괴테에게 있어 중요한 의미를 갖는데 그에게 자연이란 신의 피조물로서의 인식의 대상에 머무르는 것이 아니라, 스스로의 법칙에 근거하여 창조와 소멸을 반복하는, 더 나아가 신성을 갖는 유기체이다. 괴테의 이러한 세계관은 스피노자의 범신론과 같은 맥락에서 설명될 수 있는데, 이 경우 이 세계에 대한 표상은 자아인 나에 대한 표상에 근거하게 된다. 다시 말해 인간이 스스로를 어떤 존재로 생각하는가에 따라 이 세계 또한 규정된다는 것이다. 인간과 자연은 더 이상 기독교적 종교관에 따른 전지전능한 창조자의 피조물이 아니라, 스스로 신성을 내포하는 창조적 개체이다. 이 시에서 인간은 자연과의 교감과 조화에서 하나의 신적 개체로 완성되어 가는 것이다. 자아와 세계 사이의 소외되지 않은 통일성은 18세기 독일 시민계급이 소외의 경험을 자기 정체성의 확립으로 극복하려는 의미를 내포하고 있다. 자연과의 교감과 합일은 식물세계에서 발현되는 자연 빛에서 시작되고 다시 예술을 상징하는 종달새라는 동물의 영역으로 이전되며, 마침내 인간의 영역에서 성취된다. 또한 사랑의 감정에 충만한 자아의 빛나는 시선은 태양의 광채에 상응하고, 따라서 사랑이라는 개인의 경험은 보편적 영역으로 확장되어 간다. 즉 개인의 사랑은 보편성을 획득하고 이 보편성의 전제에서 개인의 사랑은 완성된다. 보편성의 획득을 가능하게 하는 여성의 사랑은 남성을 소외의 감정에서 해방시키며, 남성은 창조하는 유기체로서 자연과의 교감에서 시인으로 완성된다. 예술가로서의 소명을 느끼는 남성은 그러나 결혼이라는 관습의 굴레에서 벗어나고자 하며, 창조의 완성을 위해 여성은 일상적 사랑을 포기해야 한다. 괴테와 세 살 연하 프리데리케의 사랑의 경험은 「오월의 축제」라는 '체험시'에서 문학적으로 완성되고 있다.

2) 운명의 극복

바이마르의 영주 칼 아우구스트공의 초청으로 프랑크푸르트에서 바이마르로 이주한 괴테는 왕실 고문관, 정치가, 공직자로서의 생활을 시작한다. 그러나 젊은 예술가에게 맡겨진 일들은 자유분방한 작가로서의 천성과는 맞지 않는 것이었다. 더욱이 많은 업무는 한동안 창작의 숨통을 짓눌렀고, 결국 괴테는 자기 정체성에 대한 회의에 빠지게 된다. 바이마르의 궁정생활에서 괴테에게 하나의 전환점이 되는 사건이 기다리고 있었는데, 이것이 바로 폰 슈타인 부인과의 만남이다. 괴테는 일생 동안 많은 여성과 사랑을 하였지만, 아마도 슈타인 부인과의 만남이－비록 그녀가 이미 결혼한 상태였으나－그에게는 가장 의미있는 것이 아니었나 생각된다. 22세의 나이로 궁정의 관리인과 결혼한 그녀는 흰 옷을 입기 좋아하고, 얌전하고 세련되며 궁정생활 양식에 어울리는 태도를 갖고 있었으나, 아름답다고 할 수 있는 모습은 아니었다. 그녀의 얼굴은 부드러우면서도 진지한 모습이었고, 열린 태도와 건강한 이성과 진실성의 소유자였다. 33세의 성숙한 여성과 26세의 혈기왕성한 젊은 작가와의 만남이 시작된 것이다. 이전부터 그녀는 '베르테르'의 작가 괴테에게 관심을 가지고 있었으나 주변에서는 오히려 괴테의 마성에 대해 우려하고 있었다. 사실 두 사람의 만남은 괴테의 적극적인 열정과 이를 거부하는 그녀의 저항으로 이어졌지만, 결국 그녀는 괴테의 마법에 사로잡히게 된다. 그러나 두 사람의 사랑은 성적인 것이 완전히 배제된 정신적 성격의 것이었고, 이 점이 오히려 작가 괴테의 내적 성숙에 큰 역할을 하게 된다. 괴테가 1,700여 통의 편지와 메모를 남겼을 정도로 친밀했던 두 사람의 관계는 괴테를 유토피아적 이상에서 해방시켰고, 나아가 현실과 화해를 이루어 내도록 한다. 그녀는 괴테에게 창작의 동기가 되는 예술의 여신이며 교육자였다. 괴테는 그녀와의 만남

그리고 사랑에 초현실적 의미를 부여한다. 윤회, 그것은 세속적 시간의 초월이며 영적 세계의 경험이다. 이 특별한 사랑을 표현한 시 「왜 그대 우리에게 이 깊은 시선을 주었는가?」를 읽어 보자.

왜 그대 우리에게 이 깊은 시선을 주었는가?

왜 그대 우리에게 이 깊은 시선을 주었는가
우리의 미래를 예감에 차서 바라보지만
헛된 기쁨에 들떠서라도
우리의 사랑, 우리의 지상을 행복을
한 번도 믿어 준 적 없는 그 시선을?
왜 우리에게 주었는가, 운명이여,
우리의 서로의 가슴을 들여다보는 감정을
그 모든 드문 혼란을 뚫고
우리의 진정한 관계를 보아 버린 그 감정을?

아, 저 수천 수만의 인간들은
예측할 수 없던 고통에 절망하여
둔감하게 떠돌 뿐, 자기 자신의 가슴도 잘 몰라
목적 없이 이리저리 둥둥 떠다니고 내달린다,
그러다 다시 환호한다.
성급한 기쁨에 예상치 못한 서광이 비쳐 들 때면
사랑에 가득 찬 가엾은 우리 두 사람에게만
함께 나누는 행복이 없구나
우리가 서로 이해하지 않고도 사랑하고

서로에게서 없었던 새 모습을 보며
늘 힘차게 꿈의 행복을 향하여 나아가고
꿈의 위험 속에서도 흔들려 보는 그런 행복이 없구나.

행복하여라, 허황한 꿈에 골몰하는 이!
행복하여라, 예감이 빗나가는 이!
한 번 한 번의 만남, 하나하나의 눈길에서
애석하게도 우리의 꿈과 예감은 더욱 굳어질 뿐.
말하라, 운명은 우리에게 무엇을 마련해 주는 건가?
말하라, 운명은 우리를 어떻게 이렇듯 꼭 맞게 묶어 놓았는가?
아, 그대는 전생에
나의 누이 아니면 나의 아내였다.

그대는 내 존재 전부를 알았습니다,
어떻게 가장 수수한 현이 울리는지도 엿보았습니다,
눈길 하나로 나를 읽을 수 있었습니다,
인간의 눈이 간파하기는 어려운 시선으로.
뜨거운 피에다 절제를 방울방울 떨어뜨려 주었고
길 잃은 거친 걸음을 바로잡아 주었습니다.
부서진 가슴은
그대 천사의 품 안에서 다시 안식을 취했습니다.
마술처럼 가볍게 그를 비끄러매어
그에게 많은 날을 요술로 꺼내 보여 주었습니다.

그가 감사하며 그대의 발아래 엎드렸던

저 기쁨의 순간들에 비할 행복이 어디 있겠습니까,
그때 그의 가슴은 당신의 가슴에서 부풀어 오름을 느꼈고
당신의 눈 속에서 평온을 느꼈습니다,
그의 모든 감각이 맑아져
들끓는 피를 진정시킵니다.

그리고 그 모든 것에 관한 기억 하나만이
흔들리는 마음을 아직도 맴돌고 있습니다.
오랜 진실이 마음속에서 영원히 변함없음을 느낍니다,
하여 새로운 상태는 그에게 고통이 됩니다.
하여 우리는 서로에게, 혼을 절반만 불어 넣은 사람들 같습니다,
가장 밝은 대낮에도 우리 주위는 어슴푸레 가물거립니다.
행복하여라, 우리를 괴롭히는 운명조차도
우리를 바꾸어 놓지는 못하리니.

제목에서 나타나듯 이 시의 가장 중요한 모티브는 시선, 눈길이다. 참된 사랑의 시선은 두 연인의 진실한 관계를 탐색한다. 두 사람의 관계는 과거에도 있었던 것이며, 이는 기억과 회상으로 남아있다. 현재는 오히려 불완전하고 고통스러운 것이다. 두 사람의 진실한 관계는 과거의 기억에서 고통스럽고 불완전한 현재를 넘어 예감에 찬 미래로 이어지고, 이때 과거의 운명과 더불어 미래의 가능성이 중요한 의미를 갖게 된다. 그러나 이러한 진실한 관계에 대한 통찰은 오직 사랑하는 이의 깊은 시선, 그윽한 눈길을 통해 가능하다. 사랑하는 여성의 시선은 불안정하고, 어찌할 바 모르는 남성을 통찰과 확신으로 이끈다. 누이, 사랑하는 여인, 모성으로 이해되는 여성은 신성한 존재가 된다. 사랑을 통한 행복은 현실을 떠난 환상적 에로스가 아니다. 현재의 불안정함으로 인한 고통을 넘어서는 정신적 고

양의 감정이며, 두 사람에게 운명이란 극복 가능한 것이 된다. 괴테의 이 시에서 윤회라는 주제가 세속적 시간의 초월이며 영적 세계의 경험이라는 의미로 해석된다면, 괴테는 분명 시간경험이라는 주제에 있어 현대적이다. 20세기 현대문학에서 가장 중요한 주제가 시간문제라고 한다면, 과거와 현재, 그리고 미래라는 도식적 시간 구분을 넘어서는 시간체험, 또는 객관적 시간의 극복, 주관적 시간체험의 중요성을 이미 이 시에서 말하고 있는 것이다.

3) 화해의 창조

1814년 괴테는 바이마르에서의 잡다한 일에서 벗어나 라인강과 마인강변의 몇몇 도시로 고대 독일의 미술품을 직접 감상하기 위해 여행을 떠난다. 이미 60대의 나이에 접어든 괴테는 자신에게 찾아온 정신적, 육체적 피로감에 시달리고 있었고, 이로부터 벗어나고자 하는 생각을 하고 있었다. 이러한 괴테에게 14세기 페르시아의 시인 하피스와 프랑크푸르트 은행가의 양녀 마리안네와의 만남은 커다란 활력소로 작용한다.

1819년 완성된 『서동시집』은 바로 두 사람, 시인과 여성과의 만남이 계기가 된다. 『서동시집』에 수록된 「헤기레」에서 노래하듯—순수한 동방에서 옛 족장의 숨결을 맛보아라. 사랑과 술과 노래와 더불어 키저의 샘물이 그대를 젊게 하리니—하피스와의 만남은 동방으로의 내적 여행이며, 회춘과 부활의 시작이다. 괴테는 1814년 여름 자신보다 35살 연하인 마리안네와 만나 사랑에 빠지게 된다. 그러나 이를 눈치챈 은행가 빌레머는 한 달 후 그녀를 3번째 부인으로 맞이한다. 괴테와 마리안네와의 사랑은 마리안네가 『서동시집』의 작업에 직접 참여하기도 하였고—시집에 수록된 4편의 시는 그녀가 직접 쓴 것이었다—결혼 후 지속된 편지 왕래를 통해 관계가 이어진다. 두 사람의 사랑은 그러나 개인적 영역에 머물지 않고 시에서 표현되듯 세계만물의 영역으로 확장된다.

고귀한 모습

태양이, 그리스인들의 헬리오스가
휘황찬란하게 하늘의 궤도를 달립니다.
세상을 정복하려고
둘러보고, 내려다보고, 쳐다보면서.

그는 가장 아름다운 여신, 비구름의 딸,
신의 딸이 울고 있는 걸 봅니다.
그녀에겐 그만이 빛나 보이나 봅니다.
다른 밝은 공간들엔 눈도 돌리지 않으니까요.

그가 고통과 두려움에 빠질 때면
그녀는 하염없이 눈물을 흘립니다.
그러면 슬퍼하는 그녀에게
즐거움을 보내고는
진주 방울 하나하나에 키스를 해줍니다.

그러면 그녀는 강한 그의 눈길을 깊숙이 느끼며
딴 데로 머리 돌리지 않고 위를 쳐다보지요.
진주 방울들은 형체를 이루려 합니다.
하나하나가 모두 그의 모습을 담고 있으니까요.

마침내 일곱 빛깔 무지개관 머리에 쓰고
이리스의 얼굴은 환하게 빛납니다.

그가 그녀에게 끌려 가까이 오긴 하지만
아아! 그러나 그녀에게 닿지를 못합니다.

그래서 운명의 그 무정한 법칙을 따라
연인이여, 그대는 내게서 멀어져 갑니다.
그러나 나 위대한 헬리오스라 한들
수레의 옥좌가 내게 무슨 소용이겠습니까.

동쪽에서 서쪽으로 하늘의 궤도를 따라 마차를 몬다는 그리스의 태양신 헬리오스는 자연법칙을 상징하며 동시에 태양을 남성의 영역으로 이끌어 간다. 아름다운 여신 비구름의 딸이 울고 있는 모습은 희랍신화의 영역에 머물지 않고 하늘에서 일어나는 자연현상인 비를 지시한다. 이로써 기상학적 영역과 신화학적 영역이 포개지는데, 태양의 비춤은 사랑하는 여신의 시선에서, 영혼의 상태를 표현하는 "전율"은 동시에 기상학적 의미를 갖는 소나기에서, 그리고 울고 있는 여신의 눈물은 비구름의 방울에서 서로 포개진다. 무지개는 기상학적 현상이며 동시에 중요한 의미를 갖는 색채현상이다. 이는 대립적 양극성인 빛과 어둠에서 희미함을 매개로 생겨나는 영역을 상징한다. 이 영역의 반사되는 빛에서 인간은 절대적인 것을 가까이 할 수 있게 된다. 이때 무지개는 화해의 상징이며, 대립되는 영역의 중개이며 미적 현상의 상징이다. 따라서 이 시에서 일곱 색깔 무지개는 두 연인의 운명적 이별이 숭고한 합일에서 극복됨을 암시한다.

재회

이게 꿈이 아닐까! 별 중의 별이여,
당신의 다시 품에 안고 있다니!

멀리 헤어져 지내는 밤
아아, 정말 지옥이고 고통이었지!
그래, 바로 당신, 귀하고 사랑스러운
내 기쁨의 짝이여,
지난 괴로움 생각하면
눈앞의 행복에 온몸이 떨리오.

우주가 깊고 깊은 근원
신의 영원한 가슴에 누워 있을 때,
신은 숭고한 창조의 기쁨으로
태초의 시간을 정돈하고 나서
말했지, '되어라!'라고
그때 고통에 찬 신음 소리 울렸네!
우주가 힘차게 몸을 가누며
현실이 되어 터져 나올 때.

빛이 쏟아져 나왔다.
어둠은 주춤 물러섰고,
원소들은 곧바로
뿔뿔이 흩어졌지.
빠르게, 거칠고 혼란한 꿈 속에서
서로 영역을 넓히려고 싸웠다.
무한한 공간에서, 서로 노려보며
동경도 울림도 없이.

일체가 침묵한 채, 고요하고 황량한데,
신은 처음으로 고독했다!
그래서 동터 오는 아침놀을 만들었다,
세계의 고뇌 불쌍히 여겨 아침놀은
흐릿한 세계에
빛깔을 내뿜어 춤추게 하고
울려 퍼지게 했다.
그리하여 처음엔 헤어졌던 것들
이제 다시 사랑할 수 있었다.

서둘러 힘을 다하여
서로 속하는 것들 제 짝을 찾고,
영원한 생명에
감정과 눈길을 돌린다.
움켜쥐든 낚아채든,
그저 정신 차려 유지만 한다면!
알라는 더 이상 창조할 필요 없네,
우리가 그의 세계를 만들어 가니까.

그렇게, 아침놀의 날개를 타고
나 그대 입술에 끌려들면
밤은 별빛 찬란하게
천 개의 봉인으로 그 결합을 다진다.
지상의 우리 두 사람
기쁨과 고통의 전형이어라.

두 번째 말씀이 있어 '되어라!' 한들
이제 다시는 우리를 갈라놓지 못하리.

이 시는 마리안네의 결혼으로 두 사람이 헤어진 후, 다름슈타트에 방문하여 괴테와 재회한 시기에 쓰였다. 재회의 기쁨을 표현한 첫 연에 이은 세 연은 독자의 기대와는 달리 세계 창조와 신의 고독에 대해 이야기하고 있다. 신의 세계창조는 괴테에 의하면 불완전한 것이며 따라서 고뇌와 고통이 수반된다. 아담과 이브라는 죄지은 자의 신화적 결과로 이 세계가 창조되었다는 기독교적 세계관에 의하면 창조자인 신의 고통이나 외로움은 있을 수 없다. 자신은 기독교에 반대하는 것은 아니며 다만 비기독교인이라고 언급한 괴테의 이 시에서 신의 고독은 예술가의 고독과, 신의 창조는 예술가의 창조행위와 연결된다. 철학자 헤겔에 의해 세계문학에서 가장 고귀한 사랑의 시라고 불리는 이 시는 4연과 5연에서 사랑으로 가능한 두 번째 창조행위를 통해 이 세계가 완전하게 됨을 노래하고 있다. 따라서 알라신은 더 이상 창조할 필요가 없으며 인간이 이 세계를 사랑으로 완성하는 것이다.

4. 젊은 베르테르의 슬픔 – 삶과 문학의 변증법

1774년 괴테의 『젊은 베르테르의 슬픔』이 출판되자 많은 독자들은 베르테르라는 새로운 영혼에 대한 감동과 찬양을, 도덕론자들은 자살이라는 소설의 결말에 경악과 혐오감을 감추지 못한다. 그렇다면 청춘 남녀의 사랑이 이루어지지 못한 세속적 이야기가 왜 전 유럽을 흥분의 도가니로 들끓게 하였으며 노란조끼와 푸른 연미복의 베르테르와 흰 옷과 붉은 리본의 로테가 젊은이들을 그토록 열광시킨 것일까? 이 현상을 이해하기 위해서는 당시의 사정을 살펴볼 필요가 있다. 1779년 프랑스 혁명을 앞둔 유럽의 시대정신은 어떤 것이었을까? 신 중심의 모든 가치관은 인간 중심으로 이동하고 있었고, 이 새로운 경향은 이성 만능의 세계관에 근거하고 있었다. 제3계급인 부르주아가 앙샹레짐에 대항하여 인간의 천부적 권리와 존엄을 요구하게 된다. 그러나 이성이라는 계몽주의의 신화적 가치가 언제까지 절대적일 수는 없었다. 문명에 대한 권태, 이성에 대한 감정의 해방, 자연으로의 귀환, 사회적 제도와 인습에 대한 저항이 시작된 것이다. 당시 이성에 의해 재갈 물려진 무한한 감정에 대한 동경은 혁명적·해방적 방식으로 표현한 작품을 무의식적으로 기대하고 있었던 것은 아니었을까? 괴테의 『젊은 베르테르의 슬픔』은 베츨라 관리의 딸 로테와 베르테르의 사랑이야기로, 소설의 내용은 전기적 사실과 대부분 일치한다. 1772년 5월부터 9월까지 베츨라에서 샤로테 부프(Charlotte Buff)와의 만남과 사랑, 그녀의 약혼과 케스트너와의 관계가 작품의 소재가 되었고, 같은 해 10월 예루살렘이란 참사관 서기가 결혼한 여인에 대한 사랑으로 자살한 사건이 작품 성립의 계기가 된다.

자연과의 교감을 통해 신비로움과 환희에 벅찬 베르테르는 인간의 영혼이 신의 거울임을 느끼며 무한한 감정에 몰두한다. 분명 베르테르는 당시의 시대정신인 이성에 만족하지 못하는 질풍노도적 감정의 선구자적 인물이다. 그가 사랑하는 로테는 금발의 푸른 눈을 가진 열아홉의 처녀이며, 명랑하지만 생활의 엄격함이 몸에 배어 있고, 어머니를 대신하여 동생을 돌보는 평범한 교양을 갖춘 여인이다. 또한 그녀와 약혼한 알베르트는 청춘 남녀의 열정은 없으나 합리적 정신의 소유자로서 공동의 미래에 대해 로테와 교감을 나누고 있다. 빌헬름은 로테가 가까이 다가올 때면 온 세계가 주위에서 사라진 듯 무아지경이 된다. 혈관이 마구 뛰고 치솟는다. 천사처럼 순결한 그녀의 입김이 와 닿기라도 하면 넋을 잃고 쓰러질 것만 같다. 그러나 그녀는 신성한 존재이며 빌헬름의 욕정은 잔잔해진다. 그녀에 대한 사랑이 깊어지면 질수록 빌헬름은 그녀와 만나지 않으려 애쓰지만, 동시에 자신의 결심에 확신을 갖지 못한다. 그녀가 멀어지면 가까이 가려하고 가까이 있을 때는 스스로 멀어지려 한다. 약혼이라는 시민사회의 규범은 빌헬름을 이러한 딜레마에서 벗어나지 못하게 한다. 모범적 시민계급의 대표자인 알베르트와 감정의 옹호론자인 빌헬름은 논쟁을 벌인다. 인과관계를 전제하지 않은 채 결과를 이성적으로 판단하는 시민사회의 속성에 빌헬름은 격정의 긍정적인 면을 외친다.

> "아아, 당신들 이성을 잃지 않는 사람들이란!"하고 나는 미소를 지우며 외쳤다. "격정! 주정! 미치광이! 당신들은 그렇게 말하면서 태연자약하게 시치미를 떼고 서 있으니, 정말 도덕군자라고 해야 되겠군요! 술주정뱅이를 나무라고 욕하며, 미친놈을 업신여기고 싫어하며, 마치 제사장처럼 그 옆을 지나가고, 자기를 그런 사람들 가운데 하나로 만들어주지 않은 것을 바리새 사람처럼 신에게 감사하지요. 나는 술에 취해 본 적이 몇 번이나 있어요. 내 격정은 항상 미치광이에 가까웠지요. 하지만 나는 그 두 가지 모두 후회하지는 않아요. 왜냐하면 예부터 사람들은, 어떤 위대한 일이나 불가능한 일을 해낸 비범한 인물을 술주정뱅이나 미치광이라고 부르지 않고는 못 배겼던 사실을, 나는 나름대로 이해했기 때문이지요. 그러나 일상생활에서도 거창한 사업에 착수하는 경우에는 거의 예외 없이, 그 사업이 진행되는 도중인데도 그 사람을 '저 친구는 술에 취했어, 저 작자는 천치란 말야' 등 비난하기가 일쑤니, 정말 참을 수가 없단 말이오! 올바른 정신을 가진 냉철한 당신네들은 창피한 줄 알아야 돼요! 당신네들은 참으로 똑똑하고 현명하지만 염치를 좀 알란 말이오!"

그러나 빌헬름의 항변은 알베르트에게 이해 불가능하다. 자살하는 자를 비겁하다고 부르는 것은 마치 악성 열병에 걸려 죽어가는 사람을 겁쟁이라고 하는 것과 마찬가지로 이상한 일이라는 빌헬름의 말에 알베르트는 그것은 궤변이며 인간 의지의 나약함일 뿐이라고 비난한다. 로테의 청으로 오시안의 노래를 낭송하는 베르테르와 로테는 마침내 숭고한 감정에 압도되어 고귀한 사람들의 운명 속에서 자신들의 불행을 느끼고 만다. 그러나 로테는 현실로 돌아와 눈물을 흘리고, 베르테르에게 작별 인사도 남기지 않은 채 가 버린다.

이 작품을 올바로 이해하기 위해서는 두 가지 문제를 살펴볼 필요가 있다. 우선 베르테르는 단순히 로테와의 사랑에 절망하여 자살한 것인가의 문제이다. 물론 그렇다. 하지만 시민계급 출신인 주인공의 사회와의 관계 또한 중요하다. 괴테는 『빌헬름 마이스터의 수업시대』라는 작품에서 귀족과 시민이라는 두 계급의 대립에 문제를 제기하고 있다. 태어나면서부터 존재의 문제가 중요한 귀족계급과 달리 시민계급은 소유에 구속받는다. 따라서 시민계급은 태어나면서부터 삶의 조건으로서의 부에서 해방된 귀족계급과 대등하기 위해 교양의 완성을 지향하게 되는 것이다. 이 과정에서 시민계급은 구체제의 기득권층인 귀족계급으로부터 배척당하게 되고 그들과 동등한 계층이 되고자 하는 노력은 좌절을 맛보게 되는 것이다. 따라서 베르테르의 좌절은 사랑의 고통을 극복하지 못하는 과도한 주관성과 신분으로 인한 사회적 활동의 좌절이라는 두 가지 관점에서 이해되어야 한다. 또 다른 하나의 중요한 문제는 독자의 작품수용 태도에 관한 것이다. 괴테는 사랑으로 고통받는 자를 형상화함으로써 내면의 질풍노도적 요소를 극복하게 되고, 창작 당시의 우울, 내버려진 느낌, 삶에 대한 권태와 작가로서의 정체성 문제를 해결하게 된다. 다시 말해 현실을 문학으로 승화시켜 현실의 고통으로부터 해방되었던 것이다. 괴테는 결코 베르테르를 칭찬하려는 것이 아니라, 인간 본성의 문제와 더불어 사회적 존재로서 인간의 삶의 문제를 보여 줌으로써 독자들이 문학을 현실로 받아들이지 않고 문학 속에 그려진 현실을 정신적으로 승화시켜 주기를 기대하고 있는 것이다.

위에서 살펴본 것처럼 괴테 문학에 나타나는 여성은 우리의 삶에 깊은 의미를 던지며, 남성을 완성하고 이를 통해 구원의 길로 인도한다. 남성은 여성과의 사랑을 통해 비로소 바람직한 모습으로 거듭나게 된다. 개인적 사랑의 경험은 사회적 차원으로 이전되어 사회적 존재로서 남성을 완성시키고, 사랑에 대한 깊은 이해와 통찰은 현실의 고통과 운명까지도 극복하게 한다. 괴테 문학에서의 사랑이라는 주제가 갖는 이 같은 의미는 지나치게 형이상학적 차원의 것이 아닌가 하는 의구심 또한 불러일으킬지 모른다. 그러나 예술적 경험은 우리의 삶과 유리된 것이 아니며, 끊임없이 우리의 삶에 자양분을 주는 소중한 것임에 틀림없다. 과연 사랑은 우리의 인생에서 가장 값진 가치가 아니겠는가.

| 네 번째 강의 |

청교도 사회의 여성 억압

–죄와 구원 그리고 여성의 문제: 너대니얼 호손의 『주홍글자』

박연옥(경북대 영어영문학과)

1. 작가

『주홍글자(The Scarlet Letter)』(1850)에 대한 이야기로 들어가기 전에 먼저 작가 호손(Nathaniel Hawthorne, 1804–1864)에 대한 소개를 하는 것이 작품에 대한 이해에 도움이 될 것이다. 호손은 미국 19세기의 작가들 중 가장 대표적인 소설가 가운데 한 사람이다. 작품으로는 현재 그의 대표적인 단편소설로 많이 읽히고 있는 「영 굿맨 브라운(Young Goodman Brown)」, 「내 친척, 몰리노 대위(My Kinsman, Major Molineux)」, 「라피치니의 딸(Rappaccini's Daughter)」 등과 1850년대 초에 연속적으로 발표된 장편소설 『주홍글자』, 『일곱 박공집(The House of the Seven Gables)』(1851), 『블라이스데일 로맨스(Blithedale Romance)』(1852)와, 이탈리아를 배경으로 한 『대리석 목신상(The Marble Faun)』(1860) 등이 있다.

호손은 매사추세츠(Massachusetts)주의 세일럼(Salem)에서 태어나 그곳에서 중등교육을 마쳤고, 역시 뉴잉글랜드(New England)지방의 뉴햄프셔(New Hampshire)주의 보도인 대학(Bowdoin College)을 1825년 졸업했다. 이 대학에서 공부하는 동안 호손은 그의 인생에서 중요한 세 친구를 만났다. 그들은 후에 미국의 14대 대통령이 되어 그를 영국 리버풀의 영사로 파견하는 프랭클린 피어스(Franklin Pierce)와 19세기의 유명한 시인이자 하버드 대학의 교수가 되는 롱펠로우(Henry Wadsworth Longfellow), 그리고 호손이 첫 단편집 『두 번 들려 준 이야기들(Twice–Told Tales)』(1837)을 낼 수 있도록 몰래 그 비용을 지불해 준 브릿지(Horatio Bridge)이다.

대학을 졸업한 호손은 어머니와 외가가 있는 세일럼으로 돌아오게 된다. 그리고 직업을 가지지 않은 채 1837년 보스턴 세관의 계량원(weigher and gauger)으로 취직할 때까지 12년간의 습작기를 거치게 된다. 그런데 당시 대학 졸업생들은 주로 목사, 의사, 변호사의 직업을 가졌다고 한다.

작가로서의 호손은 미국 초창기에 뉴잉글랜드 지방으로 와서 사회의 지도층으로 정착했던 그의 조상에 대해 자의식을 많이 가졌던 것 같다. 이 자의식은 두 가지로 해석될 수 있을 것이다. 즉 호손은 사회의 높은 위치를 차지했던 조상에 대한 자부심을 가지고 있는 한편, 그들이 저지른 역사적인 죄 때문에 수치심을 가지기도 했다. 그의 1대 조상인 윌리엄 해손(William Hathorne)[1]은 치안판사, 군인, 정치가, 교회지도자의 위치에 있으면서 퀘이커 교도를 길에서 채찍질한 적이 있고, 그의 2대 조상인 윌리엄의 아들 존 해손(John Hathorne)은 미국 역사상 악명 높은 세일럼 마녀재판(1692)을 맡은 판사들 가운데 한 사람으로, 선량

1 호손의 조상의 이름에 주의할 필요가 있다. 호손은 원래 배의 선장이었던 아버지 너대니얼 해손(Nathaniel Hathorne)과 어머니 엘리자베스 클라크 매닝 해손(Elizabeth Clarke Manning Hathorne)의 아들로 태어났다. 그러나 호손은 알려지지 않은 어떤 이유로, 대학을 졸업하던 해에 물려받은 성(surname)인 해손(Hathorne)에 'w' 철자를 추가하여 호손(Hawthorne)으로 이름을 변경한다. 이처럼 호손이 자기의 물려받은 성을 변경한 것에 대해 비평가들은 영국에서 건너 온 그의 퓨리턴 조상들이 뉴잉글랜드 초창기에 주민들에게 저질렀던 가혹한 행위에 대해 불편한 생각을 가지게 된 호손이 그의 조상들로부터 거리를 두기 위함이라고 해석하기도 한다.

한 퓨리턴 19명에게 교수형을 선고하여 길이길이 역사에 오명으로 남게 되었다.

그럼에도 불구하고 『주홍글자』의 서문 부분인 「세관(The Custom–House)」에서 엿볼 수 있는 것처럼 작가라는 그의 직업이 그의 조상들에게 남자답지 못한 하잘 것 없는 직업으로 여겨질까 염려한 것처럼 보인다.

> 그러나, 의심할 여지없이, 이 엄격하고 암울한 이마를 가진 이 두 퓨리턴들 중의 한 사람은, 이토록 오랜 세월이 흐른 후에, 존경할만한 이끼가 잔뜩 내려앉은 가문의 오래된 나무줄기에서, 제일 높은 가지에 나 같은 게으름뱅이가 생겨났다는 사실을 그의 죄에 대한 충분한 보복으로 생각했을 것이다. 내가 가졌던 어떤 목표도 그들은 칭찬할만한 것으로 인식하지 않을 것이다. … "그는 뭐야?"라고 회색 그림자의 한 조상이 다른 조상에게 웅얼거린다. "이야기책의 작가라고! 도대체 그것이 생의 어떤 사업이,––신을 영화롭게 하거나, 또는 그의 시대와 세대의 인류에게 이바지할 수 있는 어떤 양식이 될 수 있단 말인가? 아니, 그 타락한 친구는 깽깽이 주자가 되는 게 더 낫지 않았을까? 이런 것이 시간의 심연을 가로질러, 나와 나의 조상들 간에 주고받는 인사이다! 그러나, 그들이 마음대로 나를 경멸하도록 내버려 두라, 그렇더라도 그들의 강한 품성의 특징이 그들과 나의 강한 품성을 엮어 놓았다.[2]

이 인용문에서 호손은 판사나 군인 또는 정치가, 교회의 지도자로서 공익에 봉사하던 조상들의 입장에서 볼 때 작가라는 그의 직업은 하찮은 것으로 여겨질 것이라는 자의식을 가지고 있음을 보여 준다. 그러나 그럼에도 불구하고 그 역시 그들의 강한 퓨리턴적 품성을 가지고 있는 후손임을 동시에 표명하고 있다. 또한 호손은 『일곱

2 Nathaniel Hawthorne, *The Scarlet Letter*, Boston: Bedford, 2006, p. 27.(이하 『주홍글자』의 인용은 본문 안에 (쪽수)로 표기함.)

박공집』에서와 마찬가지로 그의 조상들의 죄에 대한 저주 때문에 지금 그의 오래된 가문이 기운 것이라고 생각하고 선조들 대신 수치를 감당함으로써 그의 집안에 내려진 저주가 풀리기를 기원한다. 실로 뉴잉글랜드 집안에 도착한 후 초기의 그 두 조상을 제외하고는 호손의 집안사람들이 그럴듯한 공직에 나간 일은 없으며, 수대에 걸쳐 100년 이상을 집안의 남자들은 열네 살이 되면 배의 선장으로 일을 했다고 호손은 기술한다. 특히 호손의 아버지는 호손이 4살 때 수리남으로 가는 항해 도중 죽음을 맞이했고, 그 결과 호손과 그의 어머니와 누이는 어렵지만 외가의 도움으로 살아갈 수 있었다.

2.『주홍글자』의 출판 역사

호손은『주홍글자』의 집필을 1849년 9월에 시작했고, 1850년 3월에 출간했다. 이 책은 1850년 3월 16일에 초판본 2,500부가 출간되었고, 며칠 만에 매진되었다. 그리고 6개월 이내에 3판을 찍어 6,000부가 팔리는 성공을 거두었다. 그러나 3판 이후로는 잘 팔리지 않았고, 궁극적으로 1864년에 호손이 사망하기까지 미국에서 팔린 총 부수는 7,800부에 불과했다. 호손은 이 책의 인세로 책값의 15%를 받았고 그 액수는 $1,500로 많은 수익을 거두지는 못했다.

현재 이 작품은 죄와 구원이라는 인간의 본질적인 문제를 탁월한 심리 묘사를 통해 다루고 있는 것을 인정받아 세계적인 고전으로 읽히고 있으며 연구되고 있다. 그러나 책의 출판과 관련하여 이 작품을 연구한 비평가들–예를 들면, 브로드헤드(Richard Brodhead) 같은 비평가–에 따르면, 작품의 출간 당시에 이 작품이 사람들의 큰 관심을 받은 이유는 다른 곳에 있었다. 즉 첫 출간 당시의 성공적인 판매는 호손 개인이 당한 불행과 관련이 있었다. 1846년 4월에 세일럼 세관의 조사관(surveyor)으로 임명된 호손은 3년 후인 1849년 6월, 정치적인 이유로 본인의 의사와는 상관없이 그 자리에서 쫓겨난다. 대통령선거로 휘그당이 승리하여 정권이 바뀌자 민주당원이었던 호손이 그의 직위에서 축출당한 것이다. 그 사건으로 분노한 호손이 그와 같이 세관에 근무하던 사람들에 대해 별로 호의적이지 않은 글을 써서 복수를 했다는 소문이 사람들 사이에 돌았고, 바로 그 이유로 사람들의 호기심을 유발하여 그 책의 판매부수가 올라갔다는 것이다. 동료에게 호의적이지 않은 그 글은 바로 앞서 언급한 『주홍글자』의 본 텍스트 앞쪽에 실린 「세관」이다.

이 사실은 작품에 대한 평가가 고정불변의 것이 아니라 시대와 정황에 따라 변한다는 것을 보여 주는 좋은 예이기도 하다. 실로 비평이론의 흐름에 따라 작품에 대한 평가는 달라지기도 한다. 호손의 『주홍글자』는 예외적으로 책의 출판 당시부터 현재에 이르기까지 계속해서 정전(canon)에 남아 있는 운 좋은 작품이기는 하지만 책 판매부수가 아주 많은 편은 아니었다. 앞서 언급한 것처럼 호손의 생전에 『주홍글자』의 총 판매부수가 7,800부였다면, 당시 그와 경쟁관계에 있던 여성 작가들의 작품은 비교되지 않을 정도로 많이 팔렸다. 한 예로, 첫 6개월간 팔린 책에서 거두어들인 인세를 두고 비교하자면 『주홍글자』와 같은 해에 출판된 수전 워너(Susan Warner)의 『넓고 넓은 세상(The Wide, Wide World)』(1850)의 인세로 워너가 거둔 수입이 $4,500이었던 반면, 호손의 수입은 $144에 불과했다. 그러나 워너의 『넓고 넓은 세상』은 폭발적인 인기를 누렸고 또 그 책에 대한 비평가들의 평이 당시에는 좋았음에도 불구하고, 20세기가 시작됨과 동시에 문학사에서 그에 대한 언급은 사라졌다. 그리고 20세기 후반에 페미니즘이 득세하기 시작하면서야 워너의 작품에 대한 읽기와 평가가 다시 이루어지고 있다.

그러나 『주홍글자』는 현재 멜빌(Herman Melville)의 『모비딕(Moby-Dick)』(1851)과 함께 19세기 미국 소설의 대표적 작품으로 여겨지고 있으며 영화로도 여러 편 만들어졌다. 그리고 19세기 후반의 미국 소설가이자 비평가로도 유명한 헨리 제임스(Henry James)는 『주홍글자』를 “미국에서 나온 상상력이 풍부한 글 가운데서 최고의 작품”이라고 평했다.

3. 로맨스(Romance)

호손은 자신의 소설을 로맨스라고 부르면서 소설과 대조해서 설명했다. 보통 문학사에서 로맨스라고 한다면 세르반테스의『돈키호테』처럼 시간과 장소가 현재로부터 멀리 떨어져 있는 이국적인 것과 명백히 가상적인 플롯(plot)과 사람들을 다루는 문학 작품을 말한다. 그러나 호손은 자신만의 개념으로 로맨스라는 단어를 설명하고 작품에서 그 개념을 구현했다.

『주홍글자』의「세관」부분과 그 소설이 출간된 다음 해에 출판된『일곱 박공집』의「서문(Preface)」에서 호손은 그의 로맨스의 개념을 자세히 설명하고 있다. 먼저「세관」에서, 호손은 달빛이나 난롯불이 친근한 사물에 비치면 그 모습은 낮에 보는 모습과는 달리 환상적이고 낯선 모습으로 나타나는데, 이런 달빛이나 난롯불은 로맨스 작가가 자신의 상상력을 드러내는 데 가장 적절한 매개체가 된다고 말한다. 방 안에 있는 의자와 탁자 소파와 같은 낯익은 물건들이 달빛 아래서는 낮의 빛과는 다르기 때문에 "너무나 영적인 것이 되어 실제적인 물질성을 잃어버리고 지적인 것들로 바뀌는 것처럼 보인다"(46쪽) 그렇게 되면, "우리의 낯익은 방바닥이 현실 세계와 요정의 나라 사이 어디에 있는 중립지대"가 되고, 그곳에서는 "실제 세계와 가상 세계가 서로 만나고 각각 상대방의 성격에 영향을 받는다"(46쪽) 그리고 여기라면 유령들이 우리를 놀라게 하지 않고서도 등장할 수 있는 지대가 될 것이라고 호손은 설명한다.

결국 호손이 "현실 세계와 요정의 나라 사이 어디에 있는 중립지대"를 통해 주장하고자 하는 바는 작품 창작에 있어 작가의 "재량권"을 최대한 넓게 확보하고자 함이다.『일곱 박공집』의「서문」의 첫머리에서 호손은 작가가 그의 작품을 로맨스라고 부른다면 그것은 그가 "그 양식과 소재 모두에 대해 어떤 재량권"을 가지고 싶어서라고 말한다. 그것은 그가 소설을 쓴다고 할 때는 누리지 못하는 것이다. 그 까닭은 소설이 "가능한 것뿐 아니라 인간 존재의 있을 법하거나 일상적인 행로에까지 대단히 자세하고 성실"하게 묘사할 것을 목표로 한다면, 로맨스는

"진실"을 제시하는 데 있어 "상당한 정도까지 작가 자신의 선택이나 창작"에 달려 있기 때문이라고 호손은 설명한다.[3]

1) 『주홍글자』와 로맨스

『주홍글자』에서 일어나는 사건들과 작품의 등장인물들은 역사적 사실과 허구 사이의 중립지대에 놓여 있다. 이 소설은 시·공간적 배경이 1642년에서 1649년까지의 7년간 보스턴 식민지 사회인데, 1642년은 존 윈스럽(John Winthrop) 목사가 아벨라(Arbella)호를 타고 미국에 도착해서 매사추세츠 베이 식민지(Massachusetts Bay Colony)를 개척한 지 12년 되는 해이다. 작품에 언급되거나 등장하는 존 윈스럽, 앤 허친슨(Anne Hutchinson, 1591–1643), 존 벨링엄 총독(Governor John Bellingham), 존 윌슨(John Wilson) 목사, 앤 히빈스(Ann Hibbins) 같은 인물들은 실제로 역사 속에 존재했던 인물들이다. 그러나 등장인물들과 사건들이 문학적 상상력으로 재구성되었다는 점에서 로맨스적 요소를 찾아볼 수 있다. 또한 이 작품은 17세기를 배경으로 하고 있지만, 여러 비평가들의 지적처럼, 실제 작품 속에 사용된 인물들의 사상적인 부분은 19세기적인 요소가 많이 사용되었다는 점에서 역시 허구적이다.

작품의 주인공인 헤스터 프린(Hester Prynne)을 예로 들면, 그녀와 같은 이름을 가진 여성이 역사적으로 존재했다. 그리고 그녀처럼 간통을 저지르고 사회적 따돌림이라는 형벌을 받은 비슷한 처지의 여인들도 실제로 있었지만, 등장인물로서 헤스터의 성격은 호손이 창조한 허구이다. 당시의 청교도 사회의 형벌 중에 죄인이 채찍을 맞은 후 자신이 지은 죄의 머리글자를 몸에 부착하고 다니는 벌이 있었다. 그래서 간음한 여인은 사형을 당하기도 했지만 헤스터처럼 'A'자를 가슴에

3 Nathaniel Hawthorne, *The House of the Seven Gables*, New York: Norton, 2006, p. 3.

달고 다니는 형벌을 받기도 했다. 그리고 술을 많이 마신 사람은 'drunk'의 첫 자인 'D'를 달고 다녔고, 도둑은 'thieves'의 'T', 신성모독죄를 범한 사람은 'blasphemy'의 'B', 근친상간을 저지른 자는 'incest'의 'I', 그리고 인디언과 성범죄를 저지른 자는 팔에 일 년 동안 인디언 그림을 붙이고 다녔다고 한다.

『주홍글자』에서 찾아볼 수 있는 또 하나의 로맨스적 요소는 작품의 곳곳에 나타나는 초자연적 요소들이다. 그런 초자연적 요소들 가운데 하나는 딤즈데일의 가슴에 새겨진 것으로 추정되는 붉은 'A'자와 존 윈스럽 목사가 죽는 날 밤 하늘에 나타나는 'A'자이다. 먼저, 딤즈데일 목사의 'A'자를 살펴 보자. 자신의 죄가 사람들 앞에서 모두 밝혀지고, 그 벌을 받는 헤스터와 달리 헤스터와 간통죄를 저지른 딤즈데일 목사는 그가 범한 죄를 가슴 깊이 숨긴 까닭에 그 양심의 가책 때문에 나날이 창백해지고 허약해진다. 그런데 헤스터의 남편인 로저 칠링워스(Roger Chillingworth)는 그가 청교도 식민지에 도착한 날 아내가 공개적으로 형벌을 받는 것을 목격하게 된다. 그는 아내와 간통한 남자를 찾아내기 위해 자신의 신분을 숨긴 채, 의사의 신분으로 딤즈데일 목사의 건강을 살피며 그와 한집에서 거주하게 된다. 예민한 감수성을 지니고 있어서 작은 일에도 잘 놀라고 병적으로 괴로워하는 목사를 수상하게 생각한 칠링워스는 어느 날 낮잠 자고 있는 딤즈데일의 옷을 열어 가슴부분을 훔쳐보고는 깜짝 놀라게 된다. 이 장면은 작품의 마지막 부분에서 딤즈데일이 선거일 연설 후, 헤스터와 그 사이에서 낳은 자신의 딸 펄(Pearl)과 함께 교수대에 올라 사람들에게 자신의 숨긴 죄를 고백하고 죽기 전에 그의 가슴을 열어 보이는 장면과 연결될 수 있다. 전자의 장면 이후 칠링워스는 딤즈데일이 자신이 찾던 바로 그 범죄자임을 알게 된 것으로 보이며, 후자의 장면에서 드러난 것으로 추측되는 딤즈데일의 가슴에 새겨진 것으로 보이는 그 'A'자는 초자연적인 사건이라 할 수 있다. 딤즈데일이 스스로 새긴 것도 아닐 것인데, 그 'A'자는 죄를 고백하지 못하고 자신의 가슴을 매번 쥐어뜯으면서 괴로워했을 그의 몸에 자연히 생긴 불가사의한 글자이기 때문이다.

두 번째의 초자연적인 'A'자가 나타나는 것은 매사추세츠 베이 식민지의 초대 총독을 지낸 존경스런 존 윈스럽 목사가 죽는 날 밤이다. 이날 밤은 딤즈데일 목사와 헤스터 그리고 펄에게도 특별한 밤이다. 왜냐하면 자신의 죄를 밝히지 않았기 때문에 괴로움에 시달리던 딤즈데일 목사가 마을 사람들이 모두 잠든 한밤중에 혼자 교수대에 올라 자신의 죄를 소리 내어 고백하려고 용기를 낸 밤이기 때문이다. 그는 큰소리를 질러 자신의 죄를 고백한 후 마을 사람들이 그 소리를 듣고 집에서 뛰쳐나올 것이라고 생각하지만 실제로 그의 외침은 아무에게도 들리지 않는다. 벨링엄 총독이 무슨 소리를 들은 듯 창가를 둘러보았지만 아무것도 알아채지 못했고, 존 윈스럽 목사의 임종을 지켜본 후 집으로 돌아가던 원로인 윌슨 목사 역시 그의 곁을 아무 것도 모르고 지나간다. 그 후, 헤스터와 펄 역시 윈스럽 목사의 병상을 지키다가 돌아가는 길에 교수대 근처를 지나게 되는데 딤즈데일 목사의 웃음소리에 그를 발견한 후, 그의 요청으로 함께 나란히 교수대에 오르게 된다. 그런데 펄이 다음 날 낮에도 지금처럼 딤즈데일 목사가 엄마와 자신의 손을 잡고 교수대 위에 함께 서 달라고 딤즈데일에게 요청하자 딤즈데일은 마지막 심판날 그렇게 하겠다고 말하면서 펄의 요청을 거절한다.

그 순간 유성으로 짐작되는 신비한 섬광이 그들 주위를 비추고, 펄이 가리키는 하늘에 붉은 빛으로 커다란 'A'자가 나타난다. 그 순간 딤즈데일은 그들을 바라보고 있는 로저 칠링워스를 발견한다. 그 역시 윈스럽 목사의 임종을 지켜보고 돌아오는 길이었다. 칠링워스는 헤스터, 펄과 함께 교수대 위에 서 있는 자신이 목격된 사실 때문에 겁에 질린 딤즈데일 목사를 달래어 집으로 데려간다. 그런데 딤즈데일 목사가 그날 밤 하늘에서 목격한 신비한 붉은 색 'A'자는 목사의 숨긴 죄를 상징하는 초자연적 자연현상으로 해석될 수 있을 것이다. 그러나 그 다음 날, 교수대 위에서 발견한 목사의 검은 장갑 한 켤레를 주워 온 나이 많은 교회지기는 그 전날 밤 하늘에 나타난 큰 주홍글자 'A'를 사람들이 '천사(Angel)'의 첫 글자로 해석한다는 말을 전한다. 즉 청교도인들은 그 글자가 그날 밤 죽은 윈스럽

총독이 천사가 된 징조라고 해석한다는 것이다.

또한 헤스터의 딸인 펄의 성격 역시 초자연적인 면을 보인다. 작품에도 자주 언급되듯이 펄은 인간이라면 가져야 할 '공감(sympathy)'이 결여된 개구쟁이 요정에 가까운 7살의 어린 아이로 등장한다. 위의 교수대 장면에서도 보이지만 펄이 어머니 헤스터와 딤즈데일 목사에게 던지는 질문은 날카롭기 짝이 없고, 그 질문은 죄를 지은 어머니와 아버지의 급소를 찔러 그들을 당황시킨다. 헤스터가 딤즈데일 목사를 마을 사람들 몰래 만나는 숲 속 장면(16장)에서는 숲 속에 흐르는 시냇물과 대화하고 동식물 등의 자연물과 거리낌 없이 노는 초자연적인 아이, 펄의 모습이 나타난다.

위와 같은 로맨스적 요소들을 사용하여 호손이 거두는 효과는 애매모호함이다. 호손 작품의 중요 장면들이나 이야기 내용은 대낮의 태양 아래에서처럼 모든 것이 사실적으로 선명하게 드러나지 않는다. 차라리 그보다는 밤의 달빛이나 난롯불이 던져 주는, 낯익은 사물의 낯설게하기를 통해 신비로움과 애매모호함의 분위기를 만들고 그것을 통해 호손은 자신의 상상력을 더욱더 자유롭게 발동시킬 수 있게 된다.

4. 헤스터 프린(Hester Prynne)

17세기 미국 청교도 식민지시대의 여성의 지위는 보잘것없었다. 특히 여성에게는 공적인 사회 참여가 금지되어 있었고, 교회에서도 여성들은 그들의 목소리를 낼 수 없었다. 이는 『주홍글자』의 1장과 13장에서도 언급되고 있으며 여주인공 헤스터와 비교되는 17세기의 역사적인 여성인 앤 허친슨은 이러한 가부장적 청교도 사회의 대표적인 희생자이다. 허친슨은 여성으로서 자신의 집에서 성경을 사람들에게 가르친 것과 믿음만으로 구원받을 수 있고 이미 구원을 받았다면 죄를 지어도 구원받은 것이 달라지지는 않는다고 가르쳤기 때문에 청교도 지도자들의 노여움을 사게 된다. 그래서 허친슨은 도덕률폐기론(antinomianism)자로 몰려 재판을 받고 유죄 판결을 받아 청교도 사회에서 추방된 후, 로드 아일랜드(Rhode Island)를 거쳐 지금의 뉴욕시 북쪽의 브롱스(Bronx)근처로 이주했다가 인디언의 습격을 받아 가족과 함께 몰살을 당한다.

갓난아이를 안고 감옥 문을 나서는 모습으로 소설에서 처음 등장하는 헤스터는 허친슨처럼 뉴잉글랜드 청교도들에 맞서는 강하고 당당한 여자로 다음과 같이 소개된다. "사내는 왼손으로는 관장을 내밀고 오른손으로는 한 젊은 여자의 어깨를 잡고 그녀를 앞으로 끌고 나왔다. 여자는 감옥 문턱에 이르자 선천적인 위엄과 강인한 성격을 보여 주는 동작으로 사내의 손을 뿌리치고 마치 자유의지에 의한 것인 양 바깥으로 걸어 나왔다. 여자는 두 팔에 태어난 지 약 세 달밖에 되지 않은 아기를 안고 있었는데 … "(57쪽)

그러나 자기 가슴에 부착된 치욕의 징표를 가리려고 아기를 가슴에 꼭 껴안고 나온 여자는 사람들의 쏟아지는 시선을 물리치기 위해 차라리 "오만한" 태도를 취한다.

> 그러나 곧 한쪽 치욕의 징표로 다른 쪽 치욕의 징표를 감추려고 해봤자 별 소용이 없다는 사실을 현명하게 판단하고, 아기를 한쪽 팔에 안고 얼굴을 붉히면서도 오만한 미소를 띤 채 조금도 부끄러워하지 않는 시선으로 마을 사람들과 이웃 사람들을 둘러보았다. 그녀의 웃옷 가슴에는 화려한 주홍빛 헝겊에 금실로 꼼꼼하게 수를 놓아 환상적으로 멋을 부린 'A'자가 보였다. 그 글자는 아주 예술적으로 수놓아졌고 풍부하고 사치스러운 공상을 마음껏 발휘한 것으로, 그녀가 입은 옷에 가장 잘 어울리는 장식적 효과를 내고 있었다. 또 그녀의 옷은 그 시대의 취향에 맞게 화려했지만, 식민지의 사치 금지법이 허용하는 한도에서 훨씬 벗어나 있었다. (57쪽)

이처럼 헤스터는 자신의 치욕에 대해 오만하고 당당한 태도를 취할 뿐만 아니라, 가슴에 부착한 그녀의 치욕의 상징을 가장 정교한 바느질을 통해 예술적 장식으로 보이게 만듦으로써 도리어 청교도 식민지 법에 간접적으로 저항을 하고 있음을 보여 준다.

그런데 유부녀임에도 불구하고 성적인 범죄를 저지른 헤스터를 호손은 아름답고 기품 있는 귀부인의 모습으로 묘사하는데, 이는 이 인물에 대한 작가의 호의적 관심을 보여 준다. 호손은 수치를 견디고 있는 헤스터의 이목구비를 다음과 같이 설명한다.

> 젊은 여자는 키가 컸고, 몸매가 이를 데 없이 우아했다. 그녀는 검고 풍성한 머리카락을 가졌는데, 머리카락은 너무나 윤기가 흘러 햇빛이 반사되어 눈이 다 부실 정도였다. 얼굴은 이목구비가 단정하고 얼굴빛이 화사해서 아름다운 것 외에, 높은 이마와 깊은 검은 눈 때문에 한층 더 인상적이었다. 또한 그 시절의 명문가 아녀자답게 제법 귀부인다운 데가 있었다. … 이전에 그녀를 알고 있던 사람들은, 그래서 그녀가 불행의 먹구름에 휩싸여 어둡고 그늘져 있으려니 기대했던 사람들은 도리의 그녀의 아름다움이 빛을 내뿜고 그녀를 에워싼 불행과 치욕이 오히려 후광을 만들어 내는 것을 보고 놀라다 못해 아연실색할 정도였다. (57–58쪽)

아름답고 우아하며 귀부인처럼 보이는 헤스터는 이처럼 단지 육체적인 미를 가졌을 뿐만 아니라 성스러운 모습도 가진 것으로 묘사된다. 그것은 아이로니컬하게도 그녀가 간통을 해서 낳은 아이를 안고 있는 그녀의 모습을 성모마리아의 모습과 비교하는 장면에서 볼 수 있다.

> 만약 이 청교도들의 무리 속에 카톨릭 신자가 있었다면, 아마 옷과 풍모가 그림처럼 아름다운 이 여인이 가슴에 갓난아이를 안고 있는 모습을 보고, 그토록 많은 유명 화가들이 앞을 다투어 그렸던 성모마리아의 모습을

떠올렸을 것이다. 그녀의 모습은 실로 정반대이지만, 이 세상을 구원할 아기를 안고 있는 죄 없는 성모마리아의 거룩한 모습을 분명히 떠올리게 해주었을 것이다. (60쪽)

그러나 헤스터가 비록 귀부인의 당당함과 성모마리아의 신성함을 동시에 가졌지만, 자신의 풍부한 공상에 따라 감옥에서 만든 그녀의 옷은 그녀의 "절망적이고 무모한 심정"(58쪽)을 드러내고 있었다고 화자는 묘사한다. 더구나 환상적인 자수로 놓여 그녀의 가슴을 장식하고 있는 주홍빛 글자 'A'는 "정상적인 인간관계에서 그녀를 떼어 내어 그녀만의 영역 속에 가두어 두는 마력 같은 효과"를 지닌 것으로 묘사된다. 그리고 윌슨 목사가 그 주홍빛 글자에 대해 사람들에게 한 시간 이상 설교한 후, 그 주홍글자는 지옥의 불길을 상징하는 "공포"(68쪽)의 표상이 된다는 점에서 청교도 사회 속에서 헤스터가 겪어야 하는 현실이 드러난다. 헤스터는 자신이 지은 간통죄에 대한 형벌로 그 공포의 표상을 오후 1시까지 3시간 동안 달고 시장터의 처형대에 서 있어야 할 뿐만 아니라, 평생 동안 가슴에 그 징표를 달고 살아야 하는 형벌을 받게 된다.

처형대 위에서 펄을 안고 서 있는 동안 헤스터는 사람들이 쳐다보고 있어서 느끼는 고통으로부터 도피하기 위해 과거를 회상한다. 먼저 그녀는 영국의 고향 마을과 부모의 집을 생각하는데, 그녀의 집은 가난에 찌들어 허물어진 모습을 하고 있지만 그 현관 위에 걸려 있는 반쯤 지워진 방패형 문장으로 짐작컨대 오래된 상류계층 집안으로 보인다. 그 다음으로 그녀가 떠올리는 생각은 그녀의 남편으로 보이는 "창백하고, 여윈, 학자 같은 모습을 가진"(61쪽) 심오한 책을 많이 읽어 눈이 침침해지고 나이가 많은 남자에 대한 것이다. 그는 사람의 영혼을 읽어내고자 마음을 먹으면 그렇게 할 수 있는 신기한 통찰력을 가진 사람으로 묘사되고, 한쪽 어깨가 다른 쪽 어깨보다 높은 기형의 사람으로 기술된다. 그녀의 신혼은 유럽의 어느 오래된 도시—즉 나중에 암스테르담으로 밝혀지는데—에서 시작된 것처럼 보인다. 이런 회상을 하던 도중 헤스터는 군중 속에서 인디언과 함께 서 있는 그녀의 남편 로저 칠링워스를 알아보게 된다.

1) 헤스터의 위험한 생각

형기를 모두 채우고 감옥에서 나온 헤스터는 마을에서 상당히 떨어진 바닷가에 있는, 그 땅의 척박함 때문에 버려진 외딴 오두막집에 정착한다. 청교도 식민지를 떠나 본국으로 돌아갈 수도 있고, 유럽의 다른 곳이나 숲 속 인디언들의 땅으로 들어가서 살 수도 있지만 헤스터는 결국 뉴잉글랜드에 남기로 한다. 남은 생을 치욕 속에 살아야 하는데도 뉴잉글랜드에 남기로 한 까닭은 그곳이 그녀에게 큰 사건이 일어난 운명적인 장소이기도 하고 또 그녀가 사랑한 사람이 있는 곳이기 때문이기도 하며, 또한 스스로 자신이 죄를 지은 곳에서 속죄하는 삶을 삶으로써 자신의 죄를 용서받기 위해서이기도 하다.

헤스터는 그곳에서 7년이라는 세월을 인고하면서 산다. 마을 사람들의 손가락질을 받으며 살지만, 사람들은 그녀의 뛰어난 바느질 솜씨를 인정하게 되어 헤스터는 꽤 많은 돈을 벌게 된다. 총독의 주름깃과 군인들의 스카프, 그리고 목사의 가슴에 매는 띠, 어린아이의 모자, 그리고 장례식에 이르기까지--신부의 흰 면사포를 제외하고는--그녀는 쉽게 바느질감을 구할 수 있었다. 그러나 자신을 위해서는 전혀 돈을 쓰지 않고, 아주 검소한 옷만 입었으며, 펄의 옷을 화려하게 만들어 입히는 것을 제외하고는 그녀가 번 돈을 모두 마을의 가난한 사람들을 돕는 데 사용한다. 그녀의 도움을 받은 가난한 사람들이 도리어 그녀에게 욕을 퍼붓는 일도 있었지만 헤스터는 인내했고, 전염병이나 재난으로 사람들이 도움을 필요로 하는 일이 생길 때마다 가장 먼저 달려갔다. 그런 그녀에 대해 그녀와 펄이 지나갈 때마다 모진 시선과 심한 말을 건네었던 사람들은 점차 “호의(a species of general regard)”(131쪽)를 느끼게 되고, 그녀에 대한 평가를 달리하게 된다. 즉 그들은 헤스터의 가슴에 부착된 ‘간음’을 뜻하던 ‘A’를 “Able(능력 있는)"로 해석하기 시작한다.

겉보기에 헤스터는 완전히 자신의 죄를 회개하고 새로운 사람이 된 것처럼 보인다. 그러나 그녀의 마음속에는 청교도 사회에 반하는 위험한 생각이 자리 잡고 있다. 그것은 다음의 인용문에서 보여 주듯 당시 유럽대륙에서 유행하던 혁명정신으로 사회전복적인 성격을 지니고 있다.

> 헤스터는 끊어진 사슬 조각들을 내동댕이쳐 버렸다. 이 세상의 법은 이제 그녀의 정신에 맞는 법이 아니었다. 이 시기는 새로이 해방된 인간의 지성이 지난 몇 세기 전보다 훨씬 더 활기차고 활동 범위도 더 넓은 시대였다. 군인들은 귀족들과 제왕들을 뒤집어엎었다. 이들보다도 더 대담한 무리는, 실제적으로는 아니지만 그들의 가장 실질적인 주거지인 이론의 영역 안에서, 많은 부분 옛날의 원칙과 관련된 낡은 편견의 체계를 모두 뒤엎고 재정비했다. 헤스터 프린은 이런 정신을 흡입했다. 그녀는 사색의 자유를 누렸다. 그런데 이 자유는 이 무렵 대서양 건너 쪽에서는 아주 흔히 볼 수 있었지만, 만약 우리 조상이 알고 있었더라면 주홍 글자로 단죄하는 죄보다 더욱 끔찍스러운 범죄로 간주했을 것이다. 바닷가에 있는 그녀의 외로운 오두막집에, 뉴잉글랜드의 다른 집이라면 감히 들어가지도 못할 사상이 그녀에게 찾아들었다. (134쪽)

당시 유럽의 계몽주의 사상은 왕권신수설을 타파하고 사회계약설에 기초하여 왕이라 할지라도 국민의 뜻에 어긋나면 얼마든지 왕좌에서 쫓아낼 수 있다는 생각을 포함했다. 이런 과격한 정치사상은 아직 신앙과 종교가 함께 가는 청교도적인 뉴잉글랜드의 생각과는 엄청난 괴리가 있었다. 그리고 본문은 이런 급진적인 사상을 아무도 몰래 흡입하고 있는 헤스터를, 청교도 사상과는 다른 종교적인 생각 때문에 청교도 사회에서 쫓겨난 역사적 인물 앤 허친슨에 비유한다. 즉 헤스터에게 펄이라는 딸이 없었더라면, 헤스터 역시 앤 허친슨과 같은 선지자가 되어 죽음을 선고받았을 수도 있다는 것이다.

그런데 헤스터는 이처럼 정치적인 면에서 급진적이었을 뿐 아니라 여성적 권리의 인식에 있어서도 당시의 뉴잉글랜드 사람들의 의식을 훨씬 넘어서 있었다. 이런 면의 헤스터는 호손이 싫어했던, 1845년에『19세기의 여성(Woman in the Nineteenth Century)』이라는 글을 발표함으로써 여성의 권리를 처음으로 주장하기 시작한 마가렛 풀러(Margaret Fuller)를 연상시키기도 하는데 화자는 여성에 대한 헤스터의 생각을 다음과 같이 밝힌다.

> 실로 여성 전체에 관해서도 이와 똑같은 암담한 물음이 가끔 헤스터의 가슴속에 떠올랐다. 심지어는 여성들 가운데 가장 행복한 여성일지라도 여성으로서의 존재가 과연 받아들일 만한 가치가 있는 것인가? 자신의 개인적 존재에 관한 한 그녀는 이미 오래전에 부정적으로 판단을 내리고 그 문제는 일단 해결이 난 것으로 기각해 버렸다. … 헤스터는 가망 없는 일이 자기 앞에 가로놓여 있다는 것을 아마 알아차렸는지도 모른다. 먼저 첫 단계로 사회의 체계 전체를 붕괴시키고 새로이 세워야 한다. 그러고 나서 남성의 천성 자체나 오랫동안에 걸쳐 천성이 되다시피 한 유전적인 습관을 여성도 정당하고 적절한 지위 비슷한 것이나마 차지할 수 있게 허용될 때까지 본질적으로 뜯어고쳐야 한다. (135쪽)

앞서 시민들이 왕을 폐위시킬 수 있다는 정치적 사상을 헤스터가 받아들인 것과 마찬가지로, 이 인용문에서 헤스터는 여성문제와 관련해서도 사회체제의 총체적 전복이 필요하다고 인식하고 있다. 아주 오랫동안 지속되어서 이제 거의 "천성"적인 것으로 여겨지는 남성중심의 사회체제가 "깨부수어"지고 여성이 남성과 같은 지위를 가질 수 있는 체제가 세워져야 한다고 헤스터는 생각하는 것이다.

그러나 화자에 따르면 거기에는 조건이 있다. 그 조건은 그렇게 되기 전에 먼저 여성 자신이 훨씬 더 크게 변해야 한다는 것이고, 그렇게 되면 "여성의 가장 참다운 삶이 녹아 있는 영혼의 정수가 수증기처럼 사라져 버리고 말았을 것"(135쪽)이라고 화자는 주장한다. "여성의 가장 참다운 삶"이라는 것이 무엇인지 구체적으로 호손은 제시하고 있지 않지만, 19세기 전반에 걸쳐 백인 중산층 여성들의 규범처럼 여겨진 "진정한 여성성 숭배(the cult of the true womanhood)"[4] 같은 것을 의미하고 있는 듯하다. 그러면서 화자는 여성이 아무리 생각을 많이 한다고 할지라도 그런 문제를 극복할 수 없을 것이라고 비관적으로 말하고 있다.

앞서 우리는 자신이 저지른 간통죄 때문에 평생 주홍글자를 가슴에 달고 살아야 하는 형벌을 묵묵히 견디며, 사회의 멸시와 냉대에도 불구하고 7년 동안을 선행으로 견뎌낸 결과 헤스터의 주홍글자가 "Able"의 첫 글자로 인식됨을 살펴보았다. 그러나 헤스터가 외형적으로는 이처럼 청교도 사회의 규율을 잘 받아들이는 것처럼 보이지만, 실제로는 겉보기와 달리 정치적으로, 그리고 사회 속에서의 여성의 권리에 관한 한, 체제저항적인 생각을 가지고 있음을 또한 알게 되었다. 따라서 화자는 헤스터의 이런 모습 때문에 그녀의 가슴에 부착된 "주홍글자가 아직 그 임무를 다하고 있지 못했다"(135쪽)고 판단한다.

2) 주홍글자

실로 주홍글자는 헤스터에게 여러 가지 중요한 의미를 가진다. 그녀의 선행 때문에 그것은 "수녀 가슴 위의 십자가" 역할을 하여 그 신성함 때문에 온갖 위험 속에서도 그녀가 안전하게 다닐 수 있게 해주는 긍정적인 역할을 하기도 한다. 그

4 "진정한 여성성 숭배"라는 개념은 바바라 웰터(Barbara Welter)가 만들어 낸 유명한 용어로, "진정한 여성성"은 "경건성(piety)", "순결(purity)", "순종(submissiveness)" 그리고 "가정성(domesticity)"이라는 네 가지 주요 덕목으로 이루어지며 19세기 전반을 통해 미국의 백인 중산층 여성들이 지켜야할 규범과도 같은 것이었다. (Barbara Welter, "The Cult of True Womanhood: 1820–1860," *American Quarterly* 18, summer 1966, p.21.)

런가 하면 또 그것은 그녀의 여성성을 완전히 사라지게 하는 부정적인 역할을 하기도 한다. 즉 주홍글자를 가슴에 부착한 후, 그녀의 밝은 성격은 사라지고, 감정도 잘 드러내지 않게 된다. 또한 그녀는 일부러 수수한 옷을 입었고, 그녀의 풍성하고 윤기 나는 머리카락도 모자 속에 감추어 버린다. "그녀의 얼굴에는 더 이상 사랑이 깃들 만한 어떤 것이 없는 것처럼 보였고, 멋있는 조각 같은 몸매에도 불구하고 그녀를 안고 싶은 정열을 유발시키는 것이 아무것도 없는 것처럼 보였다. 그리고 헤스터의 가슴속에는 그곳을 다시 한번 애정이 머리 누일 베개로 만들 어떤 것도 없는 것처럼 보였다." 다시 말해, "여성으로 계속 남아 있기 위해서 영원히 반드시 있어야 할 어떤 본질적인 속성이 그녀에게서 자취를 감춘 것이다"(133쪽)라고 화자는 서술한다.

주홍글자가 이처럼 헤스터의 여성성을 억압하고 있었다는 사실은 그녀가 그것을 떼어 버리는 순간 그녀의 여성성이 빠르게 회복되는 것을 보면 알 수 있다. 18장 「찬란한 햇살(A Flood of Sunshine)」에서, 딤즈데일을 숲 속에서 만나 7년 만에 마음속의 이야기를 털어 놓던 헤스터는 가슴에서 주홍글자를 떼어내어 그것을 멀리 개울가로 던져 버린다. 그 순간 마음의 무거운 짐을 내려놓은 듯한 자유를 느끼는 헤스터는 모자도 벗어 버리는데, 그때 그녀가 여성성을 회복하는 모습을 작가는 다음과 같이 묘사한다.

> 또 다른 충동에 의해 그녀는 머리카락을 감싸고 있던 딱딱한 느낌을 주는 모자를 벗어 버렸다. 그러자 검고 윤이 나는 머리카락이 동시에 그림자와 빛과 함께 풍성하게 그녀의 두 어깨 위로 떨어져 내리면서 그녀의 모습에 부드러운 매력을 부여했다. 여성성의 최고 심장부에서 솟구쳐 오른 것 같은 찬란하면서도 부드러운 미소가 입가에 어리었고 두 눈에서 빛났다. 오랫동안 그렇게도 창백하던 두 뺨에는 주홍빛이 불그레하게 감돌았다. 여성으로서의 성(sex)과 젊음과 온갖 풍부한 그녀의 아름다움이 남자들이 흔히

> 회복할 수 없는 과거라고 말하는 것으로부터 다시 돌아와, 현재라는 마법의 둥근 원 안에서 처녀시절의 희망과 그리고 이전에는 전혀 몰랐던 행복과 함께 뒤섞였다. (160쪽)

그러나 헤스터가 주홍글자를 가슴에서 떼어내고서 느끼는 잠시의 자유로움도 "또 다른 형태의 주홍글자"(90쪽)인 펄의 발작적인 고함소리 때문에 끝이 난다. 즉 주홍글자가 없는 헤스터의 낯선 모습에 대한 펄의 저항 때문에 헤스터는 그 주홍글자를 다시 가슴에 달게 된다. 이처럼 살아 있는 주홍글자라고 할 수 있는 펄은, 8장 「요정 아이와 목사(The Elf－Child and the Minister)」에서 딤즈데일이 벨링엄 총독과 윌슨 목사, 그리고 칠링워스 앞에서 헤스터가 펄의 가장 적당한 양육자라고 변호하면서 말했던 것처럼, 헤스터의 구원을 위해 꼭 필요한 존재라고 할 수 있다.

주홍글자는 헤스터에게 지적 또는 감성적 면에서 황야 같은 벌판을 아무런 제재 없이 다닐 수 있는 일종의 "허가증(passport)"(118쪽) 같은 역할을 하기도 한다. 그래서 숲에서 칠링워스의 정체를 딤즈데일 목사에게 알려 준 후 충격을 받은 딤즈데일이 더 이상 삶을 살아갈 힘을 잃어버리자 헤스터는 그와 함께 배를 타고 뉴잉글랜드를 떠날 계획을 세운다. 비록 그 계획에 칠링워스도 함께 떠나기로 되어 있다는 충격적인 사실을 알게 되고, 결정적으로는 딤즈데일의 죽음으로 인해 미완으로 남게 되지만, 헤스터의 이런 행위는 청교도 사회의 이념에 순응하지 않는 행위로써 여전히 그녀의 주홍글자가 그 소임을 다하지 못한 또 다른 증거라고 할 수 있다.

헤스터가 사회에 완전히 편입되는 것은 딤즈데일 목사의 죽음 이후이다. 먼저 딤즈데일 목사의 죽음부터 살펴보자면, 헤스터와 함께 뉴잉글랜드로부터 도망가기로 한 딤즈데일은 그 전날이 선거일인 것을 다행으로 생각한다. 선거일 자체가 퓨리턴 공동체의 큰 행사였고, 그날 그는 중요한 설교를 하게 되어 있었다. 그 설교가 끝난 후, 군대와 정치인들과 함께 퍼레이드에 나선 그는 교회 밖의 교수대 근처에 헤스터와 펄이 서 있는 것을 보고, 그들을 불러 함께 그 교수대에 오른다. 그리고 그가 평생 하고 싶었지만 용기가 없어 하지 못했던 자신의 죄를 마침내 고백하고 헤스터의 품에 안겨 죽음을 맞는다.

헤스터와는 달리 자신의 죄를 숨겼기 때문에 딤즈데일은 비겁한 사람이라고 할 수 있고, 또 양심의 가책으로 아무도 고칠 수 없는 깊은 병을 얻게 된다. 그러나 아이로니컬하게도 마음의 무거운 그 짐 때문에 사람들의 심금을 울리는 설교를 할 수 있게 되어 더욱더 목사로서의 명성을 얻게 되고, 사람들의 사랑을 받게 된다. 즉 자신의 죄 때문에 죄 많은 사람들에게 공감을 주는 설득력 있는 설교를 할 수 있게 된다.

칠링워스가 자신의 죄를 알고 있다는 사실이 두려워서 헤스터의 계획대로 그녀와 함께 청교도 사회를 떠나는 데 동의하지만 딤즈데일은 죽기 직전에 자신의 죄를 사람들 앞에서 큰소리로 고백하기로 선택함으로써 그의 죄를 폭로하려는 칠링워스에 대해 승리를 거두게 된다. 딤즈데일은 숨을 거두기 전에 그곳에 모인 군중들에게 자신이 헤스터처럼 주홍글자를 가지고 있다고 말하며 자신의 목사복의 가슴부분의 띠를 떼어 그곳에 있는 표시를 보여 준다. 자신의 죄를 공개적으로 고백하는 그 순간, 딤즈데일은 가장 큰 고통을 느끼면서도 얼굴에는 승리의 붉은 빛을 띠며 죄로부터 구원받은 자의 확신을 가지고 칠링워스와 펄, 그리고 헤스터와 마지막 인사를 나누고 세상을 떠난다. 그리고 죽음 직전에 펄과 키스를 하는데, 그 순간 펄은 마법에서 풀려 "동정심(sympathies)"(197쪽)을 소유한 평범한 아이가 된다. 이 순간 지금까지 초자연적인 능력을 가지고 있는 요정 같은 아이로 묘사되었던 펄은 슬픔과 기쁨을 아는 보통의 여자로 변한다. 그리고 지금껏 그녀의 어머니에게 고통을 안겨 주는, 살아 있는 주홍글자로서의 펄의 임무도 이제 끝이 났다고 소설은 묘사한다.

그러나 소설은 여기에서 끝나지 않는다. 딤즈데일이 죽은 후, 삶의 의미를 잃은 칠링워스도 곧 죽게 되며 그의 모든 재산은 펄에게 상속된다. 헤스터는 뉴잉글랜드에서 가장 부유한 상속녀가 된 펄과 함께 유럽으로 떠나지만, 얼마간의 시간이 흐른 후, 헤스터는 혼자 몸으로 뉴잉글랜드의 오두막집으로 돌아온다. 그리고 스스로의 의지로 주홍글자를 다시 가슴에 붙이고 청교도 사회에 영원히 정착한다.

소설의 마지막장인 「결론(Conclusion)」에서, 다시 돌아온 헤스터가 가난한 사람들을 위해 헌신적인 삶을 사는 모습을 보고 사람들은 점차 헤스터의 주홍글자를 더 이상 치욕의 표시로 생각하지 않는다. 차라리 "슬퍼해야 할 것에 대한 표상"이자 "두렵지만 존경하는 마음"으로 헤스터의 주홍글자를 바라보게 된다.(201쪽) 자신의 이익을 돌보지 않고 사는 그녀에게 사람들은 힘들고 어려운 일이 있을 때 조언을 구하러 오게 되는데, 특히 사랑에 상처받은 여성들이 그녀의 도움을 청하고 위로받게 된다.

헤스터는 자신을 찾은 여성들에게 좀 더 성숙된 세상이 오면 "새로운 진리"가 나타나 남녀 간의 관계가 좀 더 평등하게 될 것이라는 신념으로 그들을 설득한다. 또한 이런 자신이 "하나님이 정하신 예언자"일 가능성이 있다고 생각해 보지만, 그 역할이 수치스러운 죄를 지은 자신과 같은 사람에게는 맡겨질 수 없다고 생각하게 된다. 화자는 예언자의 자격을 가진 여성을 다음과 같이 묘사한다.

> 앞으로 하나님의 계시를 전할 천사와 사도는 실로 여자이지만, 고귀하고 순결하고 아름다워야 한다. 더구나 어두운 슬픔을 겪어서 슬기로워진 것이 아니라 기쁨이라는 영적인 매체를 통해 슬기로워져야 한다. 또한 그런 목적을 성공적으로 달성한 삶이라는 가장 참다운 시험에 의해 거룩한 사랑이 얼마나 우리를 행복하게 할 수 있는 지를 보여 주어야 한다. (201-202쪽)

여성과 남성의 관계가 동등해지는 미래의 사회에 대한 낙관적인 전망을 한 후 이어지는 이 인용문에서, 호손은 그런 이상적인 미래의 사회를 앞당길 예언자의 조건을 "고귀하고 순결하고 아름다운" 여성으로 좁히고 있다. 이 인용문에서 작가는 죄를 지었지만 온갖 수모를 견디고 좀 더 성숙한 여인이 된 소설의 여주인공 헤스터를 궁극적으로 배제하고, 그 대신 아무런 슬픔이나 어려움도 겪지 않은 "기쁨이라는 영적인 매체"라는 모호한 영적 경험을 통해 "거룩한 사랑"을 실천하는 여성을 예언자로 제시하고 있다. 지금까지 헤스터는 비록 기존 사회체제에 대해 불온한 정신을 가지고 있어서 때때로 위험한 성향의 인물로 묘사되기는 했지만, 소설 전반을 통해 자신이 생각하는 대로 삶을 살아내는 아름답고 당당한 여주인공으로 묘사되어 왔는데, 이 결론부분에 와서 주체적이고 멋있는 여성으로서의 헤스터의 면모가 일순간에 거부당하고 있는 것으로 읽힌다.

그렇다면 호손은 왜 소설의 결론부분에서 헤스터의 예언자로서의 역할을 궁극적으로 거부하게 되었는지 궁금하지 않을 수 없다. 그 원인은 부분적으로는 헤스터의 이중성에 있는 것처럼 보인다. 작품의 초반에 헤스터는 죄를 지어 사람들의 멸시와 조롱을 받는 가운데서도 눈부실 정도로 아름답고, 당당하고 기품 있는 귀부인의 자태를 지닌 여성이다. 자신의 죄가 사람들 앞에서 드러날까 겁이 나서 지은 죄도 고백하지 못하는 심약하고 비겁한 딤즈데일과는 대조적으로, 사회의 가장 밑바닥 사람이 당하는 것보다 더 심한 비웃음과 치욕을 당하면서도 선한 일을 하면서 인내하여, 끝내는 자신에 대한 사람들의 평가와 태도를 긍정적인 것으로 바꾸어 내는 강인하고 매력적인 인물이다. 그러나 그와 동시에 호손은 헤스터가 외적으로는 자신의 죄에 대해 충분히 참회하고 있는 듯이 보이지만, 내적으로는 청교도 사회에서 쫓겨난 후 비참한 최후를 맞이한 앤 허친슨처럼 사회의 체제에 비순응적이며 심지어는 전복적인 위험한 사상 또한 가지고 있음을 보여 준다.

이런 헤스터에 대해 호손은 모순적 감정을 가진 것으로 보인다. 즉 헤스터처럼 아름답고 당당하지만, 남성 중심적 사회체제에 대해 불만을 가진 여성인물에 대해 호손이 끌림과 혐오감을 동시에 가진 듯이 보인다는 뜻이다. 이런 여성에 대한 호손의 (비)호감은 호손의 다른 소설 『블라이스데일 로맨스』에 등장하는 여주인공 제노비아(Zenobia)의 성격에서도 찾아볼 수 있다. 제노비아는 왕비처럼 아름답고 당당하고 기품이 있는 인물로 묘사되지만 여성에 대한 사회의 불합리한 처우를 토로하는 그녀에 대해 호손은 별로 호의적인 태도를 보이지 않는 것처럼 보인다. 그래서 19세기의 대표적인 여성운동가라고 할 수 있는 마가렛 풀러(Margaret Fuller)를 연상시키는 제노비아는 자신의 신념과 의지대로 실천하고 살다가 배의 파선으로 불운한 죽음을 맞은 풀러처럼, 당시 사회에서 여성이 받아야 했던 불공평한 대접에 대해 저항하다가 결국 자살하고 마는 불운한 인물로 묘사된다.

자신이 창조한 자주적이고 능력 있는 매력적인 여성인물들에 대해 호손이 보이는 끌림과 혐오의 한 원인을 여성 작가들이 상업적인 성공을 거두고 있었던 문학시장에서의 그의 위치와 연관해서도 생각해 볼 수 있을 것이다. 앞서 『주홍글자』의 출판의 역사를 살펴보면서 언급하였듯이, 호손은 자신의 책과는 비교할 수 없을 정도의 큰 단위의 부수로 팔리는 여성작가들의 작품에 대해 질투의 감정을 지니고 있었던 것으로 보인다. 그가 패니 펀(Fanny Fern)을 비롯해 엄청난 판매부수를 올리고 있었던 동시대의 여성 작가들을 "망할 삼류 여성작가 패거리(damned mob of scribbling women)"라고 욕한 것은 유명한 사실이다. 헤스터가 비록 작가는 아니었지만, 여성 작가에 비유해 볼 수는 있을 것이다. 다시 말해, 헤스터는 바느질을 하면서 생계를 유지하였지만 그녀의 바느질 솜씨는 예술적 경지에 도달한 것으로 묘사되고, 그녀가 바느질한 옷은 높은 값을 받고 팔리는 아주 인기 있는 상품이었다. 또한 『블라이스데일 로맨스』의 제노비아 역시 소설의 화자인 마일즈 커버데일(Miles Coverdale)이 비록 형편없는 작가라고 폄하하지만, 글을 쓰는 작가로 언급된다. 따라서 호손이 끌림과 혐오감을 가진 헤스터와 제노비아는 두 사람 모두 호손이 질시의 감정을 가지고 있었던 여성작가에 비유될 수 있으며, 이 두 여성인물에 호손이 여성작가들에 대해 가지고 있었던 감정을 투영한 것으로 해석해 볼 수 있을 것이다.

작가 연보

1804: 배의 선장이던 아버지 너대니얼 해손(Nathaniel Hathorne)과 어머니 엘리자베스 클라크 매닝 해손(Elizabeth Clarke Manning Hathorne) 사이에서 호손 출생.

1808: 아버지 너새니얼 해손이 수리남(Surinam)에서 황열병으로 사망. 아버지 죽음 후 호손 가족은 외가인 매닝가에서 십년간 세 들어 삶.

1816: 호손의 가족들이 여름을 메인(Maine)주의 레이몬드(Raymond)에서 보냄.

1821: 호손이 세일럼을 떠나 메인주의 브런즈위크(Brunswick)에 있는 보도인대학(Bowdoin College)에 입학.

1825: 대학 졸업 후 어머니가 거주하던 세일럼의 허버트(Herbert)가로 돌아옴. 21살의 성인이 되자 그의 성을 해손(Hathorne)에서 호손(Hawthorne)으로 바꿈.

1828: 첫 장편소설『팬쇼(Fanshawe)』출판.

1830–1839:「The Gentle Boy」,「My Kinsman, Major Molineux」,「Roger Malvin's Burial」등의 퓨리턴 시대를 다루고 있는 대표적 단편소설들이 일년에 한 번 출판되는 잡지『The Token and Atlantic Souvenir』에 실림.

1837:『두 번 들려 준 이야기(Twice–Told Tales)』출판.

1839: 보스톤 세관(Boston Custom House)에 계량원으로 취직.

1842:『두 번 들려 준 이야기(Twice–Told Tales)』제2권 출판.

1841: 초절주의자들의 공동체 실험농장 브룩 농장(Brook Farm)에 4월에 합류하여 10월에 떠남.

1842: 결혼 후 매사추세츠주 콩코드의 'Old Manse'에 정착. 'Old Manse'에 사는 동안「The Birthmark」,「The Artist of the Beautiful」,「Rappaccini's Daughter」등 21편의 단편을 집필.

1845: 집세를 부담할 수 없어서 Salem에 있는 어머니 집으로 이사.

1846년 4월–1849년 6월: Salem Custom House의 조사관(surveryor)으로 임명

됨. 1849년 어머니 사망.

1850: 『주홍글자(The Scarlet Letter)』 출판. 매사추세츠주 서쪽 버크셔 지방(The Berkshires)의 레녹스(Lenox)에 정착. 탱글우드(Tanglewood)의 소유주인 태팬(Caroline Sturgis Tappan)이 소유한 작은 '붉은색 집(Red Cottage)'으로 이사. 멜빌(Herman Melville)과의 우정을 쌓음.

1851: 『일곱 박공의 집(The House of the Seven Gables)』 출판. 매사추세츠주의 웨스트 뉴턴(West Newton)으로 이사.

1852: 『소녀들과 소년들을 위한 원더북(A Wonder-Book for Girls and Boys)』, 『눈 이미지와 다른 두 번 들려 준 이야기들(The Snow-Image and Other Twice-Told Tales)』, 『블라이스데일 로맨스(The Blithedale Romance)』, 『프랭클린 피어스의 생애(The Life of Franklin Pierce)』 출판. 매사추세츠주 콩코드의 'The Wayside'로 이사.

1853-1857: 리버풀 주재 미국 영사가 되어 영국에서 거주.

1858: 프랑스를 경유하여 이태리를 여행함. 로마와 플로렌스에서 1월부터 10월까지 거주.

1859: 큰딸 우나(Una)의 병으로 영국으로 돌아감.

1860: 『대리석 목신상(The Marble Faun)』 출판. 'The Wayside'로 돌아옴.

1884: 친구 피어스와 여행 중에 뉴햄프셔주 플리머스(Plymouth, New Hampshire)에서 수면 중 사망(5월 19일).

| 다섯 번째 강의 |

도스토예프스키의 문학작품에 나타난 여성들

조주관(연세대 노어노문학과)

러시아 문학사에서 여성과 남성 주인공들의 성격과 이미지 대비는 문학 연구가들의 커다란 관심을 끌어왔다. 일반적으로 여성 주인공들은 적극적이고 긍정적인 인물로 묘사되는 반면에, 남성 주인공들은 나약하고 부정적인 인물로 부각된다. 즉 남성들은 무능력하고 소극적인 인물들로 등장하는 데 반해 여성들은 강하고 정열적이며 지혜로운 인물로 등장한다. 특히 많은 연구가들이 지적해 온 것처럼 19세기 러시아 작가들의 작품 속에 나타나는 여성 주인공들의 고고한 명성은 유명하다. 푸슈킨, 투르게네프, 곤차로프, 체르니셰프스키 등과 같은 작가들의 소설 속에서 나타나는 여성들의 이미지는 이미 잘 소개되어 있으나, 도스토예프스키의 소설 속에 나타나는 여성들에 대한 구체적인 연구는 미미한 편이다.

도스토예프스키의 문학작품에서 여성들은 일반적으로 주도적인 역할을 하지 않지만 이야기 전개에 결정적인 영향력을 행사하고 있다. 그의 대다수 소설들에서 여성들은 자신의 정체성과 역할을 찾기 위해 최선을 다한다. 실제로 남성 지향적 사회에서 그들 나름대로 최선을 다하는 여성인물들이 많다. 그럼에도 불구하고 지금까지 대다수의 연구가들은 그러한 여성들에 대한 본격적인 연구 분석을 소홀히 하였다. 도스토예프스키의 작품에 나타난 여성들은 카리스마가 넘치는 남성 프로타고니스트를 부각시키기 위한 들러리나 장식이 아니다. 그들은 자신의 정체성과 역할에 대해 자신들의 목소리를 당당하게 내는 인물들이다. 여기서 우리는 도스토예프스키의 소설들에 나타난 여성들의 이미지를 유형별로 분석하여, 러시아 여성에 대한 이해의 지평을 확대하고자 한다.

1. 자존심 강한 지성파 여성들

도스토예프스키의 초기 소설 『가난한 사람들』에서부터 마지막 소설 『카라마조프가의 형제들』까지 지적이면서도 선량한 여성들이 하나의 계보를 이루고 있다. 그들은 본질적으로 남자가 지배하는 세상에서 자기 목소리를 찾으려 분투한다. 자신의 욕구를 어느 정도까지 분명하게 밝히는 지적인 여성들은 투쟁을 하면서도 머뭇거리지만 주체적 목소리로 자신의 자존심을 지킨다. 그들의 말과 행위는 독립적이고 특정 남성들로부터 해방하고자 하는 의도가 엿보인다. 그들은 자신의 힘을 증명하고자 한다.

1) 『가난한 사람들』

『가난한 사람들』은 가난한 사람들의 비극적인 연애에 대한 서간체 소설이다. 가난한 하급관리 마카르 제부쉬킨과 편지를 주고받는 여주인공 바르바라는 러시아의 수도 페테르부르크의 빈민가에 살고 있는 고아이다. 12살에 가족을 따라 수도 페테르부르크에 왔지만, 대도시 빈민굴의 삭막한 현실에 부딪혀 좌절하게 된다. 아버지가 죽은 이후에는 어머니와 함께 먼 친척의 집에서 생활하게 된다. 설상가상으로 어머니까지 죽게 되자 더욱 어려운 환경에 처하게 된다. 그녀는 가난과 미래에 대해 걱정을 하며 하루하루 어렵게 살아간다. 그러나 그녀는 가난하지만 자존심을 지키고자 최선을 다하는 여성이다. 그녀의 절망적인 상황과 나빠진 건강은 그녀로 하여금 과거를 되돌아보게 하고 결국 그녀는 시골로 돌아가 어린 시절의 행복을 되찾기를 원한다. 자신이 처한 가난하고 불행한 환경에서 벗어나고자 나이 많은 지주 비코프와 결혼하기로 마음을 먹는다. 그녀는 자신을 사랑하는 먼 친척인 마카르를 선택하지 않고 자신의 길을 가기로 결심한다. 비록 사회에서 버림을 받았지만 마지막까지 어려움을 이겨내고 자신의 인간적 자존심을 지키려는 바르바라의 노력이 독자에게 감동을 준다. 그녀가 제부쉬킨에게 보내는 마지막 이별의 편지에는 마카르에 대한 그녀의 사랑과 빛진 마음 그리고 그의 참되고 진실한 마음을 알고 있다는 내용이 나온다. 지적이며 자존심이 강한 바르바라의 여성상은 이후의 소설들에서도 계속된다.

2) 『죄와 벌』

『죄와 벌』의 등장인물 두냐는 바르바라의 직접적인 후계자이다. 두냐는 주인공 라스콜리니코프의 여동생으로 아름답고 자존심이 강하다. 나쁜 남자 스비드리가일로프의 집에서 아이들의 가정교사로 일을 하게 된다. 그녀는 자신을 짝사랑하며 괴롭히는 스비드리가일로프의 유혹을 견디다 못해 가정교사 일을 때려치운다. 그녀는 한때나마 그를 도덕적으로 교화하려 노력하였으나 실패한다. 한편 오빠 라스콜리니코프가 등록금이 없어 학교를 그만두고 절망적인 상황에 빠지자 오빠를 도우려는 생각으로 부자인 루진과 결혼하기로 결심을 하게 된다. 어려운 상황에 빠진 가족을 구하기 위해 자신을 희생하기로 한 것이다. 그러나 오빠가 그 결혼을 적극적으로 반대하고 나선다. 여기서 루진은 천박한 자본주의가 만들어 낸 저열한 인간으로 등장한다. 두냐는 처음에 루진이 어떠한 사람인지를 몰랐다가 그의 인간 됨됨이가 형편없음을 확인한 후 그와의 관계를 청산한다. 그녀는 여전히 오빠를 돕겠다는 일념으로 오빠의 범죄 동기와 정보를 가지고 유혹하는 스비드리가일로프와 만나게 된다. 스비드리가일로프는 그녀가 자신의 아내가 되어 준다면 오빠를 구해 주겠다고 약속한다. 그녀는 스토커 스비드리가일로프에게 권총을 들이대고 자신을 방어하지만 아무도 쏠 수 없는 자신을 알게 된다. 위급한 상황에 처한 두냐는 그에게 자신은 결코 그를 사랑할 수 없으니 그냥 보내 달라고 호소한다. 오빠의 범죄 사실을 알게 된 두냐는 오빠에게 사랑과 도움을 약속한다. 두냐는 자신을 진심으로 사랑하고 돌봐 주는 라주미힌의 구혼을 받아들인다. 두냐는 도스토예프스키의 여성들 가운데 가장 현명하고 지혜로운 인물로 간주된다.

3) 『카라마조프가의 형제들』

『카라마조프가의 형제들』에서 카테리나 이바노브나 역시 두냐처럼 지적이고 자존심이 강한 여성이다. 카테리나는 키가 크고 아름다우며 검은 눈동자를 가진, 귀족 출신 대령의 딸로서 가족을 위해 자신을 희생하고자 하는 여성이다. 아버지가 정부의 공금을 잘못 다루어 공금횡령죄로 기소될 위기에 처했을 때, 그녀는 언니로부터 드미트리가 그녀의 아버지가 횡령한 돈 4,500루블을 갚아 줄 용의가 있다는 말을 듣게 된다. 돈을 받는 대가로 성 접대를 요구할 것이라는 생각으로 드미트리를 찾아갔으나, 드미트리가 단순히 돈만 건네고 작별인사를 하자 의외의 행동과 상황에 놀라게 된다. 얼마 후 카테리나는 많은 유산을 상속받게 된다. 돈과 마음의 빚을 진 카테리나는 드미트리에게 결혼을 신청한다. 결혼의 이면에는 지적인 여성의 강한 자존심에 대한 심리적 요인이 깔려 있다. 사랑 고백을 담은 편지에서 그녀는 비록 그가 그녀를 사랑하지 않는다 하더라도 결혼을 해 주기를 간청하며, 그의 종이 될 것을 맹세하고 그에 대한 그녀의 영원한 사랑을 표현한다. 이에 드미트리는 그녀가 자신보다는 스스로의 선한 행동에 취해 있으며, 그 선행을 더 사랑하고 있다고 생각한다. 이 소설 속에서 카테리나는 사랑의 삼각관계에 놓여 있는 인물이다. 드미트리가 그루센카를 사랑하고 있다는 사실을 알지만 그녀는 빚에 대한 의리를 지키고자 한다. 사실 그녀는 드미트리의 동생 이반을 사랑하고 있었다. 그녀는 두 형제 사이에서뿐만 아니라 그루센카와 드미트리 사이에서도 사랑의 갈등을 겪고 있는 여성이다. 그리하여 그녀는 드미트리를 시험해 보기 위해 그에게 3,000루블을 맡기며, 속으로는 그 돈을 그루센카를 위해 쓰기를 기대한다. 드미트리에게 먼저 청혼한 여성으로서 타락한 여인 그루센카에게 빠져 있는 그를 구해 주고자 한다.

드미트리와 사랑의 삼각관계에 빠져 있는 두 여자의 갈등은 심리적으로 첨예화되어 있다. 카테리나는 그루센카와 화해하기 위해 그녀를 초대하고자 한다. 그러나 그루센카가 자신은 이전의 약혼자를 만나러 가는 길이며, 드미트리를 기꺼이 포기할 의사가 있음을 전한다. 이 말을 듣고 기뻐하면서 그루센카의 손에 입을 맞추고 그녀를 칭찬한다. 그러나 그루센카가 드미트리를 결코 잊지 않을 것이라는 조롱의 말을 던지자 카테리나는 분노로 치를 떨며 그루센카를 향해 모욕적인 비난을 하게 된다. 카테리나는 드미트리를 진심으로 사랑하는 것이 아니라 그를 지배하고 싶어하는 욕망이 있다. 그녀는 알료샤와의 만남과 대화에서 자신의 속내를 드러낸다. 그녀는 신과 같은 존재가 되어 드미트리의 잘못된 행동을 깨닫게 해줄 것이라고 장담한다. 이에 알료샤는 그러한 자세와 행동은 그녀가 사랑하는 이반을 고통스럽게 할 뿐이며, 실제로 드미트리를 사랑하지 않는 행동임을 알려 준다. 이반은 카테리나의 강한 자존심을 이야기하며, 그녀의 행동은 드미트리가 그녀의 자존심을 모욕했기 때문이라는 것이다. 여러 가지 일이 일어나면서 카테리나는 창백해지며 히스테리 발작을 일으킨다. 이 여파로 드미트리는 체포되어 재판정에 서게 된다. 모크로예에서 있었던 사건 뒤에 카테리나는 그루센카를 위해 거액을 지불하여 모스크바의 의사를 부르고, 드미트리를 위한 최고의 변호사를 주선한다. 법정에서 처음에 그녀는 드미트리가 가족을 위해 돈을 건넨 당시를 언급하며 그에게 유리한 증언을 펼친다. 그러나 이반이 자신과 스메르자코프가 살인자라는 사실을 시인하자 갑자기 태도를 바꾸어 증거물이 되는 편지를 보여주며 드미트리가 살인자임을 주장한다. 이는 그녀 대신에 그루센카를 더 사랑한 드미트리의 배신에 대한 복수이며 사랑하는 사람인 이반의 범죄 행위에 대한 방어전략이라 할 수 있다. 법정에서 이반이 기절하자 카테리나는 그를 자신의 집으로 옮기고 돌본다. 드미트리를 배신한 자신에 대해 죄의식을 느끼면서도 카테리나는 그에 대해 더 강한 분노와 증오를 표출한다. 이러한 그녀의 행동은 그녀 자신을 학대하고, 스스로에게 고통을 가하려는 태도로 보인다. 게다가 드미트리의 탈출을 보장하고, 그루센카를 위해 그를 돕겠다고 약속한다. 겉보기에 이것은 자기희생적 선행처럼 여겨진다.

위에서 언급한 여성들에게는 몇 가지 공통점이 있다. 첫째로 세 여성은 하나같이 지적이며 독립적이고 강한 성격의 캐릭터들이다. 언제나 독립적이고 양심 앞에서 깨끗하다. 자신이 옳다고 생각하면 주저하지 않고 순수함과 정열을 갖고 달려든다. 그들은 자기희생을 두려워하지 않는 인물들로서 어려운 환경을 독립적으로 극복해 나간다. 둘째로 세 여성은 자의식이 강한 인물들이다. 자의식은 다른 말로 자아의식으로서 "자기 자신에 대한 주관적 인식이나 지각"을 말한다. 러시아의 유명한 언어철학자 바흐친은 도스토예프스키의 작중인물들이 갖는 자의식을 간파한 최초의 연구자이다. 그의 이론에 따르면 작중인물들의 말은 자의식 때문에 언제나 이중적이라는 것이다. 바흐친은 도스토예프스키의 전형적인 인물은 "그가 어떤 사람인지가 아니라, 스스로에 대해서 어떻게 의식하고 있는지"를 독자들에게 보여 준다고 지적한다. 인간은 참으로 복잡한 존재다. 아무리 배가 고파도 굶어 죽을지언정 언제나 자의식을 갖고 행동한다. 셋째로 세 여성은 가난으로 고통받는 인물들이다. 도스토예프스키는 평생 '가난한 사람들, 학대받은 사람들, 소외당한 사람들'에 대한 지고한 연민의 정을 품고 살았다. 그러나 가난한 사람을 착한 사람이나 순수한 사람으로 표현하지 않았다. 그들은 종종 범죄를 저지르기도 하고 거짓말을 하기도 한다. 그들은 상대적 가난이 아니라 절대적 가난에서 헤어나오지 못하는 인물들로서 언제나 절망적인 상황에 내몰린다. 도스토예프스키는 가난한 사람들을 미화하지 않아 그들의 인간성이 더 부각된다. 넷째로 세 여성은 모두 자존심이 센 인물들이다. 가난에 시달리면서도 그들의 자존심은 더욱 강해진다. 도스토예프스키는 가난한 사람들의 자존심을 여러 각도에서 고찰한다. 그는 가난한 사람의 심리 분석의 대가이다. 부자는 자존심을 내세울 필요가 없다. 그들의 부가 그 자체로 자존심이 될 수 있다. 그러나 가난한 사람은 유독 자존심을 중시한다. 부자에게는 모든 것이 허용된다. 가진 자의 횡포에 시달리는 여성인물들의 상황은 처연할 정도로 슬프다. 그럼에도 불구하고 세 여성에게 돈과 명예 중 어느 하나를 선택하라고 한다면 그들은 명예를 선택한다.

도스토예프스키의 여러 소설에서도 그렇듯이 여성의 삶 위에 군림하는 남성들의 권력, 사창가로 여성을 내모는 남성들의 빗나간 의식, 여성학대가 잘 드러나 있다. 작가가 가부장제도의 사회에서 실제로 경험한 여러 요소들이 여성인물들의 배경과 상황에 그대로 영향을 미쳤다. 가난한 환경의 사회에서 여성들이 살아남기 위해 취해야 했던 행위나 희생을 어느 정도 설명을 해주기도 한다. 그의 소설 속에는 지속적으로 희생을 강요당하는 여성들의 분노가 반영되어 있다. 세 여인은 모두 잠재적 능력을 가진 여성들로서 미래 발전적인 인물들로 평가된다.

2. 팜므파탈의 여인들

도스토예프스키의 작품에는 팜므파탈의 전형들이 등장한다. 팜므파탈(femme fatal)은 프랑스어로 '치명적인 여인'을 뜻하는 용어로써 처음엔 1940년대 필름 누아르 장르의 특성을 설명하기 위해 사용된다. 대부분 필름 누아르의 남자 주인공은 범죄 혹은 음모로 인해 타락하거나 파멸한다. 남자 주인공의 파멸은 대부분 여성의 유혹과 관련을 맺는데 여기서 '억제할 수 없을 정도로 매력적인 여성' 특히 '남자를 위험과 재앙으로 이끄는 여성'을 뜻하는 '팜므파탈'이라는 용어가 생겨난 것이다. 혹자는 이 용어 대신에 팜므 누아르(femme noire)라는 표현을 사용하기도 한다. 좀 더 넓게 보면 이 용어의 기원은 1920년대 무성 영화 혹은 1930년대 고딕 영화로까지 거슬러 올라갈 수 있다. 고딕 영화에서 검은 드레스를 입고 요염하면서도 신비스런 자태로 긴 담뱃대를 사용해 연기를 뿜어대는 요부는 남성을 유혹하고 죽음으로 이끄는 팜므파탈의 이미지를 보여 줬다. 그러나 오늘날 팜므파탈이라는 용어는 영화 이외의 일상적인 용어로 사용되며 남성을 유혹하고 파멸로 이끄는 아름다운 요부 형상을 이야기할 때도 사용된다. 도스토예프스키의 작품에는 팜므파탈의 이미지를 갖는 여성들이 많다. 도스토예프스키의 장편소설 『백치』의 나스타샤 필립포브나, 『노름꾼』의 폴리나 알렉산드로브나, 그리고 『카라마조프가의 형제들』의 그루센카는 팜므파탈로서 하나의 계보를 이루고 있다.

1) 『백치』

『백치』의 여주인공 나스타샤 필리포브나는 타락한 여자로서 남성들을 유혹하여 파멸로 이끄는 팜므파탈의 전형이다. 그녀에게 남자들의 마음을 빼앗을 정도로 빼어난 아름다움이 없었다면 그처럼 카리스마 넘치는 존재감이 없었을 것이다. 그녀는 남성들로 하여금 죽어도 좋다고 결심하게 만드는 미모를 갖고 있다. 나스타샤는 자신의 매력을 탐구해서 상대 남자를 조종할 방법을 개발하여 유혹하는 요부이다. 가냐, 예판친 장군, 로고진 등 그녀의 희생자들은 모두 그녀의 환심을 사기 위해 무슨 짓이라도 할 것처럼 보인다. 나스타샤는 희생자와 가해자의 성격을 동시에 지닌 인물이다. 오만한 미모의 여인이지만 기구한 운명의 여인이기도 하다. 그녀는 소지주의 딸로 부모가 완전히 망한 채 죽어 버리자 아주 어린 나이에 고아가 된다. 어머니는 화재로 세상을 떠났고, 아버지는 발광하여 죽었다. 그때 이웃마을의 대지주 토츠키가 동정심에서 그녀의 양육을 자청한다. 그녀는 토츠키의 집에서 좋은 교육을 받으며 자라났다. 얼마 후 소녀로 자라난 그녀를 보게 된 토츠키는 그 미모에 반해 흑심을 품는다. 그는 시골 오지에 별채를 마련하여 온갖 호사품과 가정교사를 붙여 두고, 철모르는 소녀를 키워 정부로 삼아 버린다. 지주 토츠키에게 농락을 당한 후 자존심이 상한 나스타샤는 고통과 파멸의 길을 걷는다. 그녀는 주로 결혼과 연관되어 복잡한 사건에 연루된다. 토츠키는 예판친의 장녀 알렉산드라 이바노브나와 결혼하기 위해 나스타샤와의 관계를 청산하고 그녀를 가냐에게 시집보내고자 한다. 이에 분노한 나스타샤가 어느 날 불쑥 토츠키를 찾아와 협박하면서 사태는 걷잡을 수 없이 복잡해진다. 그동안 그녀는 토츠키를 경멸하고 혐오했음을 털어놓고 그의 혼사를 망쳐 버리겠다고 공언한다. 토츠키가 모르는 사이에 그녀는 성숙한 여인으로 변했고 기가 막히게 많은 정보를 가지고 있었다. 그녀의 협박과 경멸적인 냉소와 조소에 토츠키는 너무나 두려워 어찌할 바를 모른다. 할 수 없이 그는 그녀를 수도의 화려한 사교계로 데려간다. 그녀는 토츠키를 따라 무도회뿐만 아니라 오페라에도 다닌다. 그녀의 미모에 반한 청년들이 떼로 몰려들지만 그녀는 어디까지나 토츠키의 정부라는 데는 변함이 없다. 그러한 상황에서도 토츠키는 계속해서 예판친의 딸과 결혼을 성사시키려는 계획을 세운다. 예판친 장군과는 사업 동료로서 그 혼인이 성사되면 서로가 많은 이득을 보게 된다. 그녀는 토츠키와 결혼할 생각도 안하고, 주변에 몰려드는 잘생긴 청년들도 거들떠보지 않고, 토츠키를 파멸시키겠다는 의지만을 불태운다.

나스타샤는 로고진과 미시킨을 포함하여 사람들이 모인 자신의 생일 파티에서 자신에게 최고 금액을 내놓은 사람에게 시집을 가겠다고 말한다. 그녀를 사랑하는 세 사람의 갈등과 의도가 노골적으로 드러난다. 로고진은 열정에 불타올라 그녀를 돈으로 사고자 하고, 미시킨은 연민의 정으로 그녀를 구원하고자 하고, 가냐는 돈이 탐나 그녀와 결혼하고자 한다. 그녀는 로고진이 내놓은 돈을 불 속에 던져 놓고 가냐에게 그 돈을 꺼내오면 전부 주겠다며 말한다. 배금주의자 가냐를 망신주기 위해 한 말이다. 스스로 타락한 여자로 생각하는 나스타샤는 로고진을 가장 잘 어울리는 상대로 여긴다. 그녀는 자신에 대한 미시킨의 사랑을 동정이라고 간주하고, 미시킨과 아글라야를 맺어 주고자 한다. 그러나 막상 마주한 두 여자는 자존심과 허영심 때문에 충돌하게 된다. 나스타샤는 두 여자를 동시에 사랑하는 미시킨에게 하나를 선택하라고 강요한다. 그녀는 미시킨에게 결혼식을 올리자고 말하면서 아글라야를 향한 그의 관심에 질투를 한다. 그러나 결혼식에 들어가기 직전에 군중 속에서 로고진을 발견하고 그와 함께 도망친다. 그녀가 종종 느꼈던 죽음의 예감은 로고진의 칼이 그녀의 가슴에 꽂히는 순간, 현실이 된다. 나스타샤는 러시아의 비극적 여성상을 대표하는 인물로 간주된다. 비극적인 운명의 소용돌이 속에서 거리의 여자를 자처하면서도 그녀는 마음속 깊이 순결한 영혼을 간직하고 있으며, 참인간으로서 미시킨의 가치를 가장 먼저 인정하게 된다.

2)『노름꾼』

『노름꾼』의 여주인공 폴리나 알렉산드로브나는 팜므파탈의 여인으로 등장하며 세 남자와의 애정행각을 통해 왜곡된 사랑의 진수를 보여 준다.『노름꾼』은 도박과 사랑이라는 테마를 중심으로 등장인물들의 복잡한 의식 세계를 묘사함으로써 개인의 의식 속에 그려진 동시대 사회의 여러 문제들을 다루고 있는 작품이다. 폴리나 알렉산드로브나는 장군의 양녀로서 자존심이 강하고 오만한 인물이다. 그녀는 애인이었던 드 그리외, 자신이 존경하는 에이슬리, 자신과 애증 관계에 빠져 있는 알렉세이 사이에서 방황한다. 그녀는 이 세 남자를 타락과 파멸로 이끄는 미스터리한 성격의 소유자이다. 그중에서 알렉세이 이바노비치는 귀족 출신에 대학 교육을 받았음에도 불구하고 자신에 대한 믿음의 결여와 사랑하는 여인 폴리나의 배신으로 인해 외국에서 도박에 빠져 있는 현실도피자이다. 폴리나는 자신을 위해 알렉세이에게 도박으로 돈을 벌어오도록 부탁한다. 그러는 한편 그녀는 알렉세이에게 고통을 주고, 그에 대한 자신의 지배력을 시험하며 즐거워한다. 또한 자신의 쾌락과 자신을 향한 그의 헌신을 시험하기 위해 폴리나는 알렉세이 이바노비치가 부르머헬름 남작 부인에게 말을 걸도록 다그친다. 알렉세이가 도박에서 딴 거액을 가지고 돌아오자, 갑자기 돌변한 폴리나는 그를 향한 증오심을 드러낸다. 돈으로 자신을 사려했던 드 그리외와 그를 비교하더니, 갑자기 애정에 넘치는 모습으로 자신을 위한 그의 노예적인 행위를 회상하고 그와 함께 밤을 보낸다. 다음 날 아침에 폴리나는 그의 얼굴에 돈을 던지고 에이슬리에게로 도주한다.

그녀는 유산 상속 중 자신의 몫을 챙긴 후 스위스로 여행을 떠나지만 알렉세이에 대한 사랑의 여운을 느끼고, 그의 행적에 지속적인 관심을 보인다.

3)『카라마조프가의 형제들』

『카라마조프가의 형제들』의 여주인공 그루센카는 변덕스러운 성격의 소유자로서 다소 큰 키에 검은 머리카락과 파란 회색 눈을 가진 미인이다. 그녀는 전형적인 팜므파탈로서 자신의 힘을 증명하고자 한다. 그루센카는 열일곱 살 때 폴란드 장교에게 기만당하고 삼소노프의 정부가 되었다. 그럼에도 불구하고 그녀는 어린아이 같이 천진한 모습과 태도를 간직하고 있다. 지금은 삼소노프에게서 해방된 상태이다. 오히려 삼소노프가 그녀의 사업적 수완에 의존하고 있다. 한편 그루센카로 인해 노인 표도르 파블로비치와 그의 아들 드미트리는 연적 관계가 된다. 그녀에 대한 욕정에 사로잡힌 표도르는 마침내 그녀를 유혹하기 위한 미끼로 자신의 침실에다 돈뭉치를 숨겨 놓는다. 이로 인해 드미트리와 표도르 그리고 하인 그리고리 사이의 기괴한 장면이 연출된다. 다른 한편으로 그녀와 카테리나 이바노브나는 드미트리를 놓고서 연적 관계의 자존심과 이기심의 대결을 벌인다. 한번은 그녀가 카테리나 이바노브나를 방문하여 언뜻 화해의 제스처를 취하기도 하지만 카테리나 이바노브나의 키스를 받고는 이에 답례 키스를 하지 않아 상대방에게 모욕을 가한다. 이 장면은 카테리나 이바노브나를 극도로 흥분시켜 무서운 광경을 야기한다. 라키틴에게 25루블을 주는 조건으로 알료샤를 데려오도록 한 그루센카는 처음에는 알료샤를 타락시킬 마음을 먹기도 한다. 알료샤로부터 조시마 장로의 죽음을 전해 들은 뒤 그 자리에서 그녀는 성호를 긋고 기도를 올린다. 이 광경은 알료샤를 감동케 하고, 두 사람은 진심으로 서로의 마음을 이해한 듯한 친구가 된다. 마침내 알료샤 앞에서 자신은 선한 인물이 아니고, 고통을 즐겼다고 말하며 폴란드 장교에게 버림을 받았을 때는 눈물까지 흘렸다는 고백을 한다. 그녀의 말에 의하면 그녀는 장교보다도 그로부터 받은 상처를 더 사랑한 듯하다. 그녀는 알료샤 앞에 무릎을 꿇은 채 그처럼 자신을 사랑하고 용서해 줄 누군가를 기다려 왔다고 털어놓는다. 그러나 모크로예에서 첫사랑 폴란드 장교와 재회한 그녀는 그 장교의 모습과 카드놀이에서 보여 준 그의 비겁한 행동에 몹시 실망하게 된다. 이 남자로 인해 가슴앓이를 했던 지난 5년의 세월을 후회하며 그를 완전히 포기한다. 그루센카는 자신이 드미트리를 진실로 사랑하고 있음을 알게 된다. 드미트리가 체포되자 자신도 죄가 있음을 느끼고는 그와 함께 벌을 받기로 자청한다. 온갖 고통스럽고 불행한 사건 이후에 그루센카는 삶에 대해 진정성을 갖게 되고, 마침내 시베리아 유형(流刑)을 떠나는 드미트리의 뒤를 따른다.

도스토예프스키의 소설에 등장하는 팜므파탈의 여인들은 몇 가지 공통적인 특성을 갖는다. 첫째로 그들은 강한 자존심과 상처받은 영혼의 소유자들이라는 것이다. 또한 자학적이면서도 가학적인 사랑 속에서 괴로워하는 여인들이기도 하다. 이 여성들 가운데 나스타샤와 그루센카는 가난하고 아름답다는 이유로 유린당하지만 내적인 순결함과 숨겨진 종교성을 보여 주기도 한다. 그래서 그들은 자신을 사랑하는 남자들의 순수성을 받아들인다. 반면에 폴리나는 끝까지 신비한 성격의 여인으로 남성들 사이에서 머뭇거린다. 둘째로 팜므파탈이 지닌 성적인 힘은 남성의 가부장적인 질서에 대한 위협과 희생을 불러온다. 팜므파탈은 가부장적 이데올로기에 대한 여성의 전복적인 힘을 잠재적으로 보여 준다. 팜므파탈의 여성들은 남성들을 고통과 파멸로 이끌기 때문에, 성적 매력을 지닌 여성에 대한 남성의 공포가 발견되기도 한다. 도스토예프스키의 남성인물들은 매력적인 여성에 대한 두려움을 느낀다. 셋째로 그들은 그들 나름대로 삶에 대한 열정을 갖는다. 도스토예프스키의 작품에서 열정은 고통이며 수난이다. 영어 낱말 '패션(Passion)'은 보통 '열정'으로 번역되지만, 문맥에 따라 '고통, 수난, 수난곡'으로 번역되기도 한다. 바흐의 '요한'과 '마테'의 '수난곡'도 영어로 'Passion'이다. 고통의 절정이 패션인 것이다. 도스토예프스키의 문법으로 열정과 고통은 등가의 말이다. 그의 예술작품 속에서 팜므파탈의 여성들은 열정으로 인해 고통과 수난을 당하는 인물들이다.

3. 구원의 여성상

도스토예프스키는 "고통을 통한 구원"이라는 메시지를 전달한다. 원래 이 말은 그리스도교의 기본 사상에서 나왔다. 하느님은 인류를 위해 십자가의 고통을 감내하신 것이다. 십자가(crucifix)라는 말은 라틴어 동사 〈크루시아레(cruciare)〉에서 유래했으며, 이 말은 '고문하다'라는 뜻이다. 기독교의 상징이 된, 한쪽 다리가 긴 라틴 십자가는 원래 로마인들이 쓰던 고문 도구였다. 팔 길이가 같은 정사각형 십자가는 평화로운 십자가로 간주된다. 사랑, 겸손, 진실, 영생 같은 덕목은 모두 고통을 통해서만이 얻을 수 있는 것들이다. 하느님은 귀중하게 쓰고자 하는 사람에게 고난의 시간을 주어서 그러한 덕목을 갖추게 한다. 사람의 능력은 위기나 고난의 시기에 용량이 커진다고 한다. 톨스토이는 "고통을 받는 사람들로 인하여 세상은 전진해 간다"고 했고, 도스토예프스키는 "눈에 눈물이 없으면 영혼의 무지개를 볼 수 없다"고 말했다. 사실 가치 있고 아름다운 것들은 다 고통을 수반한다. 사랑은 고통을 수반한다. 믿음도 고통을 수반한다. 회의와 싸워야 하고 핍박을 당하고 결단을 해야 한다. 소망도 고통을 수반한다. 오래 기다리거나, 비웃음을 당해야 한다. 마지막까지 한편에 서야하기 때문이다. 섬김도 고통을 수반한다. 이름 없이 겸손하고 낮아져야 하기 때문이다. 새로운 출발도 고통을 수반한다. 길들여진 길을 떠나야 하고, 욕망을 끊어야 하며, 새로운 모험을 해야 하기 때문이다. 고난의 불 속에 들어갔다가 나온 횟수가 바로 고통의 가치이다. 도스토예프스키의 소설에는 이상적인 여성상이 소개된다. 그 대표적인 예가 『죄와 벌』의 주인공 소냐이다. 거룩한 창녀 소냐는 수난을 통한 구원이라는 이상을 실현시키는 인물이다. 소냐는 가난과 사회악으로 인해 유린당하지만 고결하고 순결한 마음의 소유자로서 기독교적인 순종과 희생을 실천하는 구원의 여인이 된다. 소냐의 고통은 모두 구원을 위한 시간의 체험인 것이다. 소냐는 가족의 고통과 시련을 하느님의 언어(성경언어)로 풀어내었다. 그녀의 힘은 고통을 응시할 수 있는 힘에서 나온다. 소냐는 시대가 대물림하는 고통을 자신의 몸에 새기고 있다. 이 소냐의 모습은 장편소설 『미성년』에 등장하는 소피야 안드레예브나로 변형된다. 두 여인은 민중 속에 내재된 소박한 믿음과 구원의 힘을 보여 준다.

1) 『죄와 벌』

『죄와 벌』의 여주인공 소피야 이바노브나는 마르멜라도프의 열여덟 살 된 딸이다. 그녀는 술주정뱅이 아버지와 병든 어린 동생들을 부양하기 위해 매춘을 한다. 깊은 신앙심과 형제애, 타인의 짐을 기꺼이 함께 지려는 돈독한 마음을 지닌 여성이다. 그녀는 라스콜리니코프가 무신론자임을 느끼고 자신의 믿음을 함께 나누는 것을 주저한다. 그러나 곧 그를 진심으로 도와주고자 한다. 그녀가 좋아하는 『성서』의 구절 '라자로의 부활' 장면을 읽어 준다. 마르멜라도프가 죽자 루진은 그녀를 빌미로 라스콜리니코프의 평판을 떨어뜨리려는 의도에서 소냐가 돈을 훔쳐 갔다고 누명을 씌운다. 그러나 모든 것을 알고 있던 레베쟈트니코프와 라스콜리니코프에 의해 루진의 음모는 곧 발각된다. 이 일이 있은 후 라스콜리니코프는 소냐에게 자신이 전당포 노파인 알료나 이바노브나와 그녀의 자매 리자베타 이바노브나를 살해했음을 고백한다. 그녀는 그에게 대지에 입을 맞추고, 사람들에게 절을 한 후 속죄를 하라고 권유한다. 살인을 고백하고 속죄한 후 고통을 받으라고 권유하면서 힘닿는 데까지 돕겠다고 약속한다. 그에게 자신의 십자가를 주며 경찰서까지 동행하면서 자백할 용기를 불어넣어 준다. 마침내 라스콜리니코프가 시베리아 유형을 선고받게 되자 스비드리가일로프가 그녀에게 준 돈으로 시베리아까지 라스콜리니코프를 따라간다. 유형지에서 라스콜리니코프는 그녀를 무례하게 대하지만, 다른 죄수들은 그녀를 사랑하고 존경한다. 어느 날 그녀가 병이 나자 라스콜리니코프는 마침내 그녀에 대한 참사랑을 깨닫게 된다. 소냐는 앞으로 라스콜리니코프가 자신의 고통을 통해 참된 신앙인으로 거듭나게 될 것을 예감한다.

2) 『미성년』

『미성년』의 등장인물 소피야 안드레예브나는 부유한 젊은이 베르실로프의 영지에서 일하던 농노의 딸이다. 아버지가 죽은 후에 고아 신세가 된 소피야는 죽은 아버지의 유언에 따라 마카르와 결혼을 한다. 그때 마카르의 나이는 55세이고, 소피야는 18세였다. 소피야는 미모가 뛰어난 것도 아니고 사랑보다도 연민을 불러일으키는 여성이다. 그럼에도 불구하고 그녀는 베르실로프의 사랑을 받는다. 베르실로프는 25세의 홀아비로 잘생긴 얼굴에 세련된 매너를 지닌 신사이다. 여성들의 호감을 사는 인물로서 아내가 죽은 후 시골로 내려가 소피야와 관계를 맺는다. 베르실로프는 부절절한 관계에 대해 눈물을 흘리며 그녀의 남편인 마카르에게 사과한다. 그러나 마카르는 그들을 용서하고 그들이 함께 사는 것을 허락한다. 소피야는 베르실로프와의 관계에서 세 아이를 낳는다. 소설이 진행되면서, 어느덧 39세의 소피야는 마르고 창백한 얼굴에 나이보다 늙어 보이는 모습으로 베르실로프와 함께 페테르부르크에 살고 있다. 종교심이 강한 그녀는 그의 건강을 회복시키기 위해 간호를 하며 두 사람은 진심으로 소통할 수 있는 관계가 된다. 그녀는 어떤 주제라도 그와 함께 이야기할 수 있게 된다.

도스토예프스키의 소설에서 구원의 여인상에는 나름대로 몇 가지 특징이 있다. 무엇보다도 먼저 작가는 육체의 아름다움보다는 영혼의 아름다움을 강조한다. 그에게서 이상세계는 주로 여성의 정신세계의 아름다움과 맥을 같이 하고 있다. 도스토예프스키가 말하는 아름다움은 사랑이다. "아름다움은 세상을 구원하리라"라는 그의 말은 "사랑이 세상을 구원하리라"는 말로 대신할 수 있다. 이 세상에서 유일하게 절대적으로 아름다운 인물은 바로 그리스도이다. 아름다운 사람들은 그리스도처럼 남을 위해 자기를 희생하는 순수한 사람들이다. 너무나 순수해서 웃음거리가 되는 사람들이 정말로 아름다운 사람들이다. 그리고 작가는 '바보 성자', '성(聖)바보'로 번역되는 '유로지비' 같은 인물을 구원의 여인상으로 간주한다. 유로지비는 세상 속에서는 바보스러우나 영적으로는 가장 지혜로운, 하느님의 사람을 가리킨다. 성(聖)바보는 어둠과 타락한 세상에서 바보스럽다 못해 때로는 어리석은 행동을 통해 세속적인 삶에 찌든 사람들에게 오히려 숨겨진 삶의 진리를 밝혀 준다.

우리는 구원의 여인상에 대한 대표적인 예로 제시되는 소냐라는 인물을 좀더 구체적으로 상세하게 분석해 볼 필요가 있다. 『죄와 벌』에서 여주인공 소냐는 자기희생으로 다른 사람들을 구원하는 인물로 등장한다. 첫째로 소냐는 절대 가난에서 벗어나지 못하는 가족을 위해 자신을 희생한다. 그녀의 가족이란 술주정뱅이 아버지와 신경질적인 새어머니와 배다른 동생들이다. 그녀는 살해당한 전당포 노파의 동생인 리자베타와 마찬가지로 가장 비참한 삶을 살아가지만 말없이 자신의 길을 걸어가며 오로지 하느님에 대한 믿음 속에서 진리를 발견하고 자기희생으로 타락한 사람들을 진리로 인도한다. 둘째로 소냐는 끝없는 사랑으로 라스콜리니코프를 구원한다. 그녀는 불행한 사람들의 심리를 분석하지만 그들을 비난하지 않는다. 그녀는 그의 불행을 알아차린 후 십자가를 함께 지고 그를 갱생과 부활의 길로 안내한다. 거룩한 창녀 소냐는 신을 부정했던 라스콜리니코프에게 성경의 '라자로의 부활'을 읽어 준다. 그 장면은 주인공의 미래 부활을 암시하는 것이기도 하다. 셋째로 소냐는 성(聖)바보와 같은 존재이다. 그녀는 성(聖)바보 이미지의 계승자라 할 수 있다. 도스토예프스키의 문학작품에서는 바보와 백치가 정상인이나 광인을 구원한다는 역설적인 이야기가 자주 나온다. 관념적이고 추상적인 이론으로 무장한 라스콜리니코프가 성스러운 바보 소냐에 의해 점진적으로 삶의 원리를 깨닫게 된다. 지식인의 논리가 바보에 의해 무력화되는 것이다. 넷째로 소냐의 이미지는 러시아 문학사에서 "구원의 여성상", "영원한 여성", 또는 "세계혼"으로 자주 회자된다. 라틴어로 '지혜'를 의미하는 소냐(소피아)는 러시아 상징주의자들에 의해 새로운 의미를 획득한다. 도스토예프스키의 구원의 여인상에 대한 담론은 20세기 상징주의자들의 소피아론에 지대한 영향을 미치게 된다. 소피아론은 모든 것을 포함하는 통일체(전일체), 즉 절대자로서 신은 그 자체에 두 가지 원칙을 내포한다. 하나는 "절대자의 직접적 표현"인 세계정신의 '로고스'이고, 또 하나는 절대자 혹은 통일성이 "실현된 이데아"인 세계혼 소피아이다. 소피아는 신성의 통일체의 원칙으로 표현된 신의 육체이다. 여기서 소피아는 우주의 여성원칙에 대한 그의 믿음을 대변해 주는 개념이다. 그것은 사랑과 조화를 의미하며 '표현되고 실현된 이데아'이다. 『죄와 벌』의 소냐는 창조자와 창조물의 성스러운 연합을 믿으며, 창조자의 섭리를 알고 자기희생을 기꺼이 하게 된다. 도스토예프스키는 사회가 지향해야 할 방향을 소피아 사상을 통해 내세운 것이다. 큰 지혜인 소피아 사상은 인간을 좀 더 풍성하게 만들 뿐만 아니라 인간을 보다 신성에 가깝게 귀의시켜 인간답게 만들어 주는 사상인 것이다. 자신을 희생하여 남을 구원하는 사랑이 바로 소피아 사상의 본질인 것이다. 다섯째로 소냐는 만물을 품어 주는 "어머니-대지"와 같은 인물이다. 민속에 나타나는 "어머니-대지"라는 러시아인들의 대지숭배사상은 정교회의 성모 마리아 숭배사상과 융화되어 이중신앙 체계라는 독특한 종교문화를 형성한다. 도스토예프스키에게 대지는 인간과 자연, 인간과 신을 하나로 묶을 수 있는 신성한 힘의 원천이다. 대지에는 사랑, 생명, 자유, 명예, 가족 등 귀중한 가치 개념들이 침윤되어 있다. 그러므로 대지는 단순히 자연의 상징이나 자연력의 담지자가 아니라 인간이 세계에 대해 갖는 태도와 가치체계를 보여 주는 것이다. 소냐가 살인을 고백한 라스콜리니코프에게 말한다. "빨리 가세요. 가서 즉시 십자로에서 허리를 굽혀 '나는 살인자요!' 말하고 온 세상 앞에 소리 지르세요." 소냐의 부탁에 무거운 양심의 가책을 받은 라스콜리니코프는 "넓은 광장 한가운데 앉아서 땅에 머리를 대고, 그 더러운 흙에 입을 맞추면서 어떤 쾌감과 행복마저 북받쳐 오르는 것을 느꼈다." 라스콜리니코프가 대지에 키스한다는 것은 인간이 대지의 흙과 더불어 사랑의 융합을 이루어서 어머니의 품으로 되돌아간다는 하나의 상징이다. 대지의 모성을 기초로 한 도스토예프스키의 대지주의는 궁극적으로 생명존중 사상이라 할 수 있다. 그의 사상에서 대지는 모든 것을 통합시켜 주는 힘이며 인간 삶의 원천이다.

소냐 역시 "어머니–대지"와 같은 가치 체계를 가진 존재로서의 의미체가 된다.

도스토예프스키의 매력은 그가 인간을 인간답게 읽어냈다는 데 있다. 그의 인간학은 인간의 모든 변덕과 인간의 비합리적인 측면과 인간의 모든 욕구를 파악하려고 노력하였고, 인간을 생긴 그대로 존중하려 노력하였다. 마찬가지로 그는 여성인물들의 다양한 특징을 파악하면서 있는 그대로의 여성을 묘사하고자 했다. 그는 여성들의 심리와 자존심, 명예와 욕망 등을 분석하면서 여성들도 인간학의 한 축을 담당하고 있음을 흥미 있게 보여 주고 있다.

| 여섯 번째 강의 |

근대적 여성의 탄생과 억압

－레프 톨스토이 『안나 카레니나』 읽기

이강은(경북대 노어노문학과)

1. 안나는 유죄인가, 무죄인가

오, 안나... 안나 카레니나!

그녀는 첫 번째 차량의 한가운데가 자기의 정면에 왔을 때, 그 밑에다 몸을 던지려고 했다. 그러나 손에서 놓으려고 했던 빨간 손 주머니가 그녀를 붙잡았으므로 기회를 놓치고 말았다. 한가운데는 이미 지나가 버렸던 것이다. 그래서 다음 차량을 기다리지 않으면 안 되었다. 해수욕을 하면서 막 물속으로 뛰어들려고 할 때에 여러 차례 경험했던 것과 흡사한 느낌이 그녀를 사로잡았다. 그녀는 성호를 그었다. 성호를 긋는 이 익숙한 동작이 그녀의 마음에 처녀 시절과 어렸을 때의 일련의 추억을 온전하게 불러일으켰다. 그러자 갑자기 그녀를 위해서 삼라만상을 뒤덮고 있던 어둠이 걷히고 한순간, 생이 그 모든 빛나는 과거의 환희와 더불어 그녀 앞에 나타났다. 그러나 그녀는 다가오는 두 번째 차량의 바퀴에서 눈을 떼지 않았다. 그리고 바퀴와 바퀴 사이의 한가운데가 그녀 앞까지 온 바로 그 순간에 그녀는 빨간

> 손 주머니를 내던지고 두 어깨 사이에 머리를 틀어박고 두 손을 짚고 차대 밑으로 넘어지면서, 그리고 곧 일어나려고 하는 듯한 가벼운 동작으로 무릎을 꿇었다. 그러자 그 순간 그녀는 자기가 저지른 일에 대해 공포를 느꼈다. '나는 어디에 있는 것일까? 나는 무슨 짓을 하고 있는 것일까? 무엇 때문에?' 그녀는 몸을 일으켜 뛰어나오려고 했다. 그러나 무언가 거대하고 무지비한 것이 그녀의 머리를 꽝 하고 떠받고 그 등을 할퀴어 질질 끌어갔다. '하느님, 저의 모든 것을 용서해주소서!' 그녀는 이미 저항하기엔 늦었음을 느끼면서 중얼거렸다. 한 농부가 뭐라고 웅얼거리면서 쇠붙이 위로 몸을 구부리고 일을 하고 있었다. 그러자 불안과 기만과 비애와 사악으로 가득 찬 책을 그녀에게 읽게 해 주던 촛불이 그 어느 때보다도 환하게 확 타올라 지금까지 어둠에 싸여 있던 일체의 것을 그녀에게 비추어 보이고는 파지직, 소리를 내고 어두워지다가 이윽고 영원히 꺼져 버렸다.[1]

불운의 여인, 안나 카레니나의 마지막 순간이다. 달려오는 기차에 몸을 던지는 순간과 그 순간 안나의 의식, 그리고 그녀의 의지와 무관하게 그녀를 치고 가는 거대한 기차 등이 사실적이면서도 매우 상징적으로 그려지고 있다.

젊고 잘생긴 청년 장교 브론스키와 정열적인 사랑에 빠진, 고위 관료 카레닌의 젊은 아내 안나. 남편 카레닌은 불륜을 목도하고서도 자신의 명예를 지키기 위해 결혼생활을 유지하고자 하지만 안나의 사랑은 더 이상 제도적 가정 속에 머무를 수가 없다. 우여곡절 끝에 브론스키와 안나는 외국으로 사랑의 도피를 한다. 하지만 젊은 청년 장교 브론스키는 두고 온 자신의 사회적 환경, 고급 사교계로부터 완전히 단절된 고독을 견딜 수 없었고, 안나 역시 두고 온 자식에 대한 그리움

1 레프 톨스토이, 『안나 카레니나』, 제3권, 박형규 역, 문학동네, 2009, p.428.(이하 이 글에서의 인용은 본문 안에 (권수, 쪽수)로 표기함.)

에 괴로워한다. 귀국한 그들은 이전과 같이 열정적인 사랑을 이어가지 못한다. 브론스키는 안나와 사랑을 유지하기 위해 치러야할 '사회적' 손실을 견뎌내기 힘들어 한다. 안나는 자식과의 만남도 이루지 못한 채 사회로부터 고립되어 간다. 결국 브론스키와의 식어 버린 사랑과 자식과의 단절 속에 안나는 달려오는 기차에 몸을 던진다. 달리는 기차는 가차 없이 그녀의 머리를 꽝 하고 떠받고 그 등을 할퀴어 질질 끌고 간다. 하지만 그녀의 운명에서 그녀를 치고 끌고 간 '거대한 것'은 단지 달려가는 기차뿐만은 아니었을 것이다.

재미있는 '연애소설'로서 '부정한 아내'라는 주제는 오늘날 대부분의 통속문학이 즐겨 사용하는 것으로 별달리 참신할 바 없다. 하지만 『안나 카레니나』에서의 안나의 비극적 사랑은 19세기, 즉 인류의 근대적 삶의 모색기에서 인습과 본성(욕망), 자연과 인간사회, 제도로서의 결혼과 본질로서의 사랑 등과 같은 매우 보편적인 문제들을 가장 전형적으로 보여 주고 있다.

이 작품이 나오자 당대 러시아 사회는 '안나가 유죄인가, 무죄인가'를 둘러싸고 격렬한 논쟁에 사로잡혔다. 고관대작의 귀족 부인과 청년 사관의 불륜, 그리고 그 사랑의 끝에서 죽음에 이르는 안나의 운명이 19세기 중반 귀족 사회에서 논쟁을 불러일으킨 것은 너무나 당연한 일이었을 것이다. 작가는 안나의 사랑에 대해 어떤 태도를 가지고 있는가. 그는 안나의 사랑에 대해 비난하고 있는 것인가, 아니면 그녀의 사랑을 아름답게 바라보고 있는 것인가. 높은 사회적 지위와 명예가 보장된, 그러나 사랑이 없는 가정을 과감하게 떨치고 나선 안나에게 죽음이란 너무 가혹한 형벌이 아닌가. 19세기 중후반 여전히 전제 왕권과 귀족 중심의 사회였지만, 농노해방과 근대적 자본주의의 형성, '브나로드(인민 속으로)'를 필두로 한 저항운동의 성장 등, 점차 근대 사회의 모순적 갈등과 그 폭발을 향해 나아가던 러시아 사회에서 이 논쟁은 단순히 연애소설이나 불륜소설, 가정소설의 범주를 훨씬 넘어서는 것이었다. 이러한 논쟁 속에는 근대 사회의 새로운 인간과 그에 대한 사회적·도덕적 입장이 대립적으로 매개되어 있었던 것이다. 그러나 이 작품은 어떤 입장도 충분히 만족시키지 못했다. 보수적 입장에서는 유부녀의 간통을 비난하면서도 그녀의 사랑이 너무 아름답게 그려졌다고 불만이었고, 진보적 입장에서는 사랑이 없는 결혼을 강요하는 제도를 비판하면서 왜 그녀가 죽어야만 하느냐고 불만이었다.

과연 안나는 유죄인가, 무죄인가. 이 연애소설이 단순히 연애소설이 아니라 근대 문학의 위대한 예술적 성과로 여전히 우리에게 고전급 독서목록에 올라 있는 이유는 무엇인가.

2. 톨스토이, 그의 삶과 꿈

러시아의 수도 모스크바에서 남쪽으로 약 180여 킬로미터 떨어진 툴라시 인근, '야스나야 폴랴나'로 불리는 레프 톨스토이의 영지가 있다. 사후 백여 년이 지난 위대한 문학가이자 사상가, 레프 톨스토이는 이곳에서 태어나 이곳에 묻혀 있다. 1828년, 오랜 은둔으로부터 유럽의 제국으로 거듭나고 있던 시기에 톨스토이는 기울어 가던 귀족 가문의 막내아들로 태어난다. 미처 소년이 되기 전에 부모를 모두 여의는 바람에 귀족지주의 신분이었지만 내로라할 정도의 형편은 되지 못했다. 톨스토이는 아버지로부터 야스나야 폴랴나 영지를 유산으로 받았고 거의 평생 이곳을 떠나지 않았다. 이곳은 지금도 톨스토이 박물관으로 보존되어 있어 여전히 세계의 많은 사람들의 발길이 끊이지 않고 있다.

이 영지의 앞쪽에는 톨스토이가 기거하던 집과 부속 건물들이 있고 그 뒤쪽에는 꽤 커다란 숲이 있다. 숲 속에는 톨스토이가 자주 거닐던 산책길이 하늘이 보이지 않을 정도로 울창하고 커다란 나무 숲 사이로 길고 구불구불하게 이어진다. 그 길을 따라 걷다가 숲이 거의 끝나가는 지점쯤에 작은 길 옆 숲 속에 톨스토이 무덤이 나타난다. 사각형의 관을 놓고 그대로 흙을 덮어 만든 것만 같다. 아무런 표지석도, 비석도, 비문도 없이 잡풀에 덮인 저 흙무덤이 위대한 문호이자 사상가였던 톨스토이의 무덤이라는 사실은, 아직도 끊이지 않고 찾아오는 전 세계 참배객들이 가져다 놓은 소박한 꽃다발들이 말해 주고 있을 뿐이다.

톨스토이가 살았던 시대, 즉 1828년에서 1910년까지의 러시아는 역사적 사건들로 점철된 격변의 시대였다. 1825년, 톨스토이가 태어나기 바로 몇 년 전, 귀족들이 황제 니콜라이 1세 즉위식에 맞춰 근대적 정치 개혁을 요구하는 봉기를 일으킨다. 바로 데카브리스트 봉기이다. 1812년 나폴레옹의 침략을 막아 내면서부터 러시아는 유럽 보수주의의 맹주로서 유럽 정치 무대에 화려하게 등장했지만 반면 내부로부터는 서유럽적 민주주의 개혁의 요구에 직면한다. 이 시기의 진보적 민주주의 개혁을 이끈 주도 세력은 귀족 출신 인텔리겐챠였다. 이들은 데카브리스트 봉기를 통해 농노제도의 폐지와 입헌군주제 실시 등을 주장하며 러시아 근대화의 명예로운 서장을 열었지만 정치적 현실에 대한 낭만적 인식과 비조직적인 개혁운동으로 인해 철저하게 패배하고 만다. 데카브리스트 봉기의 진압과 함께 출발한 니콜라이 1세는 이후 3, 40년대 강력한 검열과 통제정책을 통해 러시아의 민주세력을 억압하면서 동시에 경제와 정치, 군사 부문에서 강력한 러시아 대국 건설에 앞장선다. 이러한 상황에서 경제 발전과 사회의 팽창은 중간 관리층과 중소 상공인 출신의 새로운 지식인 계층을 형성한다. 이들은 아직 뚜렷한 계층을 형성할 정도는 아니었기 때문에 보통 다양한 계층의 지식인이라는 의미에서 잡계급(라즈노친츠이)이라는 명칭을 얻는다. 이들은 새로운 사회의 이념으로 서구적 민주주의를 지향하기도 하고 유럽에서 새롭게 떠오르던 사회주의 이념을 받아들이기도 하였다. 잡계급 지식인들은 귀족 중심의 데카브리스트 운동을 극복하고 보다 체계적이면서 이념적인 활동을 전개하기 시작한다. 특히 두드러진 것은 예술, 문화, 교육, 출판 분야에서의 성공이다. 전제주의 러시아에서 이들의 활동은 러시아 근대화의 특수한 양상을 보여 준다. 즉 서구에서 자본주의 발전과 더불어 민주적 공화제가 자연스럽게 성장하였다면 러시아에서는 철저한 전제주의적 억압과 농노제도가 유지되는 가운데 민주주의적 지향이 싹터 갔던 것이다. 이러한 모순적 상황은 사회변혁운동이 다양하게 '러시아적으로' 변형되지 않을 수 없게 만든다. 1860, 70년대 '브나로드' 운동을 전개한 인민주의가 가장 대표적인 예이다. 1861년 농노해방과 더불어 잡계급 출신 지식인들은 농민의 계몽을 통해 새로운 러시아를 만들어 갈 수 있을 것으로 꿈꾸었다. 러시아에서 전제정권의 주도하에 도시를 중심으로 한 자본주의가 형성되고 있었지만 여전히 러시아는 90% 이상 농민 착취 경제에 의존하고 있었기 때문에 잡계급 출신 지식인들이 농민을 사회 변혁의 가장 중요한 동력으로 상정하였다는 점은 충분히 이해할 만한 일이 아닐 수 없다. 이들은 자신의 모든 것을 포기하면서 정말 헌신적으로 농촌으로 '걸어 들어간다.' '브나로드' 운동은 전세계적으로(1930년대 한국의 농촌계몽운동을 포함하여) 유례가 없을 정도로 양심적이며 헌신적인 민중운동의 전범을 보여 주었던 것이다. 수많은 대학생과 지식인이 민중과 함께 새로운 러시아를 향해 나아가고자 '브나로드' 하였고 이 과정에서 많은 사람들이 체포와 구금으로 평생을 감옥에서 보내야 했다. 그러나 인민주의는 러시아 농민에 대한 과도한 기대와 러시아 자본주의의 역사적 전개과정에 대한 몰이해로 인해, 그리고 정부의 철저한 탄압과 박해로 인해 점차 그 힘과 전망을 상실한다. 인민주의 운동은 70년대 과격한 테러리즘으로 변모하여 고관대작의 암살에 나서 급기야 1881년 알렉산더 2세의 암살에 성공하지만 이 암살의 성공은 철저한 반동을 불러오면서 약화된 인민주의 운동에 종말을 고하게 만든다. 80년대의 암흑기를 보내면서 러시아 저항운동은 노동자 계급 운동에 뿌리를 둔 사회주의 운동에 그 주도권을 넘겨 준다. 그리하여 1890년대에서 1917년 러시아 혁명에 이르기까지 러시아 변혁운동의 새로운 시대가 열리게 되는 것이다.

레프 톨스토이가 살았던 시대는 이와 같이 대단히 격렬한 변화의 시대였고, 또 대단히 혼란스러운 시대가 아닐 수 없었다. 그렇다면 톨스토이는 이러한 격렬한 시대의 변화 속에서 어떻게 자신의 문학과 사상을 키워 갈 수 있었던가. 톨스토이의 삶을 보면 언뜻 이런 시대 상황과 상당한 거리를 두고 있는 것만 같다. 잡계급 지식인 사회의 성장과 사상적 맥락을 긴밀하게 유지한 것도 아니고 브나로드 운동에 조금이라도 시선을 돌리고 있는 것 같지도 않기 때문이다. 실제로 톨스토이의 작품에는 이러한 시대적 분위기가 직접적으로 드러나 있는 경우가 거의 없다. 특히 동시대 작가였던 투르게네프가 대부분의 작품에서 농민문제라든가 브나로드 운동과 같은 시대적 상황과 이념적 분위기를 많이 다루고 있는 것과 비교하면 톨스토이의 시대적 발언은 거의 침묵에 가깝다. 심지어 도스토예프스키와 견주어도 톨스토이는 동시대 혁명적 분위기와 분명히 거리를 두고 있다. 과연 톨스토이는 어떻게 동시대 분위기로부터 이렇게 벗어나 있을 수 있었을까. 그러면서 어떻게 당대에 거의 러시아 황제와도 비견될 만큼 대중적 영향력을 견지할 수 있었던 것일까.[2] 도시와 농촌의 기아구제 활동이라든가 러시아 정교 비판과 같은 문학 외적 사회실천 때문인가.

언뜻 보면 톨스토이 문학이 격렬한 시대 분위기로부터 일정하게 거리를 두고 있는 듯이 보인다. 하지만 그렇게 결론을 내리는 것은 전혀 옳지 않다. 아마도 그렇게 보이는 것은 톨스토이가 시대를 고뇌하고 극복하는 방법이 다른 작가들과 달랐기 때문일 것이다.

러시아 혁명을 이끌었던 블라디미르 레닌은 「러시아 혁명의 거울로서의 톨스토이」라는 글에서 톨스토이를 농민혁명 단계의 러시아 분위기를 가장 잘 보여 주고 있다고 말한다. 잘 알다시피 레닌은 세계의 자본주의 성장과 뒤늦은 러시아 자본주의의 성장을 고려하면서 러시아에서 노동자 계급이 주도하는 사회주의 혁명을 추동해 갔다. 그러나 동시에 불가피하게 러시아의 후진적 상황, 즉 농민적 세계관과 농업경제에 기초한 러시아 현실을 너무나도 잘 알고 있었다. 레닌은 톨

2 한 신문에서는 톨스토이의 명성과 영향력에 대해 "지금 러시아에는 두 황제가 있다. 한 황제는 모든 것을 가지고 있지만 아무것도 할 수가 없고, 또 다른 한 황제는 아무것도 가지고 있지 않지만 무엇이든 할 수가 있다."라고 말하기도 했다.

스토이 문학을 매우 높게 평가하면서도 톨스토이가 바로 농민적 세계관에 갇혀 러시아 사회 변화의 역사적 필연성, 즉 사회주의 혁명으로의 필연적 귀결을 제대로 보지 못했다고 말한다.

> 톨스토이의 견해와 교의 속에 드러나는 모순들은 우연한 것이 아니다. 그것은 19세기 마지막 1/3 기간 동안 러시아 삶이 처해 있던 모순적인 상황의 표현이다. 농노제도에서 갓 해방된 가부장적인 농촌은 자본과 국가의 수탈에 그대로 내던져졌다. 수 세기 동안 지속되어 왔던 농촌 경제와 생활의 낡은 토대는 급속하게 붕괴되기 시작했다. 톨스토이 견해의 모순은 현대 노동운동과 사회주의 관점에서가 아니라(그런 평가도 물론 필요하겠지만 그것으로는 불충분하다) 발전하는 자본주의에 대한 저항, 대중의 몰락과 토지의 박탈에 대한 저항이라는 관점에서, 즉 가부장적 농촌에 의해 제기되어야 했던 그런 저항의 관점에서 평가되어야 한다. 인류를 구원하기 위한 새로운 처방을 발견한 선지자로서의 톨스토이는 우습다. 따라서 그의 견해의 가장 허약한 측면을 하나의 도그마로 만들려는 국내외 '톨스토이주의자'들은 완전히 가련하기만 하다. 톨스토이는 위대하다. 그러나 그것은 그가 러시아에 부르주아 혁명이 도래하는 시기에 수백만 러시아 농민들 속에 형성된 이념과 분위기를 담지하고 있기 때문이다. 톨스토이는 독창적이다. 그러나 그것은 그의 견해를 하나로 모두 모아 보면 우리 혁명의 특징이 바로 '농촌' 부르주아 혁명이라는 점을 잘 드러내 주기 때문이다. 이런 관점에서 보면 톨스토이 견해의 모순은 우리 혁명에서 농민의 역사적 활동이 필요할 수밖에 없었던 당시의 모순적 상황을 비쳐 주는 진정한 거울이다. (레닌, 「러시아 혁명의 거울로서의 톨스토이」)

레닌의 이러한 평가가 비록 레닌 자신의 세계관에 입각한 평가이고, 톨스토이에 대한 비판적 평가이긴 하지만 바로 이러한 평가 자체가 톨스토이 문학이 시대정신과 무관한 것만은 아니라는 사실을 역설적으로 잘 말해 준다. 오히려 톨스토이 문학은 철저하게 당대의 농민적 세계관이 처한 역사적 현실 그 자체를 증언하고 있다. 톨스토이 문학이 레닌의 평가에 따르자면 시대의 역사적 전망과 어긋난 것이지만 누구보다 철저하게 러시아의 당대적 현실을 잘 보여 주고 있는 것이다.

톨스토이가 보고 믿고 소망하는 것은 모두 러시아 농촌의 삶과 농민들의 종교적 삶에 근거한다. 농민들이 성실하게 자연에 순응하여 노동하고 가족을 꾸리고 공동체를 유지해 가며 지극히 종교적 삶을 유지해 가는 모습, 거기에 톨스토이가 바라보는 러시아와 인류의 미래가 존재한다. 그에 반하는 문명화, 즉 농촌의 해체와 도시의 성장, 농민의 노동자로의 변모, 농촌 공동체의 파괴는 톨스토이에게 참을 수 없는 해악이었다. 그가 평생을 야스나야 폴랴나 영지에 머물면서 스스로 노동하며 지선(至善)의 종교적 삶을 견지하고자 했고 농민교육에 열중하고 농촌의 기아 극복을 위한 실천 방안을 모색했던 것은 바로 이러한 이유에서이다.

그러나 톨스토이의 현실 인식과 실천은 레닌의 말대로 모순적일 수밖에 없었다. 그가 바라보는 원형적인 농민의 삶은 이미 현실적으로 존재하지 않았고 사라져 가는 것이었다. 역사적으로도 자본주의 러시아의 발전은 곧바로 농촌의 몰락과 농민 공동체의 파괴를 의미하는 것이다. 이런 상황에서 톨스토이가 간절하고 철두철미하게 러시아의 새로운 미래를 꿈꾸었다는 것, 그 꿈이 역사의 방향과 정반대의 과거를 향하고 있다는 점이 바로 톨스토이의 문학과 세계관의 모순을 만들어 내고 있다. 그러나 어쩌면 이러한 진단은 너무나 거시적이고 너무나 추상적인 도식에 따르는 것으로 실제의 구체적 삶과 인간의 운명을 담아내기 힘든 것인지도 모른다. 따라서 지적 도식으로는 존재할 수 있어도 실제 역사는 그런 도식대로 움직이지 않거나 혹은 움직인다 하더라도 그 도식이 증명되기 위해서는 아주 멀고 먼, 기나긴 역사의 행로가 필요하다. 다시 말해 톨스토이의 모순을 지적하기는 쉬워도 실제 농민의 삶과 운명과 그들의 세계관은 산업화와 자본주의가 고도로 발전한 오늘날까지도 그렇게 쉽게 파괴되고 소멸되는 것은 아니다. 오히려 오늘날 산업화와 문명화에 대한 대안으로써 농촌 공동체에 대한 새로운 관심이 높아지는 것도 인간의 역사가 그렇게 단순한 도식에 따라 움직이는 것만은 아니라는 사실을 말해 준다.

이런 점에서 톨스토이의 모순이 레닌의 말대로 소멸해 가는 계급의 세계관을 대변하기 때문이라는 지적은 초점이 정확한 것은 아니라고 말할 수 있다. 그러한 지적이 이론적 도식으로는 정확할지 몰라도 실제 톨스토이의 삶과 이상을 온전하게 파악하도록 해 주는 것은 아니다. 톨스토의 삶과 세계관이 그렇게 모순적으로 '보이는' 것은 그만큼 톨스토이가 치열하게 고뇌하며 살아갔고 창작에 임했기 때문일 것이다. 농민적 세계관과 그에 입각한 인류의 건강한 공동체를 꿈꾸는 톨스토이의 꿈이 톨스토이 사후 백여 년이 지난 지금 결코 우리 시대의 대세라고 말할 수는 없겠지만 그 꿈을 꿀 수밖에 없었던 톨스토이의 고뇌와 문제의식은 여전히 지속되고 있다. 그것이 바로 우리가 반성적으로 되돌아보며 새롭게 톨스토이의 삶과 문학을 읽게 만드는 원동력이다. 그리고 우리는 그의 생애와 작품 세계에서 바로 그와 같은 철저한 현실주의와 실천의식, 그리고 스스로에 대한 끊임없는 성찰과 성찰의 태도를 읽어 내는 것, 바로 그것이 필요하지 않을까.

3. 안나의 사랑과 꿈, 그리고 좌절

안나의 사랑은 아름답다. 톨스토이가 설사 그녀의 사랑을 육체적 욕망에 사로잡힌 사랑이라고 비난할 의도가 있었더라도 그녀의 사랑은 불가피하고 운명적이다. 정부의 고관인 남편과 결혼하여 아이를 낳고 살아가는 생활을 의무적인 것이고 명예로운 것으로 믿어 온 그녀에게 브론스키와의 사랑은 그녀의 모든 것을 바꿔 놓는다. 물론 브론스키와의 사랑을 의심하며 안나는 부단히 자신의 안정된 생활로 되돌아가고자 애를 쓴다. 그러나 브론스키와의 새로운 감정을 체험한 뒤 안나는 더 이상 이전의 안나로 되돌아갈 수 없다. 이전의 안나는 남편과 아들과의 행복하고 안정된 귀족적 삶 속에서 아무 것도 의심하지 않고, 주어진 모든 것을 받아들이고 긍정하는 사람이었지만 브론스키와의 사랑에 흔들리는 안나에게 이제 세상의 모든 것은 새로운 모습으로 등장한다. 그녀는 브론스키에 대한 사랑의 감정을 애써 부정하면서 모스크바에서 페테르부르크로 돌아온다. 마음으로는 이미 브론스키와의 감정을 다 정리했다고 생각했지만 남편 카레닌을 만난 첫 시선에서 이미 그녀의 마음이 돌이킬 수 없이 변해 있다는 사실이 분명하게 드러난다.

> 페테르부르크에서 기차가 멈추자마자 그녀는 내렸다. 맨 처음 그녀의 눈에 띈 것은 남편의 얼굴이었다. '세상에! 어째서 저이의 귀는 저렇게 생겼을까?' 그녀는 그의 싸늘하고 위엄 있는 풍채와 무엇보다도 지금 그녀를 놀라게 한, 둥근 모자 테두리를 받치고 있는 귀의 연골부를 쳐다보면서 이렇게 생각했다. 그녀를 찾아내자 그는 특유의 비웃는 듯한 미소로 입술을 일그러뜨리고, 큼직하고 피로한 눈으로 그녀의 얼굴을 똑바로 쳐다보면서 그녀를 향해 걸어왔다. 그의 집요하고 지친 듯한 시선을 맞았을 때, 뭔가 불쾌한 감정이 그녀의 마음을 서글프게 했다. 마치 그녀가 기대하고 있었던 것은 아주 다른 사람이기라도 했다는 듯이. 특히 그녀를 놀라게 한 것은 남편을 보는 순간 일어났던 자신에 대한 불만의 감정이었다. 이것은 그녀가 남편과의 관계에서 오래전부터 느끼고 있던 익숙하고 위선에 가까운 감정이었다. 그녀는 이전에는 이 감정을 알아채지 못했다. 그러나 지금은 뚜렷하게 가슴 아프게 그것을 의식한 것이었다. (제1권, 208쪽)

그럼에도 불구하고 안나는 끊임없이 브론스키에 대한 사랑의 감정을 억제하고 이전의 삶으로 돌아가기 위해 애를 쓴다. 그러나 결국 경마대회에서 브론스키가 낙마하여 커다란 부상을 당하는 장면에서 안나는 그에 대한 자신의 걱정과 사랑의 감정을 더 이상 감출 수가 없게 된다. 남편 카레닌도 안나의 변심을 명백히 알게 되고, 사교계도 이를 단순한 스캔들이 아니라 놀랍고 충격적인 사실로 받아들인다. 이 과정에서 부부의 사랑과 사교계의 분위기, 제도로써의 결혼과 남녀의 입장 차이, 진실한 사랑과 위선적 사랑 등에 대한 다양한 입장들이 전개된다. 톨스토이는 안나의 사랑을 중심으로 안나를 둘러싼 모든 것을, 사교계와 당시 러시아 사회의 관습과 생활방식을 대비해 보여 준다. 유부녀와 젊은 사관의 사랑의 스캔들을 관대하게 바라보면서도 결혼이라는 제도 자체에 대해서는 완강한 보수적 관점을 지닌 사교계 여인들의 모습, 아내 안나의 사랑이 떠나 버린 것을 알면서도 사회적 평판의 훼손을 걱정하여 이혼을 허락하지 않는 카레닌 등을 통해 기존 제도의 완강함과 편협함 등을 잘 그려내고 있는 것이다.

자, 그러면 우리는 사랑에 빠진 안나에게 돌을 던지기 전에, 안나가 브론스키와의 사랑을 한때의 불장난으로 생각하고 다시 카레닌의 가정으로 돌아갔을 때의 삶과 브론스키와의 사랑의 운명을 비교해 보자. 안정된 카레닌의 가정으로 돌아간다는 것은 단순하게 한 개인이 행복을 찾는다는 것을 의미하지만은 않는다. 그것은 사랑하지 않는 카레닌, 관료주의와 출세주의로 무장한 카레닌의 세계관과 그의 삶을 받아들인다는 뜻이다. 그렇다면 그녀는 전과 마찬가지로 사교계의 꽃으로 명성을 유지하며 귀족적 삶을 영위해 갈 수 있다. 과연 그것은 가치 있는 인간의 삶일 수 있을까. 톨스토이는 그에 대해 분명히 명시하지 않고, 안나 또한 고통스럽게 주저하고 있지만, 안나를 비난하는 카레닌과 사교계 여인들의 반응을 통해 안나가 속한 그 사회의 비도덕성을 간접적으로 드러낸다. 그것은 결코 안나가 그 사회로 되돌아갈 수 없다는 것을 말해 준다. 물론 그렇다고 브론스키와의 사랑의 운명을 받아들이는 것이 그녀에게 온전한 행복을 보장하는 것은 아니다. 오히려 그 사랑은 고난의 운명을 거쳐 그녀를 죽음에 이르게 하는 비극적 사랑이 된다. 또한 일정한 시간이 경과한 뒤에, 안나와 브론스키가 해외로 떠나 행복한 한때를 보내고 난 뒤에, 그들은 그들이 떠나온 사회로부터 완전히 절연된 삶을 결코 살아갈 수 없다는 사실에 직면한다. 젊은 브론스키는 자신의 출세의 길을 완전히 포기할 수 없었고, 가족들과의 삶으로부터도 완전히 자유로울 수 없었다. 안나 역시 아들 세료자에 대한 그리움을 브론스키와의 사랑으로 완전하게 대체할 수는 없었다. 그러나 안나의 비극적 운명과 사랑에는 당대 러시아 사회와 사교계와 같은 위선과 허위는 숨어 있지 않다. 당대의 도덕적 비난 속에 불륜의 멍에를 덮어쓰지만 적어도 안나에게 인간적 거짓이나 남성 중심의 기성 사회 제도에 대한 노예적 굴종은 없는 것이다.

안나와 브론스키는 달려가는 기차처럼 자신들의 운명을 거부하지 못한다. 만일 그들이 그 사랑의 운명을 거부한다면 근대의 속물성으로 되돌아간다는 것을 의미하게 될 것이다(모든 불륜이 다 긍정된다는 뜻은 결코 아니다. 이 작품에서 안나를 둘러싼 허구적이고 위선적인 러시아 사회와 그녀의 가정을 전제할 때 그렇다). 그러나 이들은 자신들의 사랑에는 몰입되어 있지만 그 몰입을 벗어나 그 운명을 성찰하지는 못한다. 사실 냉정한 성찰과 열정적 사랑이 동시에 공존하기란 과연 가능하기나 한 일일까.

톨스토이는 이들의 열정과 근대의 속물성의 충돌을 그리는 한편 근대의 속물성과 열정적 육체적 사랑에 대한 성찰을 소설의 다른 인물들에게 맡기고 있다. 키티와 레빈의 사랑이 바로 그것이다. 키티는 브론스키와의 약혼이 좌절된 후 정신적 공황상태를 맞이했다가 원래부터 자신이 사랑하고 있던 레빈과 결혼하게 된다. 대체로 레빈은 톨스토이의 이상적 삶과 사랑을 대변하는 인물로 읽힌다. 그 시대 귀족 지주들의 일반적인 모습과는 달리 레빈은 농촌에서 새로운 농업 경영을 시도하며 도덕적으로 살아가기를 꿈꾸는 인물이다. 처음에 그는 키티에게 청혼을 하였지만 거절당하고 자신의 영지에 칩거한다. 키티는 그에게서 남다른 감정을 느끼고 있었지만 그것을 사랑으로 인식하지는 못한다. 브론스키와의 화려한 결혼을 꿈꾸고 있었기 때문이다. 그러나 브론스키에 대한 환상이 깨진 후 비로소 레빈의 사랑을 진정한 사랑으로 받아들인다. 그들은 말을 하지 않아도, 설명하지 않고서도 서로의 마음을 그대로 읽고 전달할 수 있는, 말하자면 '소울 메이트' 쯤 되는 것이다.

소설은 한편으로는 안나와 브론스키의 사랑을 따라가고, 다른 한편으로는 키티와 브론스키의 사랑을 따라간다. 그러나 이들 두 사랑의 노선은 자신들의 운명의 길에서 서로 교차하거나 직접 대비되지 않는다. 비록 연관된 인물들이지만 이들은 서로 긴밀하게 뒤섞이지 않고 별개의 세계를 사는 듯이 살아간다. 키티와 브론스키의 약혼은 좌절이 한 번 있었고, 우연히 레빈과 브론스키가 스쳐지나가지만 사랑과 결혼의 진행과정에서 다시 이들이 부딪치거나 서로의 견해를 주고받는 일은 일어나지 않는다. 소설은 장별로 안나와 브론스키, 키티와 레빈의 삶을 교차하며 서술해 가지만 이들이 한자리에 모이거나 어떤 사건에 같이 연루되어 서로의 삶을 비쳐 주는 경우는 없는 것이다. 그러나 레빈의 삶과 사고방식이 작가 톨스토이의 삶과 사상을 거의 직접적으로 대변한다는 점을 모르는 독자는 아마 아무도 없을 것이다.

레빈은 키티와의 결혼이 좌절된 후 영지로 내려와 농업경영에 몰두하려고 한다. 그 과정에서 건초 분량을 속이려는 농민들과 다툼을 겪은 뒤에 그는 새로운 삶에 대해 영감을 얻는다.

> 아낙네들은 노랫소리와 함께 레빈에게로 다가왔다. 마치 환희의 천둥을 동반한 먹구름이 그에게로 다가오고 있는 것만 같았다. 먹구름은 밀려들자 순식간에 그를 붙들어 버렸고, 그가 누워 있던 건초 가리도 다른 가리들도 짐수레도 저 멀리 들에 널려 있는 목초지들도, 모든 것이 외침과 휘파람 소리와 박자를 맞추는 소리가 뒤섞인 이 야성적이고 신바람난 노래의 장단 아래 가라앉아 흔들리기 시작했다. 레빈은 이 건강한 즐거움이 부러워지고, 이러한 생의 환희의 표현 속에 한몫 끼어들고 싶어졌다. 그러나 그는 아무것도 할 수 없었다. 그냥 그대로 누운 채 보고 듣고 할 수밖에 없었다. 그리

고 사람들이 노랫소리와 함께 시야와 귓가에서 사라져 버림과 동시에, 자신의 고독과 육체적인 무위와 이 세상을 향한 적의에 대한 괴로운 우수의 감정이 레빈을 붙들어 버렸다.

…

레빈은 종종 이런 생활에 마음을 빼앗겼고, 이런 생활을 영위하고 있는 사람들에게 선망의 감정을 품었었다. 그러나 오늘은 특히 이반 파르메노프와 젊은 아내의 관계를 보고 받은 인상 때문에, 그가 이제껏 영위해 온 번잡하고 무위하고 인공적인 개인의 삶을 이 부지런하고 깨끗하고 아름다운 집단의 삶으로 바꾸는 것은 자신의 의지 하나에 달렸다는 생각이 난생 처음으로 명백하게 머리에 떠올랐다.

…

'정말 아름답다!' 그는 하늘 한복판, 그의 머리 바로 위에 머물고 있는 하얀 양털구름 속의, 마치 진주조개껍질 같은 기이한 빛깔을 띤 한 점을 쳐다보면서 생각했다. '정말 이 밤에는 모든 것이 다 아름답다! 대체 어느 틈에 저 조가비는 만들어졌을까? 바로 전에 난 하늘을 보았는데, 그때는 두 줄기의 하얀 띠 외엔 아무것도 없었다. 그렇다. 저것과 마찬가지로 나의 인생에 대한 견해도 어느 틈엔가 바뀌어 버렸다!' (제2권, 79–82쪽)

이렇게 농민의 삶과 노동 속에서 새로운 삶을 꿈꾸는 레빈은 작가 톨스토이의 실제 모습과 너무나 닮은 꼴이다. 하지만 레빈이라는 인물을 통해 자신의 이념을 불어넣고 있다는 점은 분명하지만 그렇다고 톨스토이가 안나와 브론스키의 사랑 대신 레빈과 키티의 사랑을 대안으로 제시하고 있다고 쉽게 결론 내리기는 힘들다. 톨스토이는 자신을 닮은 레빈을 결코 이상화시키지 않는 것이다. 오히려 톨스토이는 레빈의 그러한 각성의 비현실성, 레빈과 키티의 전원생활의 한계 등에 대해 예술가로서 객관적인 시선을 거두지 않는다. 다시 말해 레빈이 꿈꾸는, 농민과 노동의 혼연일체가 거듭 실패하거나 충분히 성공하지 못하고 있는 점을 놓치지 않고 그려내고 있다.

레빈은 농업 경영의 개혁과 사회제도의 개선에 대해 여러 견해를 비교하면서 올바른 길을 모색하고자 노력한다. 그러나 그는 그 어떤 견해에도 완전히 동의하기 힘들었다. 더구나 자신의 내부에서 끝없이 자라나는 보다 근원적인 질문, 자신은 누구이며 어떻게 살아야 하는가, 신의 종교적 가르침은 과연 자신의 삶에 올바른 지침을 주는 것인가 등과 같은 존재론적 질문을 벗어나기 힘들었다. 그것은 농업경영의 혁신이나 사회제도의 개선, 아내 키티와의 행복한 결혼 생활로도 결코 대체할 수 없는 것이었다.

'나는 도대체 무엇인가, 무엇 때문에 이 세상에 온 것인가. 그것을 모르고 살아간다는 것은 불가능하다. 그런데 나는 알 수가 없다. 따라서 살아갈 수도 없다'하고 레빈은 자신에게 말했다.

'무한한 시간, 무한한 물질, 무한한 공간 속에 물거품과 같은 하나의 유기체가 창조된다. 그리고 물거품은 잠시 동안 견디다가 이윽고 터져 버린다. 그 물거품이 바로 나인 것이다.'

이것은 무서운 오류였다. 그러나 이 방면에서 몇 세기에 걸친 인간의 사색과 고심이 낳은 마지막이자 유일한 결론이기도 했다.

그것은 인간 사상의 거의 모든 방면에 걸친 일체의 탐구를 총괄하는 최후의 신념이었다. 또 그것은 군림하는 듯한 신념이었다. 레빈 역시 좌우간 그것이 가장 이해하기 쉬웠으므로 언제 어떻게인지도 모른 채 다른 모든 해석 가운데 그것을 자기 것으로 삼아 버렸던 것이다.

그러나 그것은 오류였을 뿐만 아니라 일종의 사악한 힘, 사악하고도 역겨운, 도저히 굴복하여서는 안 되는 잔인한 조소였다. 어떻게든 이 힘에서 벗어나지 않으면 안 되었다. 그리고 그 수단은 자신의 수중에 있었다. 사악

> 한 힘에 예속되는 것을 그만두지 않으면 안 되었다. 그리고 그 유일한 수단은, 죽음이었다.
>
> 이리하여 행복한 가정의 주인이고 건강한 인간인 레빈도 몇 번인가 자살의 문턱으로 다가가서 목을 매게 될까봐 끈 나부랭이를 숨기기도 하고 권총자살을 하게 될까봐 총을 가지고 다니는 것을 무서워 할 정도가 되었다.
>
> 그러나 레빈은 권총자살도 하지 않았고 목을 매지도 않았으며 계속 살아가고 있었다. (제3권, 469–470쪽)

삶과 존재에 대한 이런 근원적인 회의에 사로잡힌 레빈은 심지어 자살을 결심하기도 하지만 '자살도 하지 않았고 목을 매지도 않았으며 계속 살아'간다. 바로 이런 부분에서 작가 톨스토이는 레빈의 삶과 이상의 한계를, 그리하여 어쩌면 자신의 삶과 이상의 한계를 설정해 놓고 있는 것이 아닐까. 비록 레빈이 이런 고뇌의 끝에 삶 자체를 그대로 긍정하며 모든 것을 초월하는 것으로서 지극한 선을 삶의 이유이자 목표로 깨닫는다(소설의 맨 마지막 부분) 하더라도 그것은 문제의 해결이 아니라 불가피한, 어쩔 수 없이 살아가야 하는 삶에 대한 변명처럼 들린다.

톨스토이는 안나와 브론스키의 사랑의 불가피함과 비극성을 그리면서 그들의 사랑을 폭주하는 기관차(근대의 삶)와 상징적으로 연관시킨다. 그들은 그 기차를 타고 떠나거나(브론스키) 그 기차에 몸을 던져 죽음에 이른다(안나). 그들은 기차 바깥에서 기차를 타고 있는 자신들의 모습을 성찰하거나 그 성찰에 바탕을 두는 삶을 살아갈 수는 없었다. 반면 레빈과 키티는 근대의 삶의 방향과는 정반대의 삶을 지향하고 살아간다. 그 삶의 모습과 이상이 비록 톨스토이 자신의 것이라 하더라도 작가 톨스토이는 불가피하게 레빈과 키티의 삶 역시 추상적이며 비현실적일 수밖에 없다는 점을, 자살을 생각할 정도로 고통스러운 레빈의 내면을 통해 그려놓고 있다.

아, 정말 근대의 올바른 삶의 이상은 없는 것일까. 톨스토이는 어떻게 그 모순을 극복하려는 것일까. 톨스토이 자신은 사유재산을 부정하고 자신의 저작권 모두를 포기하고 철저히 농민적 삶을 살아가고자 노력했다. 그러나 그 삶의 마지막에서 그는 또다시 모든 것을 포기하고 떠날 수밖에 없었다. 결코 자살할 수는 없었고 그대로 살아갈 수도 없었다. 톨스토이의 마지막 가출의 의미는 그런 근대적 인간의 존재론적 고뇌의 극적 표현이 아니었을까.

4. 톨스토이와 안나와 문학예술작품

안나와 브론스키의 불륜의 사랑과 오블론스키와 돌리 가정의 현실 타협적 안정, 레빈과 키티의 전원적 가정생활이 서로 교차하고 대비되고 병렬을 이루면서 하나의 주제로 수렴되고 있다는 점에서 『안나 카레니나』는 가정의 문제와 행복의 문제를 다루는 가정소설이라고 말할 수 있다. 다른 한편 이 소설은 당대의 인습적 사회상과 그에 대한 사람들의 대응방식을 통해 당대의 사회 상태를 정교하게 보여 주는 사회소설이라고 말할 수 있다. 또 어떤 연구자는 톨스토이가 자신의 도덕적·사회적 태도를 논증하고자 하는 경향적 작품이라고 고찰하기도 한다. 이것은 다양한 의미와 다양한 수용을 가능하게 하는 이 작품의 예술적 폭과 깊이를 보여 주는 것이다. 이러한 예술적 폭과 깊이는 이 작품을 '부정한 아내의 비극적 종말'이라든가, 혹은 '자연에 순응하는 레빈이 보여 주는 사랑의 도덕적 우월성'을 보여 주는 작품이라고 일방적으로 결론지을 수 없게 만든다. 이러한 결론적 단정에 매이기보다 우리는 근대사회의 인습과 새로운 인류규범들이 얼마나 '인습적'이고 얼마나 '비인간적'일 수 있는가를 '보는' 것이 중요하다고 생각한다. 그러한 '봄'과 더불어 진정한 '되돌아 봄(반성)'도 가능할 것이기 때문이다.

안나의 사랑은 피할 수 없는 것이었고 그 결말 또한 필연적이다. '부정한 남편' 오블론스키를 수용하고 사랑 없이도 살아가는 돌리처럼 안나는 그럴 수 없었다. 특히 안나의 남편은 더욱이나 견딜 수 없는 '사물화된(비인간적인)' 카레닌이다(비인격적이고 사물화된 것은 카레닌뿐만이 아니라 당대의 도시, 페테르부르그와 모스크바, 그리고 귀족들의 사교계 등도 포함된다). 격렬한 사랑의 감정을 지니고 있고 그 실현 대상을 찾은 안나에게는 더 이상 그것을 막을 것은 아무것도 존재하지 않는다. 다만 진정한 사랑만이 그녀를 그녀로서 남을 수 있게 만든다. 그리하여 그러한 사랑조차도 허구이자 위선의 결과라고 믿게 된 안나에게는 자살 이외의 선택이 있을 수 없게 된다(그러나 레빈은 자살하지 않는다). '진정한 사랑(진정성)'의 문제는 제도 속에서, 인습 속에서 실현될 수가 없다는 문제와 인간의 진정한 삶과 사랑은 진정한 가정의 형성 속에서만 존재할 수 있다는 것이 모순적으로 들리지만 그것이 『안나 카레니나』의 다층적 사상이며 근대 인간의 숙명을 말해 주는 것이다.

그러나 『안나 카레니나』에서 제시되는 두 가지 형태의 문제의식은 모두 미완결이다. 왜냐하면 안나는 자신의 진정한 자연적 생명력에 조응하는 사랑을 얻지 못했으며, 돌리와 오블론스키 역시 마찬가지이고, 톨스토이의 사상을 가장 잘 대변하고 있다고 보이는 레빈과 키티의 사랑 역시 미완의 것으로 남아 있기 때문이다. 바로 이처럼 인류의 역사적 사회적 구조라는 한계에 갇힘으로써 안나의 사랑은 그녀 자신이나, 혹은 다른 누구의 도움에 의해 해결될 수 없는 '비극'이 되는 것이다. 다시 말해 안나의 비극적 사랑의 문제는 오늘날에도 지속될 수밖에 없는 근대인의 모순적 운명과 연관된 역사적인 것으로 이해될 수 있을 것이다(물론 일부 '대중소설류'에서 보이는 '마음을 위로'해 주는 서사에서는 이러한 비극적 진정성의 문제가 다루어지지 않는다. 그들은 우리의 문제를 다루되 우리의 근본적 운명의 문제를 건드리지 않고자 하며, 또한 문제를 다루는 태도도 전혀 예술적이지 않다).

| 일곱 번째 강의 |

소비에트 혁명 속의 여성

–파스테르나크의 『닥터 지바고』 읽기

윤영순(경북대 노어노문학과)

1. 러시아 혁명과 여성, 성, 가족

러시아에서 여성은 어떤 존재였던 것일까? 아시아도 유럽도 아닌 이 거대한 나라는 산업혁명 이후 이미 다양한 분야에서 근대화를 이루었던 서구의 여타 나라들과는 달리, 19세기 중반까지도 봉건적 농노 제도를 유지하고 있었으며, 20세기 초 사회주의 혁명이 도래하고 나서야 차르의 전제정치에 종말을 고하게 된다. 이러한 러시아의 사회 환경에서 20세기 이전까지 여성에 대한 표상과 여성이 처한 현실은 다분히 중세적이었다고 할 수 있다.

하지만 역설적으로 정치적 후진성이 19세기 러시아에서 문화 예술 장르의 발전을 추동하는 동인이 되었던 것과 마찬가지로, 문학작품 속에서 여성들은 러시아의 낙후한 현실에 맞서 편견을 극복하는 과정을 통해서 불멸의 생명력을 얻게 되었다. 예를 들어, 푸시킨의 『예브게니 오네긴』에 등장하는 타티야나, 도스토예프스키의 『죄와 벌』의 여주인공 소냐, 톨스토이의 『전쟁과 평화』의 나타샤, 『안나 카레니나』의 안나, 『부활』의 카츄샤 등 사랑 앞에 당당하고 남성들보다 더 자유롭고 깊이 있는 영혼의 소유자들인 살아있는 여성들의 모습을 19세기 러시아

문학 작품에서 만날 수 있다. 이들은 근대라는 시간과 중세라는 의식이 교묘히 공존하는 19세기 러시아의 모순적인 상황에서 여성의 다양한 존재 방식과 자기인식, 그리고 사랑의 형태를 보여 주고 있다. 그렇지만 이들이 아무리 남자 주인공들보다 더 주체적이고 삶과 사랑에 있어서 적극적이었다고 할지라도, 가부장적인 러시아의 현실에서 늙은 장군의 아내로(타티야나), 때론 '다산한 암컷(나타샤)'으로, 또는 버림받은 거리의 여인으로(카츄샤, 소냐), 인습을 극복하지 못한 채 자살할 수밖에 없는 비극적 운명으로(안나) 그려질 수밖에 없었다.

하지만 1917년의 혁명은 많은 것을 바꾸어 놓았다. 혁명은 말 그대로 '차르/아버지'에게 종속되어 살아가는 기존의 가부장적 가족·사회관을 뒤엎는 것이었고, 사회의 타자로 존재했던 여성들, 특히 하층계급의 여성들은 단순히 혁명의 수혜자로서가 아니라 혁명 과정에 주체로 참여하게 되었다. 1905년 혁명이나 1917년 혁명 당시 모스크바와 페테르부르크 공장들의 여성 노동자들이 얼마나 혁명에 적극적으로 참여했는가는 그 좋은 예가 될 수 있으며, 무지하며 소외되었던 여성 노동자가 혁명에 자발적으로 참여하는 과정을 가장 잘 보여 주는 것이 고리키의 『어머니』라고 할 수 있다.

서구의 걸출한 여성혁명가들, 특히 로자 룩셈부르크나 클라라 채트킨은 자신들의 조국보다도 오히려 소비에트에서 더 존경받았으며, 귀족출신이었던 러시아의 여성 혁명가이자 작가 알렉산드라 콜론타이는 여성에 대한 러시아의 보수적인 표상을 바꿔 놓은 좋은 예라고 할 수 있다. 하지만 실제로 혁명 이후의 소비에트에서는 이들 여성들의 이론가나 혁명가로서의 면모보다는 그들의 드라마틱한 삶과 연애에 대한 낭만적인 표상이 더 자주 부각되었다. 대중들은 그들의 외모와 개인사, 연애사에 더 많은 관심을 보였으며, 이에 답하기라도 하듯, 여성혁명가들은 비극적 삶과 센세이셔널한 연애 사건들로 혁명과 여성이라는 결합을 어딘지 모르게 낭만적인 것으로 만들었던 것이다.

혁명 이후 소비에트에서는 콜론타이를 통해서 볼 수 있듯, 여성 해방은 완전한 성의 해방이라는 극단적 주장이 나타나게 되며, 이는 성의 문제뿐만 아니라 가정과 직장 등 모든 면에서의 평등을 강조하는 일견 '바람직한' 방향으로 나아가게 된다. 하지만 이와 같은 외면적 평등의 뒤에는 여성노동력을 착취하려는 스탈린적 유토피아의 기획이 숨어 있었으며, 성의 해방은 사회주의 건설을 위한 새로운 인력 '호모 소비에티쿠스'를 생산하는 수단으로서의 여성을 보다 자유롭게 해 주기 위한 도구로 종종 이용되었다. 즉 다산의 어머니에게 주어졌던 〈어머니영웅〉이라는 칭호는 소비에트의 〈노동영웅〉을 낳아 주는 생산자로서의 여성의 역할을 강조한 것으로써 이 두 가지 이념이 스탈린의 유토피아가 존재할 수 있도록 해 주는 가장 근간에 있었음은 부정할 수 없다.

결국 고리키의 『어머니』와 같이 사회주의 혁명의 주체로 참여했던 많은 평범한 여성들, 여성 노동자들은 혁명이 완수된 후 여전히 억압받는 타자의 위치에 존재하고 있었던 것이다. 차르-군주를 대신하는 새로운 군주, 스탈린의 소비에트 러시아에서 여성들은 유토피아의 수혜자가 아니라, 유토피아를 가능케 하는 또 다른 도구로 존재할 수밖에 없게 되었다.

여성해방이 완벽히 실현되고 있다는 정치적 논리와는 반대로, 혁명 이후 창작된 많은 문학 작품들에서 주목할 만한, 살아 있는 여성상을 찾아보기가 힘들다는 사실을 통해서도 이와 같은 사실을 알 수 있다. 많은 작가들은 혁명의 적을 부르주아로, 부르주아의 정신은 성(性)으로, 그리고 이것만이 여성의 정체성을 규정하는 것으로 이해하게 되며, 극단적으로 이를 억누르려는 현상마저 나타나게 된다(플라토노프나 불가코프의 등의 작품을 예로 들 수가 있다). 문학에 있어서의 이와 같은 현상은 1930년대, 문학에 있어서는 소위 '사회주의 리얼리즘'의 원칙이 문학 창작 원칙으로 나타나고 난 이후, 그리고 사회적으로는 스탈린의 사회주의가 어느 정도 정착되고 난 이후 위에서 언급한 소비에트의 계획된 여성 정책에 의해서 어느 정도 극복된다. 하지만 완벽한 외적 평등은 여성 노동력 착취를 위한 프로파간다로 쓰였으며 여성의 정체성, 그 사회적 역할 등에 대한 진지한 질문은 수면으로 떠오르지 못하였다. 러시아제국은 여성과 성, 가족의 문제에 있어서 여전히 과거의 가부장적 관념을 그대로 간직한 채 소비에트 공화국으로 옮겨 가게 되었다.

2. 보리스 파스테르나크와 『닥터 지바고』

보리스 파스테르나크(Борис Пастернак, 1890–1960)는 1958년 『닥터 지바고』의 노벨상 수상 거부로 서방과 소련 양측에서 일약 유명세를 타게 되었다. 이 한 편의 소설로 노벨상 수상이 결정되기는 했지만 파스테르나크는 혁명 당시부터 소비에트에서 시인으로 이름을 떨친 바 있었다. 사실 혁명으로 고양된 예술가들의 흥분된 목소리가 스탈린의 일원적 문화예술정책으로 잦아든 1930년대 이후부터 해빙기라 일컫는 스탈린 사후의 1950년대에 이르기까지 소비에트 안에서 혁명은 오직 하나의 관점, 즉 찬성의 입장에서만 이야기할 수 있었다.

혁명은 새로운 삶에 대한 희망과 유토피아의 건설을 찬양하는 것으로 이야기되었지만, 시인 보리스 파스테르나크에게 혁명은 하나의 비극으로 작용했다. 톨스토이의 『부활』의 삽화를 그린 것으로 유명한 화가 아버지와 루빈스타인의 제자로 재능 있는 피아니스트를 어머니로 둔, 유럽적 교양에 기초한 가정에서 자란 파스테르나크는 젊은 시절 당대의 다른 많은 예술가들처럼 혁명 이념에 열광했다. 하지만 파스테르나크의 개인주의적 시학과 유럽적 지성에 기반하고 있는 자유주의 시학은 사회주의 리얼리즘의 일원론적 문예이론과 충돌할 수밖에 없었고, 1930년대 스탈린의 대숙청의 시기에는 작품 활동이 전면적으로 금지되었다. 이 시기에, 많은 예술가들이 이념에 동조하지 않는다는 이유로 숙청을 당하거나 수용소에 유형(流刑)을 가기도 했다. 시인들 중에는 자살로 생을 마감한 경우가 많았으며, 때론 원치 않는 침묵으로 자신의 시를 쓰지 못한 채 외국 시들을 러시아어로 옮기는 번역 작업에 종사하기도 했다. 파스테르나크는 다행히 살아남았지만, 침묵을 강요당했던 예술가에 속했다.

시인이었던 그가 오랜 침묵을 깨고 스탈린 사후, 해빙기에 썼던 유일한 장편소설이 바로 『닥터 지바고』다. 이 소설은 자전적 요소가 강하게 가미된 작품으로 1903년부터 1950년까지의 러시아를 그리고 있다. 1905년의 1차 혁명, 1914-1915년의 1차 대전, 1917년의 10월 혁명, 러시아 내전 등 비극적 사건들로 점철된 20세기 초 러시아를 살아가는 한 인텔리 의사의 삶을 중심으로 이야기는 진행된다. 1956년 10여 년에 걸쳐 완성된 이 소설은 당시 해빙 무드에도 불구하고, 소련 내에서는 출판되지 못한 채 이탈리아에서 번역되어 초판이 나왔으며, 이후 유럽 각국의 언어로 번역되어 세계적 반향을 불러일으켰다. 소련 언론은 이에 대해 함구하지만 1958년 노벨문학상 수상이 결정되자 더 이상은 비밀을 지킬 수가 없게 되었다.

노벨상 수상이 결정된 날 저녁, 파스테르나크는 동료작가 페딘으로부터 수상을 거절하도록 강요받았으며 4일 후, 소련 작가 동맹에서 제명된다. 그로부터 며칠 후, 전당대회에서는 파스테르나크를 '저주받을 작가', '돼지보다 못한 작가'라고 비난했다. "돼지도 자기가 먹고 자는 곳에는 배설하지 않는데, 작가는 자신의 조국에 침을 뱉었기에 돼지보다 못하다"는 원색적인 비난이 파스테르나크에게 쏟아지면서 작가는 조국을 떠날 것을 강요받았다. 그를 비난한 사람들 중 그의 작품을 읽은 사람은 없었지만 말이다. 작가는 당시 서기장이었던 흐루시초프에게 보낸 서신에서 "조국을 떠난다는 것은 나에게는 사형 선고와 같습니다. 저는 소비에트 문학을 위해 무엇인가 공헌했고 앞으로도 보람된 일을 할 수 있다고 자신합니다."라고 말하면서 소련에 남게 된다. 이후 파스테르나크는 별다른 작품을 쓰지 못한 채 1960년 모스크바 근교 페레델키노에서 생을 마쳤다.

소설은 의사 지바고와 라라라는 여인의 사랑이야기를 축으로 진행된다. 지바고는 여러 가지 면에서 작가의 분신과 같은 존재이며, 소설 속의 여인 라라 역시 지바고의 실제 연인이었던 올가 이빈스카야를 모델로 하고 있다. 파스테르나크가 라라의 원형이 되는 올가를 처음 만난 것은 1946년이었다. 34세의 나이로 진보적인 잡지 『신세계(Новый Мир)』 편집장을 역임하고 있었으며, 두 번의 결혼 경험이 있던 지적인 여성 올가와 당시 두 번째 부인과 평범한 결혼 생활을 영위하고 있던 파스테르나크는 열렬한 사랑에 빠지게 되고, 1960년 작가가 죽을 때까지 연인관계를 지속한다. 그녀를 '나의 생명, 나의 천사'라 부를 만큼 사랑했던 파스테르나크는 자기의 정신적, 예술적 세계를 이해해 줄 수 있는 사랑을 늦게나마 만난 것에 감사하면서 그녀를 지극히 사랑했다. 하지만 1949년 스탈린 정권은 눈엣가시였던 파스테르나크 대신 연인 올가를 스파이 혐의로 체포했다. 감옥에서 파스테르나크의 아이를 유산하면서 온갖 고난을 당했던 그녀는 스탈린 사후에야 사면이 된다. 사면되고 나서 올가는 파스테르나크와 다시 만나지만, 이미 작가는 암으로 생을 얼마 남겨두고 있지 않았다. 1960년 작가가 죽고 난 이후, 그녀는 또다시 시베리아 유형을 가게 되는 등 많은 고통을 겪었으며, 소비에트가 붕괴되고 난 이후에는 파스테르나크의 아들인 예브게니와 재산권 및 저작권의 문제로 불화를 겪으면서 다시 한 번 유명세를 타기도 했다.

3. 닥터 지바고와 그의 연인 라라

소설 『닥터 지바고』는 인텔리 의사 지바고가 혁명과 내전을 겪으면서 체험하는 삶의 굴곡을 그리고 있다. 소설의 주인공은 지바고이지만, 우리는 여주인공인 라라의 형상과 두 주인공의 교차하는 운명, 그리고 그들이 생각하는 사랑의 개념에 좀 더 주목해 볼 필요가 있다.

유리 지바고는 시베리아의 부호 사업가의 아들로 태어나지만 어린 시절 어머니를 잃고, 이후 아버지마저 기차에 뛰어내려 자살하자 열 살에 천애고아가 된다. 유리는 지인 그로메꼬[1] 교수의 집에서 양자로 자라나게 되는데, 그 집안의 딸인

1 본고에서 러시아어 명칭 및 지명은 격음 표기법을 따르고 있지만, 소설에서 인용된 이름 및 지명 등은 번역자의 표기를 따라 경음을 사용하였다. (박형규 역, 『닥터 지바고』, 열린책들. 인용 시 본문 안에 (장, 절)로 표기함.)

또냐는 그에게 좋은 친구이자 연인이 되고, 학교 친구인 미샤 등과 더불어 유리는 예술적 재능과 섬세한 감수성을 지닌 소년으로 성장한다.

여주인공 라라는 오빠와 더불어 가난한 홀어머니 아래에서 자라나는 지혜롭고 아름다운 소녀였다. 라라는 '인생에 있어서 모든 것은 투쟁을 해서 얻어야 한다'는 것을 잘 알고 있었고, 실제로 그렇게 노력하면서 살아간다. 그로메꼬 집안의 가족 콘서트가 있는 날, 유리와 미샤는 그로메꼬 씨의 부탁으로 기샤르 부인에게 심부름을 가게 된다. 그곳에서 유리는 한 소녀(라라)와 중년 남자(꼬마로프스끼)의 비밀스런 눈빛 교환을 보게 되며, 그들 사이에 숨겨진 무엇인가가 있음을 직감적으로 알게 된다.

유리가 보았던 소녀는 바로 기샤르 부인의 딸인 라라로 당시 여학교에 다니고 있었으며, 열여섯 살이었지만 성숙하고 아름다운 외모와 더불어 독립적인 성격을 지니고 있었고, 또 아직은 아이 같은 면도 지니고 있었다. 불우한 환경에서 자라난 라라는 어머니의 정부이자 가족의 패트런인 꼬마로프스끼와 몰래 성적인 관계를 맺고 있었는데, 이 사실 때문에 자신에 대한 혐오감과 더불어 악몽과 같은 나날을 보내고 있었다. 그녀는 자신이 사랑하는 빠벨 안찌뽀프에게 느끼는 순수한 감정과 꼬마로프스키와의 관계를 통해서 느끼는 관능의 감각 사이에서 갈등하면서 소녀시절을 보낸다. 소설에서는 부적절한 관계 이후 고통스러워하는 열여섯 소녀의 감정이 다음과 같이 그려지고 있다.

> 라라는 내내 멍한 상태로 길을 걷다가 집에 도착해서야 자기에게 어떤 일이 일어났는가를 깨달았다. 가족들은 모두 잠들어 있었다. 그녀는 다시 무감각 상태로 빠져 들어갔다. 그녀는 여전히 넋이 나간 채 거의 흰빛에 가까운 연보랏빛의, 레이스 장식과 긴 베일이 달린, 가장 무도회라도 가듯 하루 저녁 작업장에서 빌려 온 옷을 입고 어머니의 화장대 앞에 주저앉았다. 그녀는 거울 속에 비친 자신의 모습 앞에 앉아 있었지만 아무것도 볼 수 없

었다. 그녀는 화장대 위에 두 손을 겹쳐 올려놓고는 그 위에 엎드렸다.

만일 어머니가 알게 된다면, 어머니는 그녀를 죽일 것이다. 그녀를 죽이고 나서 어머니도 죽고 말 것이다.

어떻게 된 일이었을까? 어떻게 그런 일이 일어날 수 있었단 말인가? 이제는 늦었다. 좀 더 일찍 생각했어야 했다.

이제 그녀는 –소위– 타락한 여자라는 것이다. 프랑스 소설에 나오는 여자 같은 사람이라는 것이다. 하지만 내일은 학교에 가서, 그녀와 비교하면 아직 젖먹이에 불과한 소녀들과 의자를 나란히 하고 앉아 있을 것이다. 오, 하느님, 오, 하느님 어쩌다 이런 일이 일어났단 말입니까? (2장, 12절)

라라는 중년의 남자에게 정조를 빼앗기고 두려움에 떠는 어린 소녀로만 그려지고 있지는 않다. 성의 비밀에 눈뜨게 된 그녀는 스스로를 추악한, 또는 타락한 여자라고 생각하지만 한편으로는 동급생들을 '젖먹이에 불과한 소녀들'로 여기면서, 그들이 알지 못하는 세계를 알고 있다는 사실에 자신도 모르는 사이에 색다른 우월감을 느끼기조차 하는 것이다. 게다가 '라라의 생활에 대한 꼬마로프스끼의 침입이 단지 그녀에게 혐오감을 불러일으키는 것뿐이라면, 라라는 반항을 하며 탈출해 버렸을 것'이었지만, 그녀가 느끼는 감정은 보다 더 복잡한 것이었다. 능숙하고 이미 사회적인 지위도 상당했던 꼬마로프스끼는 소녀와의 관계를 통해서 그녀를 '정신적으로 발전시켜 주고 있다'라고 말하면서 라라를 설득했고, 중요한 것은 그녀 역시도 남의 시선에 아랑곳하지 않고 행해지는 그의 대담한 구애에 마음을 사로잡히기까지 했던 것이다.

몇 년간 지속되는 자신의 이와 같은 이율배반적인 상황을 끝맺기로 그녀가 결심하던 날, 유리와 라라는 다시 조우하게 된다. 이미 의대생이 된 유리는 지인 집에서 열리는 크리스마스 파티에 가던 길에 어느 골목길 창밖으로 비치는 촛불을 보면서 시 「겨울밤」의 모티프를 생각하게 된다. 소설의 말미에 '유리 지바고의 시'라고 수록된 시 중 「겨울밤」은 '교차한 운명의 그림자'라는 말로 그들의 만남과 헤어짐을 상징적으로 표현하고 있다.

> 눈보라가 날려, 온 대지 위에 눈보라가 흩날려 / 사방 구석구석까지 휘몰아쳤다.
> 책상 위에 촛불이 타고 있었다 / 촛불이 타고 있었다.
>
> 여름날 날벌레들이 / 불꽃을 향해 날아들 듯이
> 눈송이들이 안마당에서 / 창문 틀 쪽으로 흩날렸다.
> 눈보라는 유리창 액자 위에 / 둥근 모양도 화살 모양도 그려 놓았다.
> 책상 위에 촛불이 타고 있었다 / 촛불이 타고 있었다.
>
> 촛불 비친 천장 / 비틀린 그림자 어린다.
> 얽힌 팔, 얽힌 다리는 / 교차한 운명의 그림자.
> 두 개의 조그만 신짝 / 소리를 내며 마루 위에 떨어졌다.
> 밀랍은 침실용 촛대에서 / 눈물처럼 옷에 방울져 흘렀다.
>
> 유리 지바고의 시 「겨울 밤」 중에서

촛불이 비치는 바로 그 방 안에서는 라라가 오랫동안 사랑해 왔던 빠벨에게 결혼해 달라고 말하고 있었다. 그 말을 하고 나서 라라는 권총을 숨긴 채 곧바로 꼬마로프스키가 참석한 크리스마스 파티장으로 달려간다. 라라는 그를 살해함으로써 오랫동안 지속된 고통을 끝내고자 했던 것이다. 또냐와 더불어 파티에 참석했던 유리는 꼬마로프스끼를 저격하는 라라를 보고 그녀로부터 강한 인상을 받게 된다. 이렇듯 작가는 라라와 유리, 두 주인공의 교차하는 운명과 시선을 그리고 있으면서도 그들의 만남을 서두르지는 않는다.

라라의 살해 시도는 실패로 돌아가고, 노련하고 능숙한 꼬마로프스끼에 의해 재판에 회부되지 않아 목숨을 건진 그녀는 학교를 졸업하고 교사가 된다. 빠벨과 결혼을 하게 된 라라는 첫날밤, 자신과 꼬마로프스끼와의 관계를 빠벨에게 털어놓는다.

> 영원처럼 길게 계속된 그날 밤 내내, 얼마 전까지 학생이었던 안찌뽀프는 축복의 정상과 절망의 심연을 동시에 경험했다. 그의 의심스러운 추측은 라라의 고백과 교차되었다. 그가 묻고 라라가 대답할 때마다, 그는 마치 낭떠러지 밑으로 떨어지는 것 같은 슬픔에 빠져 들어갔다. 그의 상처 입은 상상력은 새로운 발견 뒤를 쫓아갈 수가 없었다.
>
> 그들은 날이 새도록 서로 이야기를 주고받았다. 안찌뽀프의 생애에서 그날 밤보다 현저하고 뜻밖의 변화가 있었던 적은 없었다. 아침에 그는, 어제까지와 똑같은 이름으로 불리는 것에 놀랐을 만큼 다른 사람이 되어 일어섰다. (4장, 3절)

아직 소년처럼 순수하고 자존심이 강한 빠벨은 라라를 이해할 수도, 용서할 수도 없었으며, 또 그녀를 용서할 수 없는 자신을 더욱더 용서할 수 없게 된다. 그는 모든 것을 회피한 채 자기만의 세계에 빠져 열렬한 혁명론자가 되며, 마침 발발한 1차 대전에 자원하여 떠나 버린다. 빠벨을 찾아서 종군간호사로 지원하여 전선으로 향한 라라는 그곳에서 의사로 복무 중인 유리 지바고를 만나게 되는 것이다. 지바고 역시 또냐와 결혼하여 아들까지 낳은 상황이었지만, 라라가 자신과 닮은 영혼을 지닌 사람임을 알게 되고 운명적인 사랑에 빠지게 된다. 하지만 곧 라라는 우랄지방으로, 유리는 가족이 있는 모스크바로 떠나 그들은 이별하게 된다.

모스크바로 돌아온 지바고는 혼란한 혁명과 내전의 소용돌이를 피해서 우랄의 작은 마을로 가족과 더불어 떠나게 되는데, 그 마을에서 다시 운명처럼 라라를 만나게 된다. 비록 두 사람은 모두 결혼한 몸이지만 새롭게 시작된 사랑은 지바고의 생에 대한 의욕을 일깨운다. 그러나 지바고는 곧 적군 빨치산들의 포로가 되어 그들의 의사로써 적군과 함께 시베리아 전역을 이동하며 다니게 된다. 어느 겨울날 지바고는 목숨을 걸고 빨치산 부대를 탈출하여 그가 살았던 마을로 돌아오고, 그곳에서 라라를 다시 만나 꿈같은 한때를 보내게 된다.

> 영혼의 교감보다도 한결 더 강하게 두 사람을 하나로 결합시켰던 것은 나머지의 세계로부터 두 사람을 떼어 놓은 심연이었다. 그들은 둘 다 숙명적으로 규격화된 현대인의 모든 것을 똑같이 싫어했다. 그 판에 박힌 진부한 찬탄, 겉만 번지르르한 의기양양함, 그리고 무수한 과학자와 예술가들이 열심히 펼치고 있는 그 죽음과도 같은 상상력의 결여, 그 때문에 천재를 지극히 드물게밖에 발견할 수 없도록 내버려두고 있는 몸서리나는 지루함에 반발했다.
>
> 대개의 사람들은 사랑이라는 이 감정의 특별한 속성을 알아채지 못하고 경험하는 법이다. 그러나 마치 영원의 한 순간처럼 욕정이 그들의 불안한 인간적인 실존에 찾아 드는 순간순간이란 그들에게는 그들 자신과 삶에 대해 끝없이 새로운 발견을 하는 순간, 즉 계시의 순간들이었다. 그리고 이것이 그들을 예외적인 사람들로 만드는 점이었다. (13장, 10절)

라라는 고해성사를 하듯 꼬마로프스끼와의 추악한 과거를 유리에게 털어놓는다. 빠벨에게서 용서받지도 이해받지도 못했던 그녀는, 자신의 과거를 단순히 용서해 주는 사람이 아니라 자신이 체험했던 고통의 본질을 이해해 줄 수 있는 그런 사랑을 갈구했던 것이다.

> "내가 어떤 여자냐고요? 나는 한평생 금이 가버린 여자, 깨진 인간이에요. 아직 그 시기가 되지 않았을 때 이미 용서할 수 없을 만큼 빨리 여자로 만들어져 성의 비밀의 가장 추악한 면이 들추어진 여자예요. 모든 것은 이

용하기 위해 존재한다. 자기는 무슨 짓을 해도 괜찮다는 생각을 가진 자신에 찬 중년의 남자, 구시대의 기생충이 마치 길거리의 여자처럼 만들어 버린 거예요." (13장, 12절)

유리가 다른 남자들과 다른 점은 라라의 고통스런 과거를 그녀를 구성하는 필연적 일부로 이해하며, 그녀의 도덕적 실수조차도 오늘날 라라의 아름다움과 존재를 규정해 주는 것으로 인정하며 받아들인다는 것이다. 또한 그는 그녀가 느꼈던 그 복잡한 죄책감과 피할 수 없는 욕망의 교묘한 결합에 대해서도 잘 이해하고 있었다.

"짐작은 하고 있소. 그러리라고 생각했지. 하지만 조금만 기다려 보오. 그 무렵의 당신이 아직 성숙하지 않은 처녀성을 빼앗기고, 어린 아이의 것이 아닌 고통, 미지의 것에 대한 공포로 떨었던 것은 잘 아오. 하지만 그것은 이미 지난 일이잖소. 나는 이렇게 말하고 싶소. 지금 그것을 슬퍼해야 하는 것은 당신이 아니다, 당신을 사랑하고 있는 나 같은 사람이라고, 어찌하여 한 발 늦었던가, 어찌하여 그때 이미 당신 곁에 있지 않았던가, 그랬다면 그런 꼴은 당하지 않았을 것이다, 만일 당신이 정말로 그것을 슬퍼하고 있다면 머리칼을 쥐어뜯으며 슬퍼해야 하는 것은 오히려 나요. 이상한 일이지만, 나는 나 자신보다 못한 인간, 아무런 인연도 없는 인간에게 대해서만 못견딜 정도로 가슴이 타는 것 같은 격렬한 질투심을 느끼는 것 같소. 만일 그 상대가 나 자신보다 높은 사람일 경우에는 전혀 다른 감정을 경험할거요.

…

그런데 이야기가 빗나가 버렸군. 나는 말이오. 만일 당신이 그 무엇에 대해 불만스러워하는 것이 하나도 없고, 뉘우칠 것이 하나도 없는 여성이었다면 이렇게까지 강하게 당신을 사랑하지는 않았을 것이라고 생각하오. 나는,

넘어지거나 발을 헛디디거나 한 일이 없는 언제나 바른 여성을 좋아하지는 않소. 그런 여성의 미덕은 생명이 없는 무가치한 것이오. 그런 여성에게는 인생이 참된 아름다움을 드러내 주지 않소." (13장, 12절)

이와 같은 지바고의 말을 통해 라라는 오랫동안 자신을 괴롭히던 마음의 고통에서 해방될 수 있었으며 두 사람은 서로에 대한 온전한 이해에 바탕하고 있는 사랑을 나누게 된다. 지바고는 라라의 과거를 있는 그대로 받아들이는 것에서 더 나아가 과거의 잘못과 실수가 바로 그녀의 현재를 규정해 주는 것이라고 말한다. 지바고는 라라의 남편 빠벨에 대해서는 그 존재를 인정하고 존중하고 있지만 자신보다 못한 꼬마로프스끼에 대해서는 '격렬한 질투심'을 느끼고 있다고 말한다. 이것은 지바고가 죄책감과 성적 욕망 사이에서 복잡한 갈등을 느꼈던 소녀시절 라라의 심리상태를 완벽히 이해하고 있음을 의미한다. 여성의 순결과 정절에 대한 기존의 표상과는 궤를 달리하는 지바고의 말은 라라를 단순히 농락당한 소녀로 보지 않고, 하나의 주체적인 인간으로 이해하고 있음을 말해 준다. 라라 역시 지바고와 마찬가지로, 자신에 대한 지바고의 사랑을 받아들이면서도 가족에 대한 그의 사랑과 아내 또냐에 대한 또 다른 종류의 사랑을 인정하고 오히려 그들 가족을 도와주고 있다.

이들의 사랑은 어떤 면에서 보면 사회주의 페미니스트들이 주장했던, 결혼과 가족제도로부터 자유로운 에로스의 개념과 일맥상통하는 것처럼 보이지만 본질적으로는 완전히 상반되는 것이라 할 수 있다. 성욕은 물을 마시고자 하는 욕망과 마찬가지로 가볍고도 자유롭게 해소되어야 하며, 그래서 에로스가 갈증과 같은 가벼운 욕망에 불과하다는 콜론타이의 표상과 달리, 지바고와 라라에게 에로스는 그들의 실존에 찾아드는 '계시의 순간'이었다. 이는 라라를 조국인 러시아나 자신의 생명과 동일시하는 지바고의 사유를 통해서도 잘 드러난다. 지바고는 '영원의 한 순간처럼 욕정이 그들의 불안한 인간적인 실존에 찾아드는 순간순간'을 정신과 분리된 육체적 욕망으로서의 에로스의 순간이 아니라 자기 삶에 대해서 '끝없이 새로운 발견을 하는 순간'으로 감각하고 있으며, 그러한 순간을 느끼게 해주는 라라는 그에게 생명이며 또한 존재의 근원과 동일한 것이었다.

> 오, 살아있다는 것은 얼마나 달콤한 것인가! 오, 어찌하여 언제나 인생 자체, 존재 자체에 감사의 말을 하고 싶어지는 것인가, 어찌하여 인생과 존재 자체에 정면으로 감사의 말을 하고 싶어지는 것인가!
>
> 바로 이것이야말로 라라인 것이다. 인생이며 존재와 더불어 이야기할 수는 없지만, 그녀는 그러한 것의 대표, 그 표현이며 소리 없는 존재의 근원에 부여된 청각과 말의 능력인 것이다. (13장, 7절)

지바고와 라라는 서로의 가족에 대한 염려와 배우자에 대한 안타까운 감정까지도 공유한다. 그가 라라로부터 들은 가족의 소식은 부정적인 것이었다. 부르주아이자 인텔리였던 그의 가족들은 소비에트 정부에 의해서 러시아에서 추방당하다시피 외국으로 떠날 수밖에 없었다. 지바고와 라라의 짧은 행복은 내전의 확대와 코마로프스키의 계략으로 끝나게 된다. 지바고는 강제로 적군에 가담하게 되어 라라를 떠나고, 라라는 멀리 극동지방으로 떠나게 된다. 소설은 이 비극적 사건들이 거의 마무리 되고, 모스크바로 돌아온 지바고의 고독한 죽음으로 끝을 맺는다.

소설에 나타난 지바고와 라라의 사랑은 소비에트 혁명과 내전을 배경으로 하고 있는데, 그들 자유로운 두 인간의 사랑과 삶의 비극성은 역사 앞에서 더욱 두드러진다. 혁명과 내전으로 인해서 변화된 현실은 개별적 삶의 자유를 불가능하게 했으며, 사랑과 예술에 대한 갈구만으로도 그들의 삶은 반혁명적 성격을 지니게 되는 것이었다. 작가는 역사와 더불어 나아가는 단순한 인간의 모습이 아니라, 역사적 과정에 의해서 침해되지만, 그럼에도 끊임없이 질문을 던지는 인간의 모습을 그리고자 했으며 외적 사건으로 왜곡되지 않는 인간 영혼의 심연을 그려

내고자 했다. 그리고 그것을 가능하게 하는 것은 바로 사랑이었다.

라라와 지바고의 사랑이 온전히 가능했던 것은, 인텔리 예술가인 지바고가 라라에게서 단순히 아름다운 뮤즈만이 아니라, 자신과 동등한 내적 세계를 지니고 있는 하나의 독립된 인간을 발견했기 때문이었다. 라라는 자신의 감정과 본능에 솔직했으며 과거의 잘못을 인정할 줄 아는 여성이다. 어린 시절 자신을 유혹한 꼬마로프스끼를 살해하여 스스로 그를 벌하려 하며 사랑하는 빠벨에게 먼저 청혼을 하는 독립적 인간이기도 하다. 라라는 자신을 이해하지 못하고 떠난 남편 빠벨을 찾아서 종군간호사로 떠날 만큼 적극적인 성격으로, 이전의 러시아 문학에서 볼 수 있던 여성들과는 변별되는 형상이라 할 수 있다. 그렇지만 라라가 진정으로 사랑에 빠지는 것은 바로, 있는 그대로의 자신을 알아보는 한 인간을 만나고 나서였다. 그녀가 처음으로 관능에 눈뜬 것은 꼬마로프스끼를 통해서였고, 존경심과 더불어 정신적 사랑을 느낀 것이 빠벨이었다면 이 모든 것의 결합, 그리고 이를 넘어선 인간 대 인간의 온전한 만남은 바로 지바고와의 만남을 통해서였다. 작가는 라라의 이러한 심리 상태와 내면을 섬세하게 포착해 내고 있다.

또한 이들의 사랑을 통해서 작가는 결혼 제도와 사랑의 상관관계에 대한 새로운 이해의 방식, 육체적 사랑과 정신적 사랑의 합일, 배우자와 가족에 대한 사랑과 공존할 수 있는 또 다른 사랑의 가능성 등 다양한 사랑의 방식을 이야기하고 있으며 이는 시대의 새로운 모럴, 즉 일종의 폴리아모르의 가능성을 제기한 것으로도 볼 수 있다.

| 여덟 번째 강의 |

신화에 등장하는 여성상의 현대적 해석

–팜므파탈 혹은 숙명과 싸우는 여인들

이재진(단국대 명예교수)

1. 팜므파탈의 개념 정의

팜므파탈(femme fatale)은 19세기 말 프랑스를 중심으로 사회적 도덕성을 비판하거나 여권신장을 위한 목적 등으로 특히 자연주의 소설에서 애호하던 주제인데, 20세기에 들어서서는 영화에서 각광을 받기도 했다. 또한 이미 고대 신화, 설화, 성경에서도 팜므파탈을 찾아볼 수 있는데, 이를 통해 팜므파탈이 시간과 장르를 뛰어넘으며 문학사에 끊임없이 등장하던 아주 중요한 주제였다는 것을 알 수 있다.

문학사에서 팜므파탈이 중요하게 다루어지는 것은 우선 남성의 양면성과 관련이 있다. 인류역사를 보면 원시 모계사회가 점차 부계사회로 전환되었음을 알 수 있다. 이 과정에서 여성을 갈망하면서도, 여성의 마력을 두려워하는 심리적 스트레스가 남성에게 작용하게 된다. 그리고 이러한 욕망과 두려움의 양면성은 여성에 대한 폭력으로 발현되곤 했다. 그리스·로마 희극에서 애용되었던 여성학대나 증오 혹은 멸시를 그 예로 들 수 있으며 이는 중세까지 계속 이어져 왔다. 예컨대 우리는 중세의 기사문학을 통해 당대의 여성숭배(Minne) 사상은 엿볼 수 있지만, 다른 많은 역사적 기록을 통해 '마녀사냥'과 같은 극단적인 현상도 흔하게 자행되었음을 알 수 있다. 19세기 말에 이르면 팜므파탈은 여성의 사회적 지위와 관련된, 소위 여성해방운동과 연계되며 크게 주목을 받게 된다.

팜므파탈의 개념을 이해하기 위해서는 스위스 역사법리학자 바흐오펜(Johann Jakob Bachofen, 1815–1887)의 모계사회에 관한 연구를 잠시 살펴볼 필요가 있다. 바흐오펜에 따르면 원시사회의 원형은 '모권(母權)'으로 형성되어 있었다고 한다. 모권은 로마법에 이르러 자연법이 시민법으로 완전히 뒤바뀌는 과정에서 사라지게 되나 고대 신화에서는 모권 중심의 원형이 남아있고 모권이 지배하는 체제 아래 남성이 자리하고 있었던 흔적을 볼 수 있다. 모권은 자연적으로 형성된 사회구조의 특성을 가지고 있다. 바흐오펜은 '원초적 권리'로서 모권의 형성은 '역사적 자연현상'이며, 모권주의에서 야기되는 가장 큰 특성은 '여성의 종교적 특성', '모성의 종교적 성스러움'이라고 보았다. 즉 여성은 여성이기 때문에 신비성을 대변하고 이를 지키는 존재이며 여기에 종교적 본질이 있다는 것인데 이는 여성 자체가 지니고 있는 종교적 특성, 어머니이기 때문에 갖게 되는 종교적 성스러움을 의미한다. 모권의 세계상으로 보면 잉태하는 여인은 바로 신적인 존재이다. 한 생명의 탄생은 우주의 탄생과 연관되고 우주의 탄생은 곧 창조주와 연관되어 있기 때문이다. 그러므로 신과 여인은 같은 선상에 놓여 있다.

바흐오펜의 역사 철학관에 의하면 인간은 물질적–여성적 세계와 연계하여 진화하다가 점차 남성적–정신적 원칙의 단계로 발전되어 왔다고 한다. 종교성을 갖는 진정한 모성이 모권주의의 첫 단계지만 인간은 점차 관습화된 틀 속으로, 즉 양식화된 존재로 성장한다. 여성은 그 후 정신적인 특성을 가진 부권 아래에 놓이게 된다. 위에서 말했듯이 자연법이 시민법으로 바뀌는 것이다. 모권사회의 자리를 물려받은 부권사회는 자연현상과 정신현상을 분리하기 시작했고, 사고의 중심점도 점차 여성에서 남성으로 바뀌었다. '여성과 남성이라는 양극성은 물질과 정신의 양극성과 일치한다.' 남성적 특성은 정신세계의 범주에 가깝지만 자연적 속성으로 보면 여성적인 물질성에 비해 열세하다. 바흐오펜은 판도라의 신화를 통해 여성 때문에 남성이 재앙에 휩쓸리게 되는 원인을 이런 관점에서 풀이하고 있다.

팜므파탈을 직역하면 '숙명적인 여인'으로 숙명과 싸우는 매우 매력적이고 매혹적인 여성상이다. 때로는 자신의 목적을 달성하기 위해 마력으로 남성을 유혹하고 성적으로 마비시킨다. 때로는 간계를 쓰기도 하고 때로는 연약한 척도 한다. 팜므 프라질(femme fragile)은 팜므파탈의 반대개념은 아니다. 19세기 말 베데킨트(Frank Wedekind, 1864–1918)가 「룰루–괴기비극(LULU)」(1895/1904)을 쓸 때 유럽의 문학, 예술계에는 '숙명적인 여인'이라는 주제가 널리 유행하고 있었다. 숙명적인 여인이라는 개념을 한마디로 규정할 수는 없지만 다음과 같이 정리해 본다.

'육감적인 젊은 여성이 등장한다. 이 여성과 관계를 맺는 남성은 큰 피해를 입거나 죽음을 당할 수 있다. 남자를 유혹하는 이런 여자의 간계와 기술이 이야기 중심에 놓이게 되는데 남자는 결국 희생물이 되고 만다. 대부분 이런 여자들은 복수의 여신이 갖는 역할을 맡게 되며 대개의 경우 끝에 가서 죽음이라는 형벌을 받는다.' 이런 정의는 작품의 동기를 통해 내려 본 것이다. 베데킨트의 룰루를 이런 숙명적 여인의 원형으로 본다면 판도라의 신화적인 상징성을 변용시켰다고 볼 수 있다. '육감이나 의욕에서 남성을 능가하는, 독특하고 자립적이고, 감정이 없는 무자비한, 숙명적인 여인'은 시민사회의 현모양처와 극명하게 대립되는 여인상이다.

2. 성경에 등장하는 숙명의 여인들

1) 이브와 릴리트

창세기 1장 27절에 '남자와 여자'를 만들었다는 기록이 있다. 여기서 말하는 여자는 바로 릴리트/릴리스(LILITH)일 것이다. 기독교에서는 릴리트의 존재를 공식적으로 인정하지 않지만 유태인들의 율법서인 탈무드(Talmud)에는 등장하고, 성경에는(이사야 34장 14절) 한 번 언급이 된다. 유태인들의 전설에 따르면 하나님은 같은 흙으로 아담과 릴리트를 만든다. 하나님은 릴리트에게 아담에게 복종하도록(아담의 밑에 깔리도록) 지시하자 이 여인은 아담과의 동등권을 주장하며 이를 거부한다. 릴리트가 말을 듣지 않자 하나님은 릴리트를 불임으로 만들었고, 이로서 아이를 키울 젖이 나오지 않게 된다. 사막으로 도망친 릴리트는 그곳에서 천사 사마엘(Samael, 악마의 일종)과 교류하며 많은 새끼(아이)를 낳는다. 하지만 릴리트는 선악과를 먹지 않았기에 죽지는 않는다.

이브(EVE)는 창세기 2장 23절에 비로소(드디어!) 나타난다. 릴리트가 낙원에서 도망치고 아담이 외로워하자 하나님은 아담의 갈비뼈로 이브를 만든 것이다. 이로써 남성(아담)과 여성(이브)은 동등한 관계가 아니라 여성이 남성에게 종속된다.

> 창세기 1장 27절
>
> 하나님이 자기 형상 곧 하나님의 형상대로 사람을 창조하시되 남자와 여자를 창조하시고.
>
> So God created man in his own image, in the image of God created he him; <u>male and female</u> created he them.

> 창세기 2장 23절
>
> 아담이 이르되 이는 내 뼈 중의 뼈요 살 중의 살이라 이것을 남자에게서 취하였은즉 여자라 부르리라 하니라.
>
> <u>At last!</u> "Adam exclaimed." She is part of my own flesh and bone! She will be called 'woman', because she was taken out of a man.

성경마다 번역이 조금씩 다르다. 루터의 번역에서도 그렇지만 일반적으로 '드디어', 혹은 '이번에는'이라는 단어가 생략되어 있어 이 부분의 뜻이 분명치 않게 되어 버렸다. 전설에 따르면 릴리트는 이브에게 굉장히 질투심을 느꼈고 그 질투의 독성을 가지고 인간이나 짐승을 죽였다고 한다. 릴리트는 이브와 아담을 갈라놓으려는 목적으로 뱀으로 변신하여 이브에게 접근하고 결국 이브에게 설득당한 아담은 선악과를 먹게 된다. 유대인들의 전설을 모아 놓은 소하르(Sohar) 전집에서는 릴리트가 아담 곁에 있는 아름다운 이브를 보고 도망쳤다가 두 인간이 낙원에서 쫓겨나자 그 이후에는 밤에 아담을 차지했다고 전한다.

릴리트는 여성운동(feminism)의 상징적 인물이다. 이브가 부권사회의 전통에 부합되는 여인상이라면 릴리트는 모권사회의 전통에 부합된다. 릴리트는 여성에 군림하려는 남성에 맞서는 자립적인 모습을 지니고 있다. 이브에게 모성, 겸손, 복종 등의 수식어가 붙는다면 릴리트에게는 육감, 열정, 정열, 섹스 등의 수식어가 어울린다. 성경에서 최초의 여성으로 흔적을 남긴 릴리트는 현대적 의미의 팜므파탈에 가장 잘 어울리는 여인상이다.

2) 유디트

유디트는 '유다의 과부'라는 뜻으로 구약성서 외경(外經, 제2경전. Apocrypha) 중 네 번째 이야기에 등장한다. 아시리아의 왕 느부갓네살이 파견한 홀로페르네스의 군대가 이스라엘로 들어가는 관문인 베툴리아라는 조그만 유대인 마을을 덮친다. 군대가 진격해 들어와 마을을 포위하자 장로들은 어쩔 수 없이 항복을 생각한다. 이 때 유디트는 야훼(Jahwe)의 힘을 믿고 적장의 목을 베고 고향 마을을 지키기 위해 홀로 적진에 들어간다. 루터가 「유디트서(書)」가 비극의 좋은 소재가 될 수 있다고 권장한 덕인지 중세 '학교극'에서 이 소재를 많이 애용하였고, 문학에서뿐만 아니라 오페라나 회화에서까지 즐겨 다루는 소재로 애용되어 왔다.

한 여인의 사랑과 영웅적인 살인이라는 두 주제는 19세기까지 서로 번갈아 가며 이어오다가 헵벨(Friedrich Hebbel, 1813–1863)의 「유디트(JUDITH)」(1840)에 이르러 하나로 엮인다. 뮌헨의 미술관을 배회하던 헵벨은 유디트를 소재로 한 그림을 보고 자극을 받는다. 쉴러의 「오를레앙의 성처녀」와 비교될 만한 작품을 쓰고자 마음먹었던 참이기도 했다. 헵벨의 유디트는 결혼을 했지만 보이지 않는 힘에 의해 남편이 성불구가 되어 죽는 바람에 아직 순결을 지키고 있는 젊은 과부다. 이렇듯 처녀이면서 과부인 유디트는 나라를 사랑하고 정결하게 생활하며, 미모가 뛰어나다. 이 여인은 홀로페르네스 군대가 베툴리아 마을을 포위하자 홀연 하녀만 데리고 단신으로 적진에 들어간다. 그리고 하룻밤 홀로페르네스 장군의 사랑을 받고 수치심에 휩싸여 순간 적장을 죽인다. 이제 유디트에게 종교적, 애국적 이상주의는 허상에 불과하다. 유디트는 하나님에게 거는 믿음은 물론 고향 마을의 고통과 비참함은 까맣게 잊고 있고 살인 직전까지 자신만의 문제에 파묻혀 있었다. 그러다 마침내 유디트는 술 취한 채 잠들어 있는 적장의 목을 내리친다. 유디트의 영웅적인 행동은 베툴리아 사람들의 칭송을 받지만 애국심이 아닌, 순결을 빼앗은 데 대한 복수심으로 적장을 죽인 유디트는 오히려 원로들에게 자기의 목숨을 거두어 줄 것을 요청한다. 그리고 홀로페르네스의 아이를 갖게 되지 않도록 기원한다. 이 작품에서는 유디트의 성스러움과 여인으로서의 젊음, 즉 여성을 억누르고 있는 구속에서 벗어나려는 여성해방 그리고 수동적인 입장에서 겪는 여자의 심리적 갈등 등이 잘 조화되어 있다.

홀로페르네스	내가 군대를 이끌고 너의 마을에 위협을 가한다는 소식을 처음 들었을 때 너에게 무슨 생각이 떠오르던가?
유디트	아무런 생각도 하지 않았습니다.
홀로페르네스	홀로페르네스란 이름을 듣게 되면 여러 가지 생각이 떠오르는 법인데.
유디트	우리 조상 대대로 섬겨온 하나님 이외는 생각해 본 적이 없습니다.
홀로페르네스	그러면 나를 저주하고 있는가?

유디트	아닙니다. 그런 일은 우리 하나님이 제 대신 이루어주시리라 믿습니다.
홀로페르네스	내게 첫 번째 키스를 다오! (키스한다.) … 키스해다오. 유디트! 너의 입술은 피 거머리처럼 파고드는구나, 하지만 너무나 차구나. 술을 마셔라, 유디트, 포도주가 우리의 부족함을 채워줄 것이다.
유디트	(미르짜가 따른다.) 그렇지, 포도주 속에서 용기가 품어 나오지요, 용기가!
홀로페르네스	그래 용기가 필요하냐, 나와 함께 식탁에 앉으려면, 나의 시선을 견디려면, 나의 키스에 응답하려면, 가엾은 것!
유디트	오, – (정신을 가다듬고) 용서하소서. (운다.)
홀로페르네스	유디트, 나는 너의 마음속을 깊이 들여다 볼 수가 있다. 너는 나를 증오하고 있어. 손을 다오 그리고 너의 그러한 증오를 말해다오.
유디트	나의 손을? … (곧바로 서서) 그래요, 나는 당신을 증오해요, 당신을 저주해요, 당신을 얼마나 내가 증오하는지, 당신을 내가 얼마나 저주하는 지 당신 분명 알아야 합니다, 말하지 않으면 나는 미치고 말 겁니다! 자, 이제 나를 죽여요!
홀로페르네스	죽여 달라고? 내일이면 몰라도, 오늘은 침대로 가야겠다.

내가 저곳에 들어갔을 때 (침실을 가리킨다.) 처음 눈에 들어 온 것은 널찍한 침대였어. 그 끔찍한 사람 앞에 나는 무릎을 꿇고 신음 하듯 외쳤지: "용서하세요!" 너무 무서워서 내 영혼 저 밑에서 터져 나오는 나의 외침을 들어주었다면 나는 절대로, 절대로 저이를–저 사람의 대답은–, 저이는 내 적삼을 풀어내더니 내 젖가슴을 움켜쥐더군. 그이가 내게 키스를 퍼붓자 나는 그 사

람 입술을 깨물며 달라붙었지. "당신 너무 열 내는군! 조금 진정하시지!" 비꼬듯 그 인간은 웃어 젖혔지. 이때 나는 의식은 없었어, 오직 몸에 경련만이 일어났지. 그때 무언가 번쩍이는 것이 눈에 들어왔어. 긴 칼이었어. 그 칼을 보니 어지럽던 생각이 다시 밝아지더군. 더럽혀진 이 몸은 존재할 권리를 상실하고 말았어. 그 칼로 다시 싸우겠어! 기도해줘! 이제 해내고 말겠어!

(유디트는 침실로 뛰어 들어가 큰 칼을 내린다.)

잘도 자고 있구나, 아무 것도 모른 채. 자기 자신의 칼이 내리쳐 죽음을 불러오리란 것을. 조용히 자고 있구나, 하! 겁쟁이 같은 계집, 분노 대신에 동정심 같은 게 일어난다고? 마음대로 즐기고 나더니 이리 평안히 자다니, 이런 뻔뻔스런 사람이 있을까? 그러면 나는 벌레란 말인가, 마음대로 발로 짓밟고는 아무 일도 없었다는 듯이 조용히 잠이 들다니. 나는 벌레가 아니야. 미소를 띠는군, 나를 끌어당길 때도 이렇게 싱긋이 웃었지. 빨리 죽여라, 유디트, 이 사람은 꿈속에서 두 번째로 너를 욕보이고 있다. 아직도 망설이는가, 그러면 저 사람의 몸속에 숨어 있는 굶주린 욕정이 다시 꿈틀거려 또 다시 너를 덮칠 텐데도 …

(유디트는 홀로페르네스의 목을 내리친다.)

3) 살로메

마태복음 14장 3절-12절 혹은 마가복음 6장 17절-29절에 나오는 이야기로 살로메라는 이름은 직접 나오지 않으며, 다만 헤로디아의 딸이 헤롯 왕에게 세례 요한의 죽음을 요구하는 내용이 언급되어 있다. '살로메'만큼 극작가는 물론 음악가, 화가에 이르기까지 널리 애용한 소재도 드물 것이다. 19세기 말, 20세기에 이르러서는 잔인성, 잔혹성, 섹스 등의 주제로 이를 넓게 활용하였다. 그리고 플로베르(Flaubert)의 소설 「헤로디아스(HERODIAS)」(1877)를 극화한 와일드(Oscar Wilde, 1854–1900)의 단막극 「살로메(SALOME)」(1891)에서 그 절정을 이루게 된다.

프랑스어로 쓴 와일드의 단막극은 헤롯(Herodes)과 헤로디아(Herodia)의 이야기에서 시작된다. 헤롯은 사촌 동생 필리푸스(Philippus)를 죽이고 사촌의 아내 헤로디아를 부인으로 삼는다. 인륜을 저버린 근친상간의 행위를 세례 요한(Johannes)이 목소리 높여 세상에 알리며 비난하자 헤롯은 요한을 감옥에 가두고 만다.

살로메는 지하 감옥에서 울려 퍼지는 요한의 목소리에 먼저 매료되었고, 요한의 용모에 반하여 얼굴에 입 맞추고 싶어하나 거절당한다. 아름다운 자신의 매력이 그 사람에게는 아무런 의미도 없음을 알게 되자 살로메의 사랑은 분노로 돌변한다. 살로메가 헤롯 앞에서 춤을 추자 오래전부터 의붓딸의 아름다움에 눈독을 들이고 있었던 헤롯은 춤에 넋을 잃어 "이 나라의 반을 요구하더라도" 살로메의 소원이면 다 들어주겠다고 약속한다. 살로메는 그 대가로 요한의 머리를 요구한다. 살로메가 헤롯 왕 앞에서 춤을 춘 것은 자신의 욕구를 충족시키기 위해서라는 것이 드러난다. 거절당한, 이루지 못한 욕망으로 절망에 빠진 살로메는 요한에 대한 사랑이 증오로 바뀌고 결국 잔인하게 요한의 죽음을 갈망하기에 이른 것이다. 요한이 살아있는 동안에 입을 맞추지 못했던 살로메는 이제는 죽은 요한에게, 피가 떨어지고 있는 쟁반에 담긴 요한의 머리에 입을 맞춘다. 이빨로 물어뜯으면서, 과일을 베어 먹듯이! "이제 당신은 죽었어, 당신 머리는 이제 내 것이야."

> 아, 아! 당신은 왜 나를 보지 않았나요? 나를 잘 받아들였더라면 당신은 나를 사랑하게 되었을 것을! 난 잘 알고 있어요, 당신은 분명 나를 사랑하게 됐을 거라고요. 사랑의 비밀은 죽음의 비밀보다 더 위대한 법이니까요.
>
> (횃불이 꺼진다. 뒤편의 별들이 사라진다. 커다란 구름덩이가 밀려와 달을

뒤덮는다. 무대는 어두워진다. 어둠 속에서 살로메의 목소리만이 들린다.)

입을 맞추었어, 요한. 당신의 입술에 입을 맞추었다고. 당신의 입술에는 씁쓸한 맛이 돌아요. 피 맛인가?… 아니야, 그게 바로 사랑의 맛인지도 몰라.… 사랑은 쓰디쓰다는 이야기도 있잖아. 입을 맞추었어. 난 당신의 입술에. 요한, 당신 입술에 입을 맞추었단 말이야.

3. 그리스 신화 속의 여인들

1) 메데이아

아이스킬로스(Aischylos), 소포클레스(Sophokles)와 함께 에우리피데스(Euripides, ca. 480–406 BC)는 그리스 비극의 황금시대를 구가한다. 그리스 3대 비극작가들은 100여 년 동안 세대를 이어 내려오며 서로 경쟁하며 때로는 서로의 영예를 칭송하며 서양연극의 뿌리를 마련했다. 이들의 연극세계는 헬레니즘 정신문화의 기틀이 되었다. 소피스트였던 에우리피데스는 그 당시에는 드물게 인간과 이성을 세상의 중심에 놓았다. 신에게 종속되어 있는 인간, 신의 뜻에 따라 움직이는 국가라는 세계관이 점차 깨지고 있었다. 귀족 중심의 비극적인 영웅들의 이야기가 비극작품의 주를 이루고 있었지만 점차 시민들의 삶이 그 속에 자리 잡고 활기를 띠기 시작한 것이다. 신에 대한 믿음의 자리에 이성, 지성, 교육의 가치가 자리한 것이다. 소위 이런 계몽주의 분위기 속에서는 신의 대한 믿음은 희박해지고 회의적이 되고 만다. 이 시기에 이미 사람들은 신들은 인간이 만든 것이지 그 반대가 아니라고 인식하고 있었고 이런 생각은 국가관에도 그대로 적용되었다. 비통에 빠진 인간들은 신들에게 애원하며 도움을 청하지만 신들은 인간에게 해답을 주지 않는다. 그래서 이제 인간은 대답 없는 신들을 정죄한다.

그리스 신화에 등장하는 메데이아(메데아)라는 여인은 에우리피데스의 드라마 「메데이아(MEDEIA)」(431 BC)를 통해 처음 우리에게 소개되고 있지만 그 설화는 훨씬 전부터 전해 내려오고 있음이 분명하다. 소포클레스의 「안티고네」와 「오이디푸스 왕」 사이에 발표한 기원전 5세기경의 작품이다. 그 이전에는 메데이아의 마적인 성격을 에우리피데스가 더욱 생동하는 인간적인 여인의 모습으로 변형했으리라 짐작하고 있다.

에우리피데스의 메데이아는 질투에 사로잡혀, 변절한 남편 야손(Jason)에게 복수하기 위해 자식들을 죽인다. 남편을 절망에 빠뜨리기 위해 자식들을 죽인다는 사건전개는 에우리피데스의 착상이다. 전설에 따르면 메데이아와 야손의 아이들을 코린트 사람들이 죽였거나 아니면 메데이아의 친정 식구들이 죽인 것으로 되어 있었다.

이 메데이아 소재는 그리스 신화에서 가장 오래되고 가장 널리 알려진 이야기이고, 용이 지키는 황금으로 된 양가죽과 연계된 모험담이다. 야손(Jason)은 흑해연안의 콜키스(Kolchis) 왕국에 도착한다. 야손은 공주 메데이아의 도움으로 황금모피를 구하게 되고 둘은 결합한다. 야손의 고향으로 돌아온 메데이아는 야손에게 왕권을 물려주지 않으려고 위험한 여행을 강요한 작은 아버지를 죽이고 코린트(Korinth) 왕국의 크레온 왕에게로 도주한다. 두 사람 사이에는 아들 셋이 태어난다. 하지만 야손은 가족을 먹여 살리기 위해 어쩔 수 없다고 변명하며 메데이아를 버리고 크레온의 딸과 결혼한다. 야손을 위해 모든 것을 버리고 떠나온 메데이아는 버림을 받고 크레온 왕으로부터 추방의 위협까지 받는다. 절망과 실망 속에서 메데이아는 야손에게 복수하기로 마음먹는다. 결혼선물로 독이 든 의상을 신부에게 보낸다. 크레온의 딸은 중독이 되어 죽고 이를 도우려는 왕까지 죽게 된다. 야손을 좀 더 괴롭히기 위해 메데이아는 자식들까지 죽인다. 아이들의 장례도 치러 주지 못한 아버지 야손은 절망하며 비통해 한다. 메데이아는 태양의 신 헬리오스가 보낸 마차에 죽은 아들들을 태우고 떠난다.

에우리피데스의 메데이아는 어미가 자식을 직접 죽임으로써 상황을 극적으로 바꾸어 놓았다. 배반당한 비정한 여인의 모습이 강하게 부각된다. 이 소재는 세네카(Seneca), 꼬르네유(Corneille), 그릴파르처(Grillparzer) 등으로 내려오며 계속 애용되었다.

야손 그런데 당신이 그 애들을 죽였어!

메데이아 당신을 죽이려고.

야손 이런 괴로운 일이, 내게 어찌 그런 비난을. 그토록 사랑스럽던 입술이, 우리 아이들에게 입맞추어주던 그 입술로.

메데이아 당신은 이제 아이들에게 인사를 나누고 싶겠죠, 당신은 이제 아이들에게 입을 맞추고 싶겠죠, 이전에 그리 내몰아 쳐 버리더니!

야손 단 한번만, 간청 하리다, 부드러운 두 뺨에 아이들의 뺨을 만져 보게 해주오!

메데이아 말잔치는 이제 그만, 간청의 소리도 지겹구먼, 그런 일은 절대 없을테니! (사라진다)

야손 아이들을 죽이고는 아이들을 만지지도 못하게 하다니
죽은 아이들을 장사도 지내지 못하게! 오, 아이들을 차라리 낳지 않을 것을!

2) 펜테질레아

클라이스트(Heinrich von Kleist, 1777–1811)의 비극 「펜테질레아(PENTHESILEA)」(1808)에서 트로이 전쟁이 소강상태에 빠졌을 때 아마존 부족은 여왕 펜테질레아의 지휘 아래 전쟁터 한가운데로 진입한다. 트로이 측을 돕기 위해 출정한 것으로 추측을 했으나 사실은 종족 번성을 위해 젊고 싱싱한 남성을 얻기 위해서 이들은 전쟁터를 찾은 것이다. 펜테질레아는 그리스 연합군의 영웅 아킬레스를 보고는 뜨거운 연정을 느낀다. 아마존의 율법에 따르면 여자는 사랑이 아니라 싸움을 통해

남자를 쟁취하도록 되어 있다. 여전사들은 이제 귀향을 준비하는데 여왕은 싸움터를 떠나지 않는다. 아킬레스와의 전투에서 여왕은 말에서 심하게 떨어져 기절한다. 아킬레스는 여왕의 친구이며 제사장인 프로토오에(Prothoe)의 부탁을 받고 자신이 패자인 척 한다. 정신을 차린 여왕은 아킬레스를 데리고 고향으로 돌아갈 꿈에 부푼다. 하지만 끝내 아킬레스가 승자임이 밝혀진다. 이제 아킬레스는 무장도 하지 않은 채 새로이 싸움을 걸어온다. 아킬레스의 속뜻을 모른 채 펜테질레아는 증오와 사랑 속에 뒤섞여 화살로 그를 쏘아 맞추고 쓰러진 아킬레스의 가슴을 물어뜯는다. 꿈을 꾼 듯 다시 일어난 여왕은 이 끔찍한 광경 앞에서 아킬레스의 원수를 갚겠다고 외친다. 친구 프로토오에가 모든 상황을 설명해 주자 펜테질레아는 자신의 광기를 믿지 못한다. 제정신을 차린 펜테질레아는 아킬레스의 시신을 제사장 앞에 옮기고 자신도 연인의 뒤를 따른다. 제사장은 여왕의 죽음을 인간의 무력함으로 돌리지만 친구 프로토오에는 펜테질레아는 "여인으로서 너무 생기 넘치고 너무나 자신만만하였기"에 쓰러졌다며 안타까워한다. 남자를 종족 번성을 위한 도구 외에 개인적으로 사랑해서는 안 된다는 아마존 부족의 율법도 여왕의 여인으로서 솟구치는 감정을 막을 수는 없었다. 펜테질레아는 자신의 사랑이 받아들여지지 않자 사냥개들보다도 더 사납게 아킬레스에게 달려들어 미친 듯 물어뜯은 것이다. 규범과 관습에 사로잡혀 있던 여왕은 이를 뛰어넘으며 비로소 한 여성으로 거듭 태어난다.

3) 클리타임네스트라

아이스퀼로스(Aischylos, 525–456 BC)의 「오레스트(OREST)」(458)에서는 트로이 전쟁을 승리로 이끌고 미케네의 왕 아가멤논이 개선한다. 클리타임네스트라(Klytaimnestra)는 정부(情夫) 아이기스토스(Aigisthos)의 힘을 빌려 남편을 살해한다. 살해 동기는 조금 애매하지만 우선은 딸, 이피게니에를 제단에 받친 남편에 대한 원망이 원한으로 바뀌었기 때문이다. 아내는 전쟁에 나간 남편을 10여 년이나 기다리고 있었다. 남편은 전리품으로 트로이의 공주 카산드라를 데리고

귀향했기에 여인은 더욱 분노한다.

카산드라는 트로이의 목마로 자신의 조국이 망할 것이란 사실을 미리 알고 있었다. 하지만 아무도 공주의 말을 믿어주지 않았다. 아폴론 신전을 지키는 라오콘(Laokoon)도 트로이 목마의 비밀을 알고 고함쳐 널리 알리려 했지만 아테네 여신이 큰 구렁이를 보내 아들과 함께 그를 물어 죽인다.

클리타임네스트라는 마치 짐승을 제단에 바치듯 남편을 도끼로 살해한다. 오레스테스는 누나 엘렉트라(Elektra)의 도움을 받으며 어머니의 정부 아이기스토스를 죽이고, 아버지의 원수인 어머니를 죽인다.

클리타임네스트라 너는 아버지의 잘못은 말하지 않는 것이냐?
오레스테스 그분은 전쟁터에 나가 계셨어요. 어머니는 조용히 집에 계셨고.
클리타임네스트라 아가, 남자를 기다리는 여인의 심정을 모르느냐!
오레스테스 하지만 아버지는 밖에서도 어머니가 계신 집안일을 돌보셨어요!
클리타임네스트라 그렇다고 자식이 친 어미를 죽인단 말이냐?
오레스테스 어머니 스스로 죽음을 부르신 겁니다. 제가 아니고.
클리타임네스트라 어미의 혼령을 생각해라. 어미의 저주를!
오레스테스 아버지의 혼령이 저의 의무를 일깨워 줍니다.
클리타임네스트라 살아 있는 사람이 죽은 사람의 비석에 애원하란 말이냐?
오레스테스 죽은 아버지가 어머니에게 이런 운명을 내리시는 겁니다.

4) 헬레나

트로이 전쟁에는 헬레나도 등장한다. 그녀의 아름다움이나 성적 매력으로 인해 엄청난 비극이 일어나긴 하지만 엄밀히 따지면 헬레나는 팜므파탈에 넣을 수 없다. 그녀가 자신의 목적을 위해 팜므파탈의 특성을 활용하는 것은 아니기 때문이다. 이와 마찬가지로 클리타임네스트라도 팜므파탈의 전형은 아니다. 신들의 심기를 거스른 죄로 인해, 대대로 내려오는 탄탈로스(Tantalos) 가문의 저주에 따라 이 여인은 어쩔 수 없이 인형처럼 움직였을 것이기 때문이다.

4. 판도라의 상자

1) 룰루

프랑크 베데킨트(Frank Wedekind, 1864–1918)의 「룰루–괴기비극(LULU)」(1895/1904)을 보자. 베데킨트 만큼 인문, 문화사적으로 등한시된 독일의 '현대 고전작가'는 없을 것이다. 하지만 터부시되는 성(性)문화의 비판자로서, 성 혁명의 선구자로서, 20세기를 맞이하며 일어난 새로운 연극의 길잡이로 베데킨트는 점차 인정받기 시작했다. 마침내 1988년, 거의 백 년이 지난 후에야 룰루 비극은 원본에 충실하게 최초로 함부르크에서 공연되었고, 1990년 새로이 베데킨트 전집이 나오자, 언론은 '시민을 경악'시킨 20세기의 가장 논란의 대상이 되는 이 극작가를 새로이 발견하자고 떠들기 시작했다. 당시 독일연극은 예외 없이 시민사회(부르주아)의 갈등만이 묘사되어 나타났기 때문에 베데킨트가 없었다면 독일연극은 지루했을 것이라고 지적하며 그를 가장 현대적인 작가로 수용하기 시작한 것이다. 그렇다면 오늘날 「룰루–괴기비극」을 어떻게 받아들이고 있는가? 베데킨트의 성적인 혼란스러움이나 부도덕한 언어 속에는 시대비판적인 강한 진실이 숨어 있지 않은지?! 베데킨트는 오히려 가장 처절하게 성을 반대한 작가로 평가받고 있다. 베데킨트는 터부시되어 오던 성을 보편화시키려고 노력한 작가로도 평가받았는데, 시민사회의 억압으로 도덕관이 삐뚤어져 버렸으며 그와 같은 사회현실 속에서는 성의 혁명은 불가능하다는 것을 제시하고 있다. 베데킨트는 욕망에 사로잡힌 꼭두각시와 같은 시민사회의 거짓 도덕관을 비판하고 있다.

베데킨트의 「룰루－괴기비극」은 정신을 대표하는 쉐엔 박사가 물질을 대표하는 룰루를 지배할 수 있다고 잘못 믿었기 때문에 좌절하는 비극으로도 분석할 수 있다. 룰루는 성적 매력을 풍기는 천진한 로리타형의 소녀가 아니라 훨씬 초자연적인 매력을 풍기는 존재이다.

2) 룰루와 판도라

베데킨트의 룰루와 함께 그리스 신화에 등장하는 판도라를 살펴보도록 하자. 그리스의 시인 헤시오드(Hesiod, ca. 700 BC)에 따르면, 대장장이 신 헤파이스토스(Hephaistos)가 빚어낸 판도라(PANDORA)는 여러 신들로부터 하늘의(제우스의 올림포스) 온갖 매혹적인 선물을 받고 매력적인 여인으로 치장되었다고 한다. 판도라의 이름도 '온갖 선물을 받은 여인'이라고 헤시오드는 풀이한다. 하지만 동시에 판도라를 인간에게 재앙을 가져다 줄, '지상의 재앙'을 한몸에 숨긴 성의 실체로 파악하였다. 제우스는 불을 훔쳐 간 프로메테우스(Prometheus)를 벌주려고 프로메테우스에게 인간에게 재앙이 될 선물, 판도라를 보낸다.

판도라의 신화는 헤파이스토스가 제우스의 명을 받고 판도라를 만들었다는 헤시오드의 주장과는 달리 인간을 창조한 프로메테우스가 단순히 흙과 물로 빚어 만들었다고 전해지는 설화가 또 있다. 프로메테우스는 흙과 물로 판도라를 만들고는 훔쳐 온 불로 생명을 불어넣는다. 베데킨트의 작품을 이해하려면 헤시오드의 제우스－판도라의 신화보다는 이런 인간적인 탄생신화가 더욱 걸맞다. 베데킨트의 비극은 룰루와 사내들 간의 관계에 초점이 맞춰져 있기 때문이다.

3) 이브와 판도라

판도라의 설화를 구약 성경의 이브와 비교하는 경우도 있다. 창세기를 보면 하나님은 최초의 인간인 아담과 이브에게 선악과로 그들의 믿음을 시험한다. 이브는 뱀의 꼬임에 빠져 결국 아담과 함께 하나님의 뜻을 거역하게 된다. 선악과는 최초의 두 인간에게는 믿음의 대상이 아닌, 호기심의 대상이 되며 이로써 이브의 선택은 인간의 이성이 시작된 것을 의미하는 것으로 볼 수 있다. 한편, 「룰루–괴기비극」의 '서막'에서 룰루는 사람을 죽이고 유혹하는 뱀으로 소개되는데 베데킨트는 뱀을 사악함이 아니라 슬기로움의 상징으로 표현하고 있다. 창세기에서 선악과를 먹으면 인식의 눈이 떠지리라는 뱀의 예언은 적중한다. 신은 인식의 길을 금지했기 때문에 결과적으로 인간이 추구하는 선과 악의 인식 즉 '이성'은 신의 반대개념으로 자리 잡게 된다. 에덴동산의 뱀처럼 베데킨트의 룰루는 남성들에게 19세기 말 시민사회가 가지고 있던 성에 대해 이성의 눈을 뜨게 해 준다. 이로써 룰루는 인류사적인 의미를 갖게 되고, 바로 이 지점에서 베데킨트의 「판도라의 상자」가 갖는 상징적, 신비적 의미를 찾을 수 있으며, 19세기 말의 시민사회의 도덕적 관점에 대한 작가의 견해를 분석해 볼 수 있다.

4) 「룰루–괴기비극」

원래 5막으로 된 이 비극은 결국 「지령」(序曲이 딸린 4막 비극)과 「판도라의 상자」(序言과 서곡이 딸린 3막 비극)의 2부작이 되었다.

늙은, 골(Goll) 병원 원장은 룰루를 데리고 화랑에 간다. 잠시 볼일을 보고 돌아온 원장은 잠긴 문을 보고 화가와 룰루의 관계를 의심한다. 문을 두드리던 원장은 심장마비로 쓰러지고, 룰루는 화가 슈바르츠(Schwarz)와 결혼한다. 신문사를 경영하는 쉐엔(Schön) 박사의 도움으로 화가는 일약 최고의 화가로 평가받고 룰루를 통해 얻은 상속재산으로 부자가 된다. 부와 명예를 얻은 화가는 룰루를 세상에서 가장 순박하고 순결한 여인으로 생각하고 있다. 실제 쉐엔 박사는 룰루의 정부이다. 이후 박사는 상류계급의 규수와 결혼하기 위해 룰루에게서 벗어나려 하나 룰루가 놓아주지를 않는다. 쉐엔 박사는 화가를 찾아와 룰루의 출생의 비밀을 털어놓는다. 룰루라는 실체를 제대로 파악하고 자신에게서 룰루를 떼어 달라고 부탁한다. 룰루가 창녀임을 알게 된 화가는 룰루에 대한 자신의 환상이 깨지자 견디지 못하고 면도칼로 자신의 목을 그어 버린다. 이제 룰루와 쉐엔의 결혼 생활이 시작된다. 집안 구석구석에 온통 룰루의 연인들로 가득하다. 심지어 쉐엔 박사의 아들 알봐(Alwa)까지 어머니가 된 룰루를 흠모하며 덤벼든다. 쉐엔 박사는 참지 못하고 권총을 주며 룰루에게 자살을 강요한다. 룰루는 쉐엔 박사를 쏜다. 「지령」은 여기서 막이 내린다.

「판도라의 상자」의 막이 오르면 살인범으로 형무소에 들어가 있는 룰루를 구출하기 위해 작전이 펼쳐진다. 룰루를 자신의 생명보다도 더 사랑하는 게쉬뷔츠(Geschwitz) 백작 부인의 희생으로 룰루는 형무소를 탈출하게 되고 알봐와 함께 파리로 도망친다. 아버지의 신문사를 팔아서 장만한 돈으로 알봐는 파리에서 귀족 행세를 하며 지낸다. 주식에 투자했다가 이들은 알거지가 되고 룰루의 안전 때문에 다시 런던으로 피신한다. 런던에서 룰루는 창녀가 되어 몸을 팔고 알봐는 룰루를 찾아온 손님의 칼에 쓰러진다. 이윽고 찾아온 게쉬뷔츠 백작 부인도 연쇄살인자의 칼을 맞고, 룰루도 이 자의 손에 난도질당한다. 룰루의 아버지이자 연인인, 신비에 싸인 쉬골흐(Schigolch)만이 이 비극에서 유일하게 살아남는다.

룰루의 출생이나 원래의 이름은 물론 부모가 누구인지도 작품 속에 분명하게 나타나 있지 않다. 이렇게 신비롭고, 신화적인 룰루의 특성을 신화 속의 판도라와 비교해 볼 때, 판도라를 관능의 실체로 해석할 수도 있으며 판도라가 상자를 열어 희망만 남고 모두 날아가 버렸다는 설화를 도덕적-은유적 의미로 받아들일 수도 있다. 베데킨트의 비극은 룰루와 사내들 간의 관계에 초점이 맞춰져 있다. 자주 룰루의 과거가 거론되기는 하지만 오직 사내들과의 만남만 보일 뿐, 그 이전의 룰루의 행적이나 그 밖의 생활은 분명하게 보여 주는 것이 없다. 판도라의 경우는 그 출생이 분명하지만 룰루는 어디서 왔는지도 분명치 않다. 그나마 누가 어떻게 해서 이 지상으로 데려왔는지에 관한 언급도 작품에서 보이지 않는다. 쉬골흐가 개구멍에서 벌거벗은 룰루를 끄집어내어 결국 화려한 짐승이 되도록 키웠다는 대목만이 보인다.

룰루는 현실을 뛰어넘는 형상 및 현상으로 이해할 수 있다. 하지만 자연의 힘, 즉 본능에 의해 움직이는 존재나 여성이라기보다는 훨씬 주체적으로 움직이는 요정과 같은 신비로운 존재로 본다. 삶의 중심을 차지하는 여성적인 '성욕의 의인화'로 해석하는가 하면 룰루의 본질을 '살덩이와 성기로 만들어진, 동물적 상태의 순수한 자연 그대로의 존재로 구성되어 있다'고 분석하는 경우도 있다.

베데킨트의 「룰루-괴기비극」에 직접적으로 헤시오드의 신화가 언급되어 있지는 않지만 룰루는 판도라처럼 "재앙을 뿌리고 유인하고, 유혹하고 독살하는 여인"으로 만들어져 있다. 룰루는 '숙명적인 여성'이다. 베데킨트는 룰루를 오스카 와일드의 살로메와 비교하기도 했다. 룰루는 뇌쇄적인 뛰어난 미모로 남자들을 파멸시키며 쉴 새 없이 변신하여 알 수 없는 존재로 머문다. 룰루는 원초적인 여성으로 작품 속에서 뱀, 피에로, 댄싱 걸, 발레리나 등으로 나타나고 남성들은 물질의 원형인 룰루에게서 대지의 뜻을 찾아 내지 못한다. 룰루로 인해 하나씩 쓰러지는 남자들의 최후를 그리스 신화의 틀에서 보고 있노라면 이 여인의 역할이 제우스의 판도라에 근접해진다는 인상을 갖게 된다. 룰루는 판도라와 마찬가지로 말할 수 없을 정도로 뛰어난 매력을 지녔으나 동시에 혼란을 야기하며 앞뒤가 맞지 않는 인형과 같은 존재에 불과하다. 판도라의 상자는 헤시오드의 경우 원래 항아리로 되어 있었으나 점차 상자로 바뀐다. 베데킨트가 작품 제목을 왜 '판도라의 상자'라 했는지 룰루와 판도라를 직접 비교해 보면 알 수 있다. 앞서 언급했듯이 두 여인을 '인형'이라 할 때, 이 인형의 상자는 베데킨트의 작품에서 논란의 여지없이 여인의 성기를 의미하며, 이 상자는 결국 남자들에게 파멸을 가져다 주는 것이다.

헤시오드에 의하면 제우스가 판도라를 보낸 이유는 불을 훔친 프로메테우스는 물론 인간까지도 벌하기 위해서이다.

제우스 그러나 너희들 자신은 물론 너희들 자손들까지도 재앙이 될 것이다. 그들에게 불 대신에 재앙을 주리니, 모두들 기뻐할 것이며 모두들 웃으며 그 재앙을 감싸 안게 되리라.

「지령」의 서곡에서 조련사가 뱀으로 형상화된 룰루를 관객에게 소개하며 이 여인이 재앙을 퍼트리기 위해 만들어졌음을 알려 주는 장면은 판도라의 경우와 너무 흡사하다.

조련사 이 여인은 재앙을 뿌리기 위해 만들어졌습니다. 꼬시고, 유혹하고 독살하고–어느 누군가가 느끼지 못하는 사이에 죽음을 맞도록!

헤시오드의 판도라나 베데킨트의 룰루는 결국 인간에게 재앙을 주기 위해 만들어졌으며 선물을 받은 인간들은 자신들도 모르게 이 재앙을 껴안고 기뻐하다가 결국 파멸하게 된다. 예지의 능력을 가진 형 프로메테우스와는 달리 '늦게 깨닫'는 동생 에피메테우스(Epimetheus)는 형의 반대에도 불구하고 판도라를 아내로 받아들인다. 하늘에서 가져온 항아리(상자)를 열자 그 속에서 모든 재앙이 쏟아져 나오고 판도라는 자신의 임무를 수행하게 되며 인간은 이로부터 재앙에 시달리게 된다. 자신을 둘러싸고 있는 사내들을 하나씩 파멸해 가는 룰루와 인간에게 재앙을 뿌리는 판도라의 역할은 이렇게 비교할 수 있다. 판도라가 제우스의 선물이 아니라, 사실은 재앙인 것처럼 룰루도 사내들에게는 쾌락을 주는 아름다운 여인이 아니라, 죽음의 재앙인 것이다.

앞서 언급했듯이 신화적–역사철학적 관점에서 본 「모권주의(GYNAIKRATIE)」(1861)에서 바흐오펜이 고대사회에서는 물질–모권적(여성적) 권리가 그 지배력을 행사하고 있었음을 밝히고 있다면, 베데킨트는 「룰루–괴기비극」에서 부권(남성적)에 의해 결정되고 형성되어 있는 세계(부르주아 사회) 속에서 모권의 원칙을 관철시킬 수 있는지 시도해 보고 있다.

물질과 정신, 즉 여성과 남성은 상호작용한다. 부르주아 사회의 규범에 반대하는 베데킨트는 「판도라의 상자」에서 물질–모권의 상징인 룰루라는 여성을 정신의 세계 즉 남성적 세계 속으로 뚫고 들어가게 만들어 남성으로 하여금 자신의 존재를 소외시킨다. 베데킨트에게 있어 룰루와 쉐엔 박사의 관계에서 나타나는 주요 문제점은 바로 바흐오펜이 내세우는 모델에서 확인이 된다. 사회적 지위와 지성을 가진 쉐엔 박사도 '여성이라는 물질' 이외에는 가진 것이 없는 룰루와의 끊임없는 투쟁에서 끝내는 파멸한다. 아무리 높은 정신적 의식 세계라 할지라도 보잘것없이 보이는 무의식의 물질세계에 굴복하게 됨을 「룰루–괴기비극」에서 보여 준다.

5) 룰루의 죽음의 상징성

룰루에게 보여 주는 남자들의 사랑은 모두가 병적이다. 「룰루–괴기비극」에서 룰루를 정상적으로 진정으로 사랑하는 남자는 보이지 않는다. 그런데 룰루는 종막에 이르러 왜 그렇게 잔인하게 살해되는 것인가? 끔직한 살해 장면이 문학에서는 드물지 않게 등장하지만 룰루의 죽음은 특별히 커다란 의미를 주고 있다. 그리스 신화의 판도라는 '상자'를 가지고 왔지만 「판도라의 상자」의 룰루에게는 그런 상자가 없다. 룰루는 상자를 몸속에 지니고 있는데 다시 말하면 그 자신이 상자이기 때문이다. 잭(Jack the Ripper)의 잔인한 행위가 없으면 제목이 주는 신화적 특성은 없어진다. 그러므로 잭은 룰루를 죽인 것이 아니라 '판도라의 상자'를 제거해 버린 것이고, 여인이 갖고 있는 생산의 원천을 제거한 것이다. 룰루와 같은 극단적인 물질적 – 여성적 존재를 이기려면 극단적으로 남성적 – 정신적인 존재로만 가능하다. 그렇기 때문에 잭이라는 극단적인 남성적 존재가 물질의 상징인 룰루를 죽이게 된다. 룰루는 시민사회 속에서 감각적–물질적 능력을 과

시함은 물론 시민사회가 규정하고 있는 도덕의 무력함을 시위하는 존재이기 때문이다. 잭은 방으로 들어갈 때 램프는 필요 없다고 꺼 버린다. 잭과 룰루의 마지막 만남은 자연 상태가 더욱 어울리기 때문이다. “달빛이 비춰 준다(The moon is shining).” 차갑게 달빛이 비추는 가운데 룰루는 참혹하게 죽임을 당한다. 잭은 룰루의 ‘상자’를 종이에 싸서 호주머니에 넣고 세상에 둘도 없는 진기한 물건을 구했다고 스스로 놀란다. 잭은 이로써 룰루의 ‘입’을 얻게 된다.

자궁같이 다시 어두워진 다락방에서 룰루는 원래의 곳으로 다시 되돌아 가려한다. 그러므로 이곳은 룰루에게 낯선 곳이 아니라 되돌아가야 할 바로 그곳인 것이다. 룰루는 시민사회의 도덕관을 흐트러트린 죄 많은 여인인 동시에 시민사회의 희생자이기도 하다. 룰루가 어두운 골방에서 죽음을 맞이하는, 잔인하게 보이는 이 장면은 사실은 룰루가 원래 자신의 모습으로 복귀하는 힘든 과정을 상징적으로 보여 줄 뿐이다. 쉬골흐가 예상했던 대로 룰루는 때가 되자 남성들을 위해 보관했던 ‘상자’를 자연에게 돌려주게 된다. 브레히트(Brecht)의 「바알(Baal)」(1918)에서는 시인 바알이 조용히 밖으로 기어나가 스스로 최후의 순간을 기다리며 하나, 둘 세며 자연으로 되돌아가는 반면, 룰루는 파란 달빛 아래서 잭이라는 남성의 힘을 빌려 시민사회를 괴롭혔던 ‘무기’를 되돌려 준다. 룰루는 바알처럼 자연으로 되돌아 갈 수는 없다. 룰루 자체가 자연의 일부이기 때문이다.

5. 세기말적 문학

대략 19세기 말에서 20세기 초(1890–1914)의 퇴폐적이고 관능적인 데카당스 문학을 세기말적 문학(fin de siècle)이라 한다. 이 용어는 1886년 처음으로 문예지 『데카당(Le Décadent)』에 등장하였지만 1차 대전 전, 전 유럽에 퍼진 문예흐름을 통칭한다.

세기말이나 세기 초는 언제나 혼란스럽고 퇴폐적이고 회의적인 분위기로 뒤덮이지만 또 한편으로는 새로운 기대와 희망에 부풀어 두 요소가 뒤엉키게 마련이다. 급격히 발전된 자연과학의 영향으로 관찰과 경험에 기초한 실증주의철학(positivism)이 대두되고, 주위환경, 유전 등을 중시하는 자연주의 세계관(naturalism)이 새로운 세기를 맞이한다. 기술 중심의 학문이 앞장을 서 발전에 속도를 가하고, 프로이트는 인간의 정신분열을 분석하고 풀이해 주었다. 그렇지만 정치적으로는 귀족들이 중심이 되어 중세기의 절대군주 체제(Ancien Régime)로 돌아가자는 복고주의가 다시 머리를 들기 시작했다. 산업화와 노조의 결속으로 전통적인 사회구조가 심하게 변화하였고, 교회는 점차 영향력을 잃어 가고 있었고 국수주의가 갈등을 야기하고 있었다. 그러니까 이 시기에는 미래에 대한 불안과 미래에 거는 기대가 뒤섞여 뒤죽박죽의 혼동과 혼란의 시기이기도 했다. 죽음과 현세에 대한 고통과 환영, 사치, 관능과 퇴폐 등 모든 것이 뒤섞여 움직였다. 이런 불안감은 나라마다 군비를 확산하는 결과를 낳아 결국 세계대전으로 치달아 가고 있었다.

예술인, 지식인들은 속수무책으로 어디에 손을 댈지 알 수 없었다. 커져 가는 대도시의 시장문화에 기가 질리고 빠른 속도로 변하는 자연과학과 기술발전에 주눅이 들어 소외되고 떠밀려나 있었기 때문이다. 이들은 도망칠 곳을 찾았고, 하위문화로 찾아 들어가 부르주아의 시민사회를 멸시하며 이를 비판하고 공격하기 위해 보헤미안, 속물, 댄디족, 팜므파탈 등의 인물들을 만들어 냈다. 육감적, 계산적, 성적 등 이런 특성들을 바로 '숙명적인 여인'의 속성으로 집약할 수 있다.

| 아홉 번째 강의 |

여류작가의 여성적 글쓰기

–마르그리트 뒤라스의 『연인』

이은숙(계명대 교양교육대학)

1. 마르그리트 뒤라스의 여성적 글쓰기

마르그리트 뒤라스(Marguerite Duras, 1914–1996)는 20세기 프랑스 여성 작가들 중 가장 빈번하게 여성주의 비평[1]의 대상이 되었던 작가 중 한 사람이다. 구미에서 1970년대 이후부터 본격적으로 논의되기 시작했던 여성주의 비평이 마르그리트 뒤라스를 주목했던 까닭은 뒤라스의 작품이 무엇보다도 주제의 차원에서 여성에 대한 문제의식을 민감하게 보여 주었기 때문이다. 프랑스령 식민지였던 인도차이나의 유년시절부터 가족과 사회에서 주변인으로 살았던 뒤라스는 자신이 직접 겪고 관찰했던 여성의 버려짐뿐 아니라 여성의 수동성과 기다림, 권태로움, 채워질 수 없는 욕망, 자기 정체성을 찾고자 하는 노력, 광기 등의 주제를 『모데라토 칸타빌레』(1958)와 같은 작품 속에서 잘 형상화했다.

뒤라스가 여성주의 비평의 주목을 받은 또 다른 이유는 그녀가 주제의 차원뿐 아니라 글쓰기의 차원에서도 여성적 글쓰기를 실천하는 작가였기 때문이다.

1 이 글에서는 '페미니즘 또는 페미니스트 비평'이라는 용어 대신 '여성주의 비평'이라는 용어를 사용한다.

그녀가 프랑스의 구질서를 파괴하려는 1968년 5월 혁명 이듬해에 『파괴하라, 그녀는 말한다』(1969)를 출판했을 때 파괴의 대상은 그녀가 기성질서의 표현이라고 보았던 남성적 글쓰기였다. 그녀는 그 당시 '학생–작가 행동 위원회'를 이끌면서 '남성처럼' 글을 쓴다고 한 비평가의 초기 주장에 대해 더 이상 자부심을 느끼지 못했으며, 오히려 그것을 추방되어야 할 특징으로 보았다. 따라서 뒤라스는 전통적인 논리를 무효화하고 체계적인 정치적, 철학적 사고를 흩어 놓는 예술을 창조하기 위해 그녀의 글 속에서 남성에게서 배운 것, 즉 규칙, 이론, 기술에서 벗어나기 위한 의식적인 노력을 했다. 뒤라스의 '여성적 글쓰기'의 개념은 바로 이와 같은 '혁명적 글쓰기'[2]의 개념에 근거를 두고 있다.

남성적 글쓰기를 파괴하고자 했던 뒤라스의 여성적 글쓰기는 여성의 사회적·생물학적 존재 상태를 출발점으로 삼는다. 뒤라스는 1975년의 한 인터뷰에서 "여성작가는 여성이라는 점을 글쓰기의 출발점으로 삼아야 하며, 여성 문학 또는 여성의 글쓰기는 바로 이런 여성의 존재 상태를 옮기는 것"[3]이라고 말했다. 그녀의 주장에 따르면 "여성은 수 세기 동안 어둠, 암울함, 미지의 상태, 모호함 속에서 존재"[4]해 왔으며, "여성의 글쓰기는 이미 완성된 이론적인 바탕에서 출발하는 남성의 글쓰기와 다르며, 모든 이론적인 기반을 떠나야 하며, 모든 것을 전복시켜야 한다"[5]는 것이다. 또 뒤라스가 "자신의 글쓰기에 몸, 더 구체적으로 여성의 성욕이 개입한다"[6]고 주장한 것은 일찍부터 여성의 몸을 글쓰기 속에서 적극적으로 나타내고자 했던 자신의 생각을 드러낸 것이다. 이와 같은 뒤라스의 글쓰기는 1970

2 이은숙, 「L'amour에 나타난 침묵과 텍스트의 비응집성」, 『한국 프랑스학 논집』, 제20집, 1995, pp. 87–102의 혁명적 글쓰기에 대한 내용을 참조.

3 Marguerite Duras et Susan Husserl–Kapit, *Signs*, vol. 1, no. 2, 1975, pp. 425–26.

4 위의 책, pp. 425–26.

5 같은 책, pp. 425–26.

6 Duras, *La vie matérielle*, Paris, P.O.L, 1987, p. 77.

년대 데리다의 해체주의에 영향을 받은 프랑스 여성 정신분석학자들, 즉 엘렌 식수, 뤼스 이리거레이, 줄리아 크리스테바 등이 주장한 여성적 글쓰기와 동일한 이론과 현상을 보여 준다. 그들처럼 뒤라스도 글쓰기에 여성만의 장소를 상정하고 육체의 개념을 도입하는 등 여성만의 독특한 미학 위에 세워진 글쓰기를 주장했다는 점이 여성주의 비평으로부터 주목을 받은 이유가 된 것이다.

뒤라스가 작가로서뿐 아니라 여성운동가로서 적극적인 활동을 펼친 것도 여성주의 비평가들로부터 관심을 끈 중요한 이유가 된다. 뒤라스는 시몬느 드 보브아르, 잔 모로 등과 함께 '343인의 선언문'을 통하여 낙태와 피임 운동 등 여성 인권을 옹호하기 위한 운동에 적극 동참하였다. 또 '마법사'[7]의 구성원들과 더불어 여성주의 운동가로서 유감 없는 활동을 보여 준 것까지 고려한다면 여성주의 비평이 뒤라스를 가장 빈번히 인용한 것은 당연한 귀결이라 할 수 있다.

그러나 뒤라스의 전기작가인 알랭 비르콩들레의 설명에 따르면 뒤라스의 고유한 여성성이라고 할 수 있는 '페미니'는 뒤라스가 여성주의 운동에 공식적으로 가담하기 시작한 1970년대 이전부터 그녀 속에 자리 잡고 있었다. 이러한 뒤라스의 여성성은 여성들만의 공간이다. 이것은 "사물을 이해하는 여자들만의 특수한 이해력이며, 여자들 속에 존재하는 노래와 같은 것이다. 남자들은 이 공간으로부터 제외되어 있다."[8] 생물학적인 공간인 여성의 육체도 글쓰기의 장소였던 '여성성'을 구성하고 있다. 이와 같은 여성성에 근원을 두고 있는 뒤라스의 글쓰기는 『연인』(1984)에서 잘 나타난다.

7 알랭 비르콩들레는 이 그룹을 "행동력 있으며, 능동적이고, 전투적이며 유쾌하고도 활발한 모임"이었다고 기억하고 있다. 뒤라스는 이 반항적인 여자들 사이에 있었다.(Alain Vircondelet, *Pour Duras*, Paris, Calmann-Lévy, 1995, p. 32.)

8 Alain Vircondelet, *Duras*, Paris, F. Bourin, 1991, p. 103. 여기에 대해서는 이은숙, 「'숲'의 마그리트 뒤라스의 생태여성주의적 글쓰기」, 『한국프랑스학논집』, 제61집, 한국프랑스학회, 2008, pp. 527-376.

2. 마르그리드 뒤라스의 『연인』

1) 자전적 글쓰기

『연인』(1984)은 뒤라스가 70세가 되었을 때 그녀 특유의 솔직함과 작가로서의 명성과 나이의 힘을 입어 자신의 실재한 삶을 고백한 자전적 글쓰기이다. 이 자전적 글쓰기는 어느 날 공중집회소의 홀에서 한 남자가 뒤라스에게 다가와 "전 당신을 오래전부터 알고 있었습니다. 모든 사람들이 당신은 젊었을 때 아름다웠다고 하더군요. 그러나 제 생각으로 지금의 당신 모습이 젊었을 때보다 더 아름다운 것 같습니다. 저는 지금의 당신, 그 쭈그러진 모습을 젊은 여인으로서의 당신 얼굴보다 훨씬 더 사랑한다는 사실을 말씀드리기 위해 온 것입니다."(11쪽)[9]라는 이야기로 시작된다. 뒤라스가 자신의 자전적 이야기의 첫 부분을 늙고 쭈그러진 얼굴 이야기로 시작하는 것은 70년 동안의 삶이 격렬한 일들로 가득 차 있었다는 것을 암시하는 것 같다.

뒤라스가 『연인』을 쓴 것도 그녀가 자신의 마지막 연인이자 38세 연하의 동성연애자인 얀 안드레아와 불가능해 보이는 사랑에 빠져 있을 무렵이었다. 뒤라스 스스로도 '끔찍한 사건'[10]이라고 불렀으며, 알리에트 아흐멜도 '뒤라스의 삶과 작품 활동에 있어서 획기적인 사건'[11]이라고 평한 바 있는 이 사랑의 사건만 보더라도 모든 경계를 뛰어 넘는 뒤라스의 힘을 짐작해 볼 수 있다. 『연인』은 이처럼 열정적인 뒤라스가 황혼기에 이르러 자신의 삶을 되돌아보며 어린 시절을 낱낱이 파헤친 작품이다.

9 괄호 안의 숫자는 『연인』의 쪽수이다. 이 글에서는 김현아 역, 『연인』(서울: 산호, 1992)을 인용하였다. 원서명은 Marguerite Duras, *L'Amant*, Paris, Editions de Minuit, 1984이다.

10 Marguerite Duras, *Yann Andréa Steiner*, Paris, P.O.L., 1992, pp. 14–15.

11 Aliette Armel, *Marguerite Duras et l'autobiographie*, Paris, Le Castor Astral, 1990, p. 98.

> 내 생(生)의 역사는 존재하지 않는다. 그것은 존재하지 않는다. 거기에는 중심이 없다. 길도 없고, 경계선도 없다. 광활한 장소가 있으면 사람들은 누군가가 그곳에 있으려니 하겠지만 사실은 그렇지 않다. 그곳에는 아무도 없다. (15쪽)[12]

존재하지 않는 생의 역사를 어떻게 이야기할 것인가? 왜 존재하지 않는 것인가? 이 글은 뒤라스의 어느 한 시기가 기억 속에 묻혀 있어 마치 체험되지 않은 것과 같으며, 아울러 그 이야기를 하는 것이 쉽지 않다는 사실을 말해 준다. 뒤라스는 1914년 4월 4일 사이공 북부의 근교 소도시 지아 딘에서 2남 1녀 중 막내로 태어났다. 그녀의 아버지 앙리 도나디으는 프랑스 남부 로트 에 가론느 출신이며, 어머니 마리 르그랑은 프랑스 북부 파 드 칼레 지방 출신이다. 수학을 전공했던 아버지는 인도차이나에 와서 하노이, 토킹, 캄푸치아 등지에 처음엔 교사로, 나중엔 교육책임자로 임명되었다. 어머니는 가난한 농가에서 5남매의 장녀로 태어나 장학금으로 교사교육을 받은 후 열정적이고 야성적인 기질 때문에 식민지로 전출을 자원했고 곧 인도차이나로 발령을 받았다. 두 사람은 인도차이나에서 모범교사 부부였다. 이들 사이에서 큰오빠 피에르와 작은 오빠 폴로에 이어 태어난 뒤라스는 네 살이 될 때까지만 해도 식민지 백인 사회의 상류층에 속한 채, 프놈펜의 옛 궁궐이었던 관저에서 안락한 삶을 누릴 수 있었다.

그러나 아버지가 아메바성 이질로 1918년 세상을 떠난 이후부터 온갖 '충격적인 사건들'(12쪽)이 어린 뒤라스의 삶을 후려치기 시작했다. 뒤라스는 그 이후의 파란만장했던 삶을 오랜 시간 침묵 속에 묻어 두었다. 물론 뒤라스는 『연인』을 쓰기 이전에 『파렴치한 사람들』(1943), 『태평양을 막는 방파제』(1950)와 같은 자전

12 『연인』의 쪽수이다.

적 소설에서 그 시기의 이야기를 하고자 시도했었다. 그러나 이 소설들은 3인칭으로 서술되었다. 이 소설을 쓸 무렵의 뒤라스는 "수치심, 도덕심이 문제가 되어 항상 하고자 하는 이야기의 본질까지 침투하지 못했다."[13] 그러나 노년이 된 뒤라스는 "내가 허구를 쓰지 않은 것은 이번이 처음이다"[14]라고 밝히면서 이 시기의 이야기를 과감하게 노출한다. 이 글에서 사용된 '나'라는 1인칭은 그 이전의 작품에서 3인칭으로 서술된 이야기를 뒤라스 자신의 이야기로 확증하는 역할을 하기도 했다.

이처럼 서두에 나타난 '얼굴'의 이야기는 바로 '뱃전의 영상'에 관한 이야기로 바뀐다. 이 두 이야기 사이에는 어떠한 논리적인 인과관계가 없다. 영상에 대한 이야기는 얼굴의 모티프가 연상시킨 한 장면일 뿐이다. 따라서 이 이야기는 시공간의 흐름을 자유롭게 넘나든다. 그리고 이 영상의 장면은 파편화되어 반복적으로 나타난다.

> 내 나이 열다섯 하고도 반을 넘기던 무렵 메콩 강을 나룻배로 건넌 일이 있었다. 강을 건너는 동안 줄곧 이어지는 그 영상 … 요컨대 내가 말하고 싶은 것은 무엇 때문에 그 부분이 마음에 남았는가 하는 점이다. 그 부분이란 바로 그 강을 건너는 장면이다. 지금 내가 하고 있는 작업은 다르기도 하고 같기도 하다. 이전에는, 분명했던 시기, 밝혀진 시기에 관해서 얘기했었다. 지금 이 글에서는 바로 그 젊은 날의 숨겨진 시기, 그 어떤 감정들, 어떤 사건들에 대해서, 그 매몰물들을 캐내려 한다. (13–15쪽)

16세의 뒤라스가 방학을 마치고 베트남의 사덱에서 사이공으로 가기 위해 메콩 강을 건너던 장면이다. 뒤라스는 "이 영상이 자기 자신에 관계되는 모든 이미

13 Aliette Armel, 'le jeu autobiographique', *Magazine Littéraire*, no. 278, Juin, 1990, p. 28.
14 Aliette Armel, *Marguerite Duras et l'autobiographie*, p. 17에서 재인용.

지들 중에서 가장 마음에 드는 것이며 그 속에서 자신의 진정한 모습을 발견하고 기쁨에 설렌다"(11쪽)라고 말한다. 그러나 이 영상은 찍어 놓지 않았기에 기억 속에서만 존재할 뿐이다.

> 그 영상이 흐려져 결국 사라져 버릴 수 있었던 것은 바로 그 여행 중이었다. 그 영상은 한 장의 사진으로 남을 수도 있었다. … 그 누가 그것에 대해 생각조차 할 수 있었단 말인가? 다만 내 생애에 있어서 그날 강을 건너던 일, 그 사건의 중요성을 짐작할 수 있었더라면 그 영상은 포착되었을지도 모른다. 그런데 심지어 그 영상의 변화가 일어나고 있는 중에도 사람들은 그 사실조차 까맣게 모르고 있었다. 오직 신(神)만이 알고 있었을 뿐. 그 때문에 그 영상은 물론 달리 어떻게 할 도리도 없었겠지만, 존재하지 않는다. 그것은 생략되었고, 잊혀졌다. 그것은 흐려진 것이 아니라 숫제 제거되어 버린 것이다. 바로 그런 부재를 통해 그 영상은 고유한 힘을, 그 어떤 절대성을 표현할 수 있는 힘, 요컨대 창조자와도 같은 힘을 지니게 되었던 것이다. (17쪽)

『연인』의 글쓰기는 찍어 놓지 않아 부재하는 영상에서 시작한다. 단편적으로 조금씩 반복되는 이 영상에 대한 이야기를 전체적으로 연결해 보면 영상 속의 뒤라스는 나룻배를 타고 메콩 강 지류를 통과하고 있다. 그녀는 뱃전 난간에 팔꿈치를 기대어 아름답고, 유유하게, 그러면서도 수평선 끝에서 마치 지구가 기울 듯 쏟아져 내려가는 야성적인 강의 흐름을 바라본다. 그녀의 옷차림은 대담하다. 얇은 생사로 만든, 낡아서 속이 훤히 내비치다시피한 원피스를 입고, 허리는 가죽 벨트로 졸라맨 채, 어머니가 반액세일 때 사 준 금박으로 장식된 높은 구두를 신고, 커다란 검은 리본이 달린 남자용 중절모자를 쓰고 있다. 장밋빛 펠트로 만든 모자였다.

나룻배 위의 자동차 옆에는 모리스 레옹 볼레가 한 대 세워져 있다. 그리고 그 검은 리무진 안에는 퍽 우아한 중국남자가 그녀를 쳐다보고 있다. 그는 밝은 색 명주로 된 양복을 유럽스타일로 입고 있었다. 뱃전에서 소녀에게 담배 한 대를 권하는 그의 손이 떨리고 있다. 그는 백인이 아니기 때문이다. 그는 "이렇게도 이른 아침 시작에, 당신처럼 아름다운 아가씨를, 아시겠소. 이건 정말 의외인데, 원주민용 자동차에 백인아가씨가 있다니."(37쪽)라고 뒤라스를 만난 놀라움을 표현한다. 곧 그는 그녀에게 자기소개를 한다. 파리 유학에서 막 돌아오는 길이라는 것, 자기 집안은 중국 북부 후슈앙 출신이라는 것, 그녀처럼 자기도 집이 사덱이라는 것, 그렇지만 자기네 집은 강가에 자리잡은 큰 테라스와 청색 자기로 만든 난간이 있는 대저택이라는 것. 아버지는 식민지의 개인소유의 부동산을 모두 장악한 세계에서 영향력 있는 소수의 중국인들 중 한 사람이라는 것 등을 말한다.

『연인』의 글쓰기는 바로 이 부재하는, 따라서 기억 속에 저장된 영상에서 시작된다. 뒤라스는 그날 이후 뒤라스에게 일어날 사건의 모든 원인이 이 찍어 놓지 않은 영상 속에 한꺼번에 묻혀 있다는 듯 그 영상의 의미를 풀어내려는 욕망을 충실히 따라간다. 그래서 뒤라스는 반복적으로 이 영상으로 되돌아가며, 반복될 때마다 조금씩 더 이야기를 세밀하게 기억해 내는 것이다.

모든 원인이 압축되어 있는 만큼 이 영상에 담겨 있는 의미는 고정되어 있지 않다. 그것을 밝혀내는 작업도 쉽지 않다. 뒤라스는 마치 말하기 어려움을 말하려는 듯 언어를 지나치게 절제하거나 또는 접속사 없이 쉼표로만 많은 어휘들을 열거한다. 그 결과, 문체는 극단적으로 압축되거나 늘어진다. 또 뒤라스는 연대기적인 순서를 따르지 않은 채 생각나는 대로 한 장면씩만 이야기할 뿐이다. 뿐만 아니라 때때로 고백하기 어려운 사실을 이야기할 때는 이 이야기가 마치 자신의 이야기가 아닌 것처럼 자신을 '그녀'라는 3인칭으로 지칭하여 글의 리얼리티를 모호하게 만들어 버린다. 그 결과 『연인』은 뒤라스가 이전에 썼던 자전적 소설과는 다른 느낌으로 읽힌다.

2) 침묵의 글쓰기

그럼에도 불구하고 『연인』은 침묵으로 가득 차 있는 작품이다. 뒤라스의 가족은 백인이면서도 아버지가 돌아가신 이후 가난으로 인해 불행에 빠지게 된다. 그들은 그 불행에 대해 서로 말을 나누지 않는다.

> 전혀 말을 않는다. 안녕하십니까, 안녕히 가세요, 새해 복 많이 받으세요, 등등 감사합니다란 말도 하지 않는다. 말을 할 필요가 전혀 없다. 모두가 말없이, 멀찍이 떨어져 산다. 돌로 된 가족이다. 어떤 접근도 불가능한 두께 속에서 화석이 된 가족이다. 날마다 우리는 자살하려고, 살인하려고 시도한다. 우리는 서로 말을 걸지도 않지만 쳐다보지도 않는다. 어쩌다 눈에 띄어도 시선을 돌려 버린다. 바라본다는 것은 한순간 그것을 향해서, 그것에 대해서 호기심을 갖는다는 것이다. 그러니 그것은 불행에 빠지는 행위이다. … (56쪽)

'화석과도 같은' 뒤라스의 가족은 생을 살아나가지 않으면 안 된다는 원칙적인 수치 속에 함께 빠져 있었다.(57쪽) 뒤라스의 형제들의 가장 깊숙한 곳에는 절망에 빠진 어머니가 있었다. 『연인』에는 이러한 어머니의 모습이 반복적으로 나타난다.

> … 그러나, 한편으로 우리들, 그녀의 아이들이 마치 불우한 사람들처럼 옷을 입고 있다는 사실에서 나는 당시의 어머니가 때때로 빠져 들었을 그 어떤 정신 상태, 사진을 찍던 당시 어린 나이의 우리로서 예감할 수 있었던 상태를 다시 느낀다. 그것은 갑자기 그녀가 더 이상 우리를 씻겨 주거나, 우리에게 옷을 입혀 주거나, 음식을 챙겨 주는 일조차도 할 수 없는 상태이다. 삶에 대한 그 암담한 절망, 어머니는 날마다 그 절망에 시달리며 지냈다. 때

로는 오래 지속되기도 하고, 때로는 하룻밤 지나면 사라지기도 했다. 나는 완전한 절망에 절망하고 있는 어머니를 지켜볼 수 있는 행운을 지녔었다. 그것은 너무나도 순수해 인생의 어떤 행복조차도, 아무리 그 행복이 강렬한 것이었을지라도 때로는 완전히 해소될 수 없는 것이었다. (20–21쪽)

뒤라스의 어머니는 부모로부터 물려받은 피카르디 지방의 농민의 감성과 힘을 그대로 지니고 있었다. 대단히 열정적이었던 어머니는 마치 광인처럼 에너지를 발산하며 어떠한 실패에도 좌절하지 않는 사람이었지만 그녀가 식민지 정부에 속아서 구입한 개간지는 때때로 그녀를 완전한 무력 상태에 빠트리곤 했다.

메콩 강의 나룻배에 타고 있을 당시, 바로 그 검은 리무진이 등장하던 날, 어머니는 아직도 수로를 막아 개간한 땅을 포기하지 않고 있었다. 때때로 우리는, 우리 세 사람은 예전처럼 밤에 길을 떠나 그곳에 가서 며칠씩 묵곤 했다. 시암 산에 면한 방갈로의 베란다에서 주로 지냈다. 그리고 돌아왔다. 어머니는 그곳에서 할 일이 아무 것도 없었다. 그래도 자주 그곳에 갔다. (31쪽)

아주 다정하고 남을 아주 쉽게 믿는 성격이기도 했던 어머니는 식민지 토지국에 토지분양신청을 했다. 그녀는 20년 동안 저금한 돈을 모두 쏟아부어 1924년 또는 1926년에 지금의 태국인 시암과의 경계선에 위치한 땅을 구입했다. 하지만 어머니가 구입한 그 땅은 1년이면 6개월은 바닷물에 잠기는 경작이 불가능한 땅이었다. 어머니는 제방을 쌓아 밀려드는 물을 막아 보고자 했지만 매번 수포로 돌아갈 뿐이었다. 아버지의 죽음과 더불어 어머니가 식민지 정부에 속아 구입한 바닷물에 잠기는 이 땅은 뒤라스의 가족을 파괴해 버린 주범이었다.

가난했던 어머니는 아무것도 해내지 못하는 두 아들 때문에 절망하기도 했다. 아버지가 돌아가신 후 어머니는 장남인 큰오빠에게 주체할 수 없는 사랑과 기대를 퍼부었다. 큰아들만 '아가'(61쪽)라고 부르고 나머지 두 아이들은 '밑의 애들'(61쪽)이라고 할 정도로 어머니는 큰오빠만 사랑했다. 큰오빠만 죽을 때까지 어머니를 독차지할 수 있었다. 그러나 큰오빠는 번번이 이러한 어머니의 기대와 사랑에 부응하지 못했다. 오히려 그는 어머니의 돈을 훔치고 아편굴의 중국인들의 돈을 훔쳤다. 가족 내에서 큰 오빠는 폭군이었다.

> 우리 가족에 대해 지니고 있는 기억 중 사덱에서의 식사장면이 또 있다. 식당의 테이블에서 우리 셋이서 식사를 하고 있다. 그들은 열일곱, 열여덟 살들이다. 어머니는 없다. 큰오빠는 작은오빠와 내가 먹는 것을 쳐다본다. 그리고는 자기 포크를 내려놓고 이제는 작은오빠만 쳐다본다. 아주 오랫동안 그를 쳐다보다가 갑자기 그에게, 아주 조용하게 무서운 이야기를 한다. 그 말은 음식에 관한 것이다. 그는 동생더러 "조심해, 그렇게 많이 먹으면 안 돼."라고 말했다. 작은 오빠는 대답이 없었고 큰오빠는 계속했다. "제일 큰 고깃덩어리는 항상 내 것이야. 넌 이 사실을 잊으면 안 돼." "왜 큰오빠 것이지?" 하고 내가 묻는다. "그렇게 돼 있으니까."라고 큰오빠는 대답한다. (77쪽)

큰오빠는 마치 악마의 화신처럼 집 안 곳곳에 어두운 분위기를 뿌리고 다녔다. 큰오빠는 죽이거나, 범죄를 저지르거나, 자포자기하거나, 경멸하거나, 여자를 쫓아다니거나, 남을 괴롭히기만 할 뿐이다.(56쪽) 더구나 어머니는 전혀 간섭을 하지 않았다. 뒤라스에게 큰오빠는 끔찍한 공포였다. 뒤라스는 이런 오빠가 죽어버렸으면 좋겠다고 생각했다. 그녀는 큰오빠의 죽음을 기도했다는 사실에 죄책감에 시달리기도 했다.(24쪽)

> 그 일은 밤에 일어났을 것이다. 나는 그때 나 자신이 무서웠고, 하느님이

두려웠다. 낮 동안에는 죽음이 나타나도 덜 무섭고 덜 심각했다. 그런데 죽음은 나에게서 떠나가지 않았다. 나는 큰오빠를 죽이고 싶었던 것이다. 나는 그를 죽이고 싶었고, 한 번만 딱 한 번만 그를 이기고 그가 죽는 것을 보고 싶었다. 어머니의 면전에서 그녀가 사랑하는 그 아들을 제거해 버림으로써, 큰아들을 그렇게도 편애한 어머니를 벌하고 싶었기 때문이었다. 특히 그것은 작은오빠를, 때로는 내 아이처럼 여겨지는 그를 짓누르고 올라선 큰오빠의 생기 넘치는 삶에서 구해 주기 위해서였다. (14쪽)

뒤라스는 검은 베일처럼 가족에게 그림자를 만들어 내고 있는 큰오빠, 작은오빠를 공포에 질리게 하는 그 큰오빠만 사랑하는 어머니에 대해서 증오심을 갖게 된 반면, 자기처럼 어머니에게서 사랑받지 못하는 작은오빠 폴로에 대해서는 연민의 감정을 갖게 된다. 폭군처럼 존재하는 큰오빠에게 작은오빠는 아무 대항도 하지 않는다. 작은오빠는 곧 얼굴이 창백해지며, 속눈썹 사이로 눈물이 괸다. 너무나 연약해서 상처를 잘 받고 단순한 작은 오빠에게 뒤라스는 남매의 사랑을 넘어서는 금지된 사랑의 감정마저 느낀다. 뒤라스는 가족 내에서 큰오빠에게 대항하는 유일한 존재였다. 작은오빠를 큰오빠의 폭력으로부터 구해내기 위해서였다. 이러한 가족 사이에는 어머니를 중심으로 하여 미움과 폭력, 광기와 공포, 사랑과 증오가 뒤엉키기 시작한다. 서로 아무 말도 할 수 없으며 뒤라스 또한 이 이야기를 쉽게 고백할 수 없다. 수치스럽기도 했지만 그 불행을 이해할 수 없었기 때문이다.

뒤라스의 가족은 백인이면서도 가난 때문에 백인사회의 상류층으로부터 배제되어 있었다. 뒤라스의 가족에게는 '도'라는 하녀도 있었다. 또한 뒤라스가 어렸을 때는 하인들을 거느리고 온 가족이 함께 중국으로 여름 나들이를 떠나기도 했다. 그러나 아버지가 돌아가신 후부터 뒤라스의 가족은 백인이면서도 지독하게 가난한 삶의 모순 속에 노출될 수밖에 없었다.

> 우리는 배고프지 않았다. 우리들은 백인아이들이었다. 이따금 가재도구들을 팔곤 했으나 배고프지는 않았다. 우리에겐 심부름꾼도 있었다. 물론 때때로 우리는 지저분한 것들, 작은 악어들을 먹었던 것도 사실이다. 그 지저분한 것을 심부름꾼이 구워 내었다. 식사시중을 드는 그에게 이따금, 우리는 그것을 안 먹겠다고 투정도 부렸다. 우리는 먹고 싶지 않다는 사치를 부릴 수조차 있었던 것이다. (14쪽)

뒤라스는 여성으로서, 가족 내에서는 어머니로부터 버려졌다. 또한 사회에서는 가난으로 인해 프랑스 백인 사회에서 배제되었다. 그러면서도 백인으로서 가진 인종차별의식 때문에 인도차이나 원주민 사회와 중국인 사회에 대해서는 방관자적 태도를 취했다. 뒤라스는 인도차이나에서 추방자로 그리고 국외자로 살 수밖에 없었다.

불행에 대해 침묵하는 것을 원칙으로 삼았기에 뒤라스의 가족은 자기 가족의 불행에 대해 다른 사람에게 한 마디도 입 밖에 내어 말하지 않았다. 그리고 점차 나머지 다른 것들에 대해서도 입을 다물게 되었다. 뒤라스는 "일어난 일이 무엇이냐고 하면 침묵이다"(31쪽)라고 대답한다. 이러한 가족에 대해 뒤라스는 "그 이야기는 침묵이 시작되는 세계의 문턱이다. 나는 글을 쓰고 있다고 믿음으로써 단 한 번도 글을 쓰지 않았다. 사랑하고 있다고 믿음으로써 단 한 번도 사랑하지 않았다. 닫힌 문 앞에서 기다리는 일 이외에 아무 것도 하지 않았다."(31쪽)라고 고백한다. 『연인』을 '침묵의 콩쿠르'[15]로 부르는 것도 바로 이런 이유 때문이다.

3) 욕망의 글쓰기

『연인』에는 영상이나 가족 이야기처럼 사춘기 백인 소녀 뒤라스가 중국남자

15 Aliette Armel, *Marguerite Duras et l'autographie*, p. 84. 이 작품은 1984년에 콩쿠르상을 받았다.

와 나누는 육체적 욕망에 관한 장면도 반복적으로 나타난다. 얼핏 보아 외설적으로 읽힐 수도 있는 이 이야기는 반복될수록 점점 더 과감하게 나타나지만 한편으로는 다른 이야기들과 관계를 맺어 가기도 한다. 뒤라스는 일찍부터 자신의 여성으로서의 육체적인 욕망을 감지하고 있었다.

> 나는 알코올의 그런 속성을 알콜을 입에 대기 이전부터 짐작했었다. 알콜 자체는 단지 그 사실을 확인해 준 것뿐이었다. 당시 내 맘 속에는 그것을 위한 자리가 마련되어 있었다. 다른 사람들과 마찬가지로 나는 그것을 입에 대었는데, 호기심에 차서 너무 일찍 시작했다. 그래서 내 안에는 욕망이 자리잡아 갔다. 열다섯 살 때의 내 얼굴은 관능적이었다. 그렇지만 그때까지 나는 한 번도 쾌락을 경험한 적이 없었다. 그래도 그 관능적인 요태는 뚜렷이 눈에 띄었다. 어머니는 틀림없이 그것을 느꼈을 것이며, 형제들도 눈치챘을 것이다. 나에게선 모든 것이 그런 식으로 시작되었다. 그 눈에 띄는 얼굴, 초조한 표정, 눈자위에 거무스레한 무리가 진 조숙한 눈 때문에 '실험'은 시작되었다. (16쪽)

뒤라스에 따르면 욕망은 외부에서 끌어오려고 해서는 안 되는데, 욕망은 그것을 충동질했던 여자의 몸 안에 있다는 것이다. 첫눈에 벌써 욕망이 솟아나든지 아니면 결코 욕망이란 존재하지 않았든지 둘 중의 하나이며, 그것은 성욕과 직결되어 있는 감정이거나 아니면 아무것도 아니다. 뒤라스는 '경험'하기 전에 이러한 욕망을 이미 알고 있었다.(25쪽) 뒤라스가 뱃전에서 중국남자를 처음 보았을 때부터 그에게 마음이 끌렸던 이유는 이러한 뒤라스의 욕망과 근본적으로 연결되어 있다.

그는 날마다 그녀를 학교에 데려가고, 수업이 끝나면 기숙사에 데려다 주었다. 곧 그는 미친 듯이 그녀를 원하게 되고, 그 둘 사이에는 은밀한 열정이 자라난다. 어느 목요일 오후, 그녀는 기숙사의 산책시간에 살짝 빠져 나온다. 그의 넓은 차를 타고 그녀는 중국인 마을의 콜랑으로 간다. 그때부터 그들은 육체적인 사랑에 빠져든다.

> 그는 그녀를 바라보았다. 눈을 감아도 그녀가 보였다. 그는 그녀의 얼굴 내음을 마신다. 그는 소녀의 냄새를 숨쉰다. 눈을 감고, 그는 그녀의 숨결, 그녀가 내쉬는 따뜻한 숨결을 들이쉰다. 그녀의 육체의 경계선은 점점 희미해져서 그는 이제 분간할 수 없게 된다. 이 육체는, 다른 몸들과 달리, 무한하다. 침실 안에서 그녀의 육체는 점점 확대된다. 그것은 또한 정해진 형태도 없다. 그 육체는 매순간 생성된다. 이 육체는 그가 그걸 보는 곳에만 있는 것이 아니라 다른 곳에도 있다. 시야를 넘어서 퍼져가 유희가 되고 죽음이 된다. 이 육체는 유연하다. 그녀의 육체는 마치 성숙한 여자의 그것처럼 온통 열락의 나라로 떠난다. 그녀의 육체는 속임수가 없다. 놀라운 지능을 가진 육체이다. (93쪽)

중국남자와 사랑을 나눌 때 사춘기 소녀로서 뒤라스의 몸은 "무한하며, 매순간 생성되며, 유희가 되고 죽음이 되며, 유연한"(93쪽) 모습으로 나타난다. 뒤라스는 그 순간 '열락의 나라'(93쪽)로 떠난다고 표현한다. 뒤라스는 중국남자가 말한 대로 욕망을 아는 '뜨거운 여자'였다.(45쪽) 이와 같은 뒤라스의 욕망에 대한 이야기는 마치 여성의 성욕처럼 순환한다. 또 그 이야기가 순환될 때마다 욕망의 다면체적 성격이 밝혀진다.

먼저, 뒤라스가 중국남자와 사랑에 빠졌던 까닭은 그가 부유했기 때문이다. 뒤라스를 만났을 때 중국남자는 백만장자다운 부유함을 드러내는 이야기를 하곤 했다. 그 당시 집안에 돈이 들어올 수 있는 통로는 뒤라스밖에 없었다. 뒤라스가 그 사실을 깨달았을 때는 울고 싶은 심정이 되기도 했다. 실제로 뒤라스는 어머니의 동의하에 중국남자에게서 오백 피아스타를 뜯어내는데, 이것은 파리에 자리 잡는 데 쓸 돈이었다.

또한 중국남자는 뒤라스가 유일하게 가족의 이야기를 할 수 있었던 출구이기도 했다. 그래서 뒤라스는 중국남자에게 슬픔이 바로 자신의 이름 같으며, 그리고 그 슬픔은 어쩔 수 없는 삶의 조건, 가난 때문이라고 말한다.

> 나는 항상 얼마나 슬펐던가. 내가 아주 어린 꼬마였던 시절에 찍은 사진에서도 나는 그런 슬픔을 알아볼 수 있었다. 오늘의 이 슬픔은 내가 항상 지니고 있던 그것과 같은 것임을 느꼈기 때문에, 그 슬픔이 너무나도 나와 닮아 있기 때문에 그 슬픔이 바로 내 이름 같다는 생각이 들 지경이었다. 이 슬픔은 내 연인이라고 오늘 나는 그에게 말했다. 어머니가 사막과도 같은 그녀의 삶 속에서 울부짖을 때, 그녀가 항상 나에게 예고해 준 그 불행 속에 떨어진 내 연인이라고 나는 그에게 말했다. 난, 어머니가 얘기하는 것을 뚜렷이 이해할 수는 없어요. 그러나 이 방이 바로 내가 기다려왔던 것이라는 것을 알아요. 나는 대답을 기다리지 않고 계속 말했다. 어머니는 마치 신의 신탁이나 되는 것처럼 자기가 생각하는 것을 악을 쓰며 말해요. 그 어떤 사람에게도, 그 어떤 신에게서도, 아무 것도 기대해서는 안 된다고 고함쳐요. … 나는 내가 빠져 있는 그 불행에 대해서 개인적인 일을 삼으려는 것은 아니다. 다만 오직 어머니의 월급만으로 먹고, 옷을 걸치고, 요컨대 살아나가는 것이 얼마나 어려운 일인가를 그에게 얘기한다. 점점 말하기가 힘들어진다. 그가 물었다. 그래서 당신 가족들은 어떻게 지냈지? 나는 우리 모두가 밖으로 나돌았다고, 가난이 우리 집의 사면 벽을 허물어뜨려 버렸기 때문에 모두들 집 밖에서 맴돌았다고, 각자가 자기가 원하는 대로 행동하면서 맴돌았다고 대답했다. 우리들은 방랑아들이었다. 그래서 지금 내가 당신과 함께 있는 거예요. 그는 나를 안았고 다시금 욕망 속에 빠져 들어갔다. (48쪽)

뒤라스의 대부분의 작품처럼 『연인』에서도 남성이 실제로 부재하거나 있어도 모두 두려움이 많거나 무능한 존재로 나타난다. 뒤라스에게는 아버지에 대한 기억이 없다. 큰오빠와 작은오빠는 학교공부를 할 능력도 없었고, 사회생활의 기본적인 규칙들을 지켜 나갈 수도 없었으며, 누구를 제대로 쳐다볼 수조차 없는 인물들이었다. 오직 여성인물인 뒤라스와 어머니만이 정면으로 운명을 개척해 나갈 뿐이다. 천성적으로 충동적인 성격을 지녔던 어머니는 제방을 쌓거나, 큰오빠 몫의 땅을 사거나, 병아리를 키우는 등 일을 벌였다. 또 쥘 페리를 신봉하는 열정적인 초등교육자였던 어머니는 인생에서 아주 늦은 나이에도 '라 누벨 에콜 프랑세즈'라는 불어학교를 세워 인도차이나의 아이들에게 불어를 가르쳤다. 어머니의 영향을 받아 강인했던 뒤라스 또한 가족들과 함께 있을 때는 울지 않았다. 그러나 무능한 두 오빠로 인해 뒤라스는 암묵적으로 가족의 가난을 책임져야 했으며, 그 모든 것을 가능하게 한 불행으로부터 달아나고 싶었다. 특히 어머니로부터 탈출하고 싶었다. 중국남자는 이런 뒤라스에게 탈출구였다.

> 엄마의 구두들은 모두 망가져 굽이 내려앉은 것이었다. 그래서 어머니는 절뚝거리는 강아지처럼 걸었다. 그녀는 머리를 반듯이 빗어서 중국식으로 틀어 올리고 있었다. 어머니는 우리를 부끄럽게 만들었다. … 날이 갈수록 굳어져 가는 그 생각. 그것은 무엇엔가 도달해야겠다는 것이 아니라, 지금 있는 곳에서 빠져나가야만 한다는 것이었다. (28쪽)

뒤라스가 '실험'이라고 표현했던 육체적 욕망에 대한 탐색은 어렸을 때부터 반항적이고 당돌했던 뒤라스에게 금기를 뛰어넘고 어머니의 잔소리와 모든 권위와 권력에 저항하는 수단이었다. 뿐만 아니라 뒤라스는 외관상 돈 때문에 또는 욕망 때문에 중국남자를 따라간 것처럼 보이지만 사실은 가족이나 사회에서 주변인으로 살아왔던 자신을 어린아이처럼 보살펴 줄 누군가가 필요했다. 그래서 뒤라스는 중국남자와 육체적인 쾌락의 추구라는 차마 타인에게 털어놓을 수 없는 경험, 즉, '마지막까지 치닫기'(45쪽)에 이른 것이다.

> 그는 뒤라스를 샤워시키고, 씻기고, 닦아 주고 나서 그녀를 껴안는다. (63쪽)
>
> 그렇게 나는 그의 아기가 되었다. 나에게도 그는 또 다른 무엇이 되었다. … 그는 매일 저녁 그의 아기와 사랑을 했다. (94쪽)

이와 같은 뒤라스를 중국남자는 어린 아기처럼 섬세하게 보살펴 주었다. 뒤라스는 그에게만은 여린 사춘기 소녀가 될 수 있었다. 가족 내에서는 결코 울지 않던 그녀는 그에게만은 가족 이야기를 하면서 울 수 있었다. 중국남자는 "당신은 내가 돈이 있으니까 나에게 왔어"라고 말하지만 뒤라스는 "나는 그의 돈과 함께 그 자신도 원하며 있다"(43쪽)고 말하며 그에 대한 복합적인 감정을 표현한다.

뒤라스가 중국남자와 육체적인 쾌락에 집착했던 또 다른 이유는 그들의 사랑은 오직 쾌락 속에서만 출구를 찾을 수 있었기 때문이다.

> 그 둘 사이에 존재하는 것은 앞뒤 생각 없이 허겁지겁 달려드는, 용인될 수 없는 열정이다. 이 광기의 한가운데에 뛰어들어, 아무것도 이해하지 않고, 설명하지 않고, 열린 육체 안으로 향의 연기가 스며들게 내버려 두어야 한다. 이것만으로 살아야 한다. (75쪽)

프랑스 백인 소녀와 중국남자는 아무리 사랑해도 결혼할 수 없다. 그들은 공유할 수 있는 낭만적인 미래가 없기에 그들은 마치 신문기사와도 같은 얘깃거리들만 나눌 뿐이다. 그들은 한 번도 서로의 사랑에 대해 이야기해 본 적이 없다. 그들이 나눈 말이란 단지 밤에 침실에서 신음소리를 내며, 서로의 이름을 부르는 것밖에 없었다.

그러나 뒤라스는 이러한 사랑을 나눌 때 중국남자의 욕망의 대상으로 존재하지 않는다. 그녀의 '단호하고도 사나운 눈매'[16]가 말해 주듯 뒤라스에게는 늘 어딘가 도전하고 맞서는 것 같은 기운이 감돌고 있었다. 어릴 때부터 독립적이던 뒤라스는 대담하게 자신의 욕망을 향유하듯 중국남자와 사랑을 나눌 때 눈을 감지 않는다.

> 나는 그가 내 몸을 즐기는 것을 바라보고 있었다. 그가 어떻게 내 몸을 누리는가를 바라보았다. 나는 그와 같이 육체를 사랑할 수 있다고는 한 번도 생각해 보지 않았다. 그는 내가 바라는 이상으로 내 육체의 숙명에 적합한 곳으로 나를 이끌고 갔다. (93쪽)

지금까지 살펴보았듯이 『연인』은 뒤라스의 삶의 외적 조건과 경험하기 전부터 욕망을 느끼고 있었던 뒤라스라는 여성주체가 함께 어우러져 만들어 낸 작품이다. 이 작품에는 욕망의 이야기가 작품 전체에 걸쳐 분산되어 반복적으로 나타난다. 이 욕망의 이야기는 마치 파도의 움직임처럼 나타났다가 사라지곤 한다. 뒤라스가 육체적인 사랑의 장면을 "바다, 형태가 없는 바다, 다만 비길 데 없는 그 바다"(42쪽)의 이미지로 압축시키거나 또는 "바다가, 더욱 넓게 퍼져가는 바다가 멀어졌다가 가까워졌다가 한다"(46쪽)라는 표현으로 환기시킬 때면 16세의 백인 소녀가 이성의 검열을 없앤 채 누리는 육체적 쾌락의 분위기가 한결 고조된다. 따라서 뒤라스가 『연인』에서 사용한 '흐르는 글쓰기'(33쪽)라는 기법은 뒤라스의 욕망을 표현하는 데는 아주 적절한 글쓰기이다. 뒤라스는 자신의 욕망의 이야기를 마치 욕망의 흐름에 몸을 내맡기듯이, 마치 밀려들고 밀려나가는 파도의 흐름에 몸을 내맡기듯이 써 나가는 것이다.

16 Alain Vircondelet, *Duras*, p. 20.

4) 치유의 글쓰기

그녀는 어렸을 때부터 "내가 원하는 것은 바로 글을 쓰는 것이에요"(26쪽)라고 확신에 차서 어머니에게 선언했다. 어머니는 이에 대해 "그건 가치 없는 일이고, 직업으로서도 부적당하고, 일종의 허풍이야, 유치한 생각이야"(26쪽)라며 일축해 버렸다. 이 생각은 정규중등교육을 받은 후 수학교사가 되기를 바라는 어머니에 대한 소녀의 저항이었다.

> 나는 어머니에게 대답했다. 이전부터 내가 줄곧 원해 온 것은 다른 일, 즉 글을 쓰는 것이라고. 그것 이외에는 아무 것도 싫다고, 다른 아무 것도. 그녀는 질투하고 있었다. 아무 대답 없이 흘깃 보더니 이내 시선을 돌리며 어깨를 으쓱해 보였다. 잊을 수 없는 그 제스처. … 불어 과목에서 일등을 했다. 담임이 어머니에게 말했다. "부인, 당신 따님을 불어에서 일등입니다." 어머니는 아무 말도 안 했다. 아무 말도. 전혀 만족한 빛이 아니었다. 왜냐하면 불어과목에서 일등한 것이 아들들이 아니기 때문에. 어머니가 물었다. "그러면 수학에서는요?" 담임이 대답했다. "아직은 좋지 않습니다. 그러나 곧 좋아지겠지요." 어머니가 물었다. "언제 그럴 때가 올까요?" 담임은 다시 대답했다. "그 애가 수학을 원할 때겠지요. 부인." (28쪽)

뒤라스는 "자연의 잔인하고 숙명적인 현상을 받아들이는 자세를 떨쳐 버리고, 그와는 전혀 반대로 하나의 선택, 정신이 선택한 어떤 모습으로 바뀐 것"(19쪽)을 해 나갈 수 있는 힘이 있었다. 그것이 뒤라스에게는 글을 쓰겠다는 의지로 나타났다. 글을 쓰겠다는 의지에 관한 내용도 반복적으로 언급되면서 다양한 면모를 드러낸다. 뒤라스에게 글쓰기는 단순히 낱말과 낱말을 연결시키는 것 이상의 의미를 지니고 있었다. 그것은 뒤라스에게 고독한 사막을 가로지르고 슬픔을 가라앉히는 위로의 방법이기도 했다. 아버지의 와병, 사망, 가난이라는 새로운 현실, 엄마의 탄식 등 당시의 불행에 맞서 자신을 지켜 나가는 행위였다. 그래서 뒤라스는 당시 인도차이나의 풍경과 삶의 모습을 일일이 눈에 담고 기록한다. 그 이후 뒤라스는 『파렴치한 사람들』(1943)을 출판함으로써 작가의 길을 걷게 되며, 1996년에 작가로서 82세의 생애를 마감하게 된다.

어린 뒤라스가 글쓰기를 통해 위로를 받으면서 사춘기 시절을 지켜냈던 것처럼 노년에 이른 뒤라스는 『연인』의 글쓰기를 통해 또 한번 치유받는다. 그것은 『연인』에 이르러서야 뒤라스가 비로소 뒤라스의 삶을 지배하던 어머니에 대해 자유롭게 쓸 수 있었기 때문이다.

> 작은오빠는 기관지 폐렴으로 사흘 동안 앓다가 죽었다. 심장이 견디지 못했던 것이다. 바로 그때 나는 어머니를 떠났다. 일본에 점령당했던 기간이었다. 모든 것이 그날 끝장이 났다. 나는 어머니에게 우리들의 어린 시절에 관해서도, 어머니 자신에 관해서도 결코 물어 본 적이 없다. 나에게는 그녀가 작은오빠의 죽음과 함께 죽은 것으로 생각되었다. 큰오빠도 마찬가지다. 나는 그 두 사람에 대해서 불현 듯 치밀어 오르는 심한 혐오감을 억제할 수가 없다. 그들은 이제 더 이상 나에겐 중요하지 않다. … 지금 그들은 죽고 없다. 어머니도, 오빠들도. 추억을 더듬어 보기에도 너무 늦었다. 이제 나는 더 이상 그들을 사랑하지 않는다. 예전에 그들을 사랑했는지 어쨌는지는 모르겠다. 나는 그들에게서 떠나 버렸다. 이제 내 기억 속에는 더 이상 아무것도 남아 있지 않다. 그들의 살냄새도, 그들의 눈빛도, 목소리도. 다만 이따금씩, 저녁이면 피로에 지친 부드러운 목소리가 문득 떠오를 뿐이다. 웃음소리는 더 이상 들리지 않는다. 웃음소리도, 고함지르는 소리도. 다 끝났다. 더 이상 기억이 떠오르지 않는다. 그렇기 때문에 지금 나는 어머니에 대해 이렇게 힘들이지 않고 쓸 수 있는 것이다. 이렇게 길게, 이렇게 장황하게. 그녀는 술술 풀리는 글이 되었다. (33쪽)

어머니라는 존재는 어린 시절 뒤라스의 삶을 압도하고 있었다. 어머니의 불행이 어린 뒤라스의 꿈의 자리를 차지하고 있었다. "크리스마스 트리마저 단 한 번도 없었고, 오직 어머니만이 있었다."(49쪽) 뒤라스는 이 어머니를 "사랑이라는 것을 뛰어넘어 사랑했다."(57쪽) 따라서 뒤라스는 어머니가 생존해 있는 동안에는 어머니에 대해 제대로 쓸 수 없었다. 그러나 가족이 모두 사라지고 난 뒤 70세가 된 뒤라스는 어머니에 대해 그리고 어머니로 인한 아픔에 대해 자유롭게 쓰는 것이며, 그 결과 어머니는 술술 풀리는 글쓰기가 된 것이다. 뒤라스는 마치 억압에서 해방되었다는 듯이 어머니의 이야기를 자유롭게 하면서 그동안 솔직하게 얘기할 수 없었던 중국남자와의 육체적 사랑 이야기도 함께 고백한다. 어떤 것을 검열하고 통제하려는 자아의 작용을 배제한 채 해방된 느낌으로 자유롭게 풀어놓는다. 어머니와 관련된 이야기들이 마치 사진의 연금술에 의해 암실 속에서 사진의 색조가 변형되듯이 서서히 드러나는 것이다.

이러한 『연인』의 글쓰기는 그동안 억압된 '체험의 영역'이자 무의식처럼 잠재된 '내적 그늘'을 의식의 세계로 끌어올리는 행위이며, 어둠 속에 묻혀 있던 경험에 빛을 비추는 행위이다. 이러한 글쓰기와 더불어 『연인』의 서두에서 뒤라스가 환기시켰던 자신의 노년의 얼굴 즉, 쭈글쭈글함에도 불구하고 더 아름다운 얼굴의 비밀도 점차적으로 밝혀진다.

이처럼 『연인』은 주제의 차원에서 가족과 사회 내에서 남성과는 다른 공간에서 겪은 여성으로서의 뒤라스의 체험과 여성의 몸의 욕망에 대한 내용을 담고 있다는 점에서 여성적 글쓰기의 특성을 잘 보여 주고 있다. 뿐만 아니라 『연인』은 뒤라스가 내용을 검열하는 이성의 작용을 멈추고, 마치 여성 몸의 리듬에 자신을 내맡긴 채, 무한히 분출하는 쾌락을 향유하듯이 자유롭게 풀어 쓴 글쓰기라는 점에서 문체와 구성의 차원에서도 여성적 글쓰기의 미학을 세워 나가고 있다. 한마디로 『연인』에는 "나는 글을 쓸 때 여성이라는 것이 작용한다"는 뒤라스의 주장이 잘 녹아 있다.

참고문헌

뒤라스, 마르그리트, 김현아 역, 『연인』, 서울: 산호, 1992.

이은숙, 「L'amour에 나타난 침묵과 텍스트의 비응집성」, 『한국 프랑스학 논집』, 제20집, 1995, pp. 87-102.

이은숙, 「프랑스 페미니스트 문학의 이론과 실제: Cixous와 Duras를 중심으로」, 『한국 프랑스학논집』, 제23집, 한국프랑스학회, 1998, pp. 181-193.

이은숙, 『Marguerite Duras의 자서전에 나타난 흐르는 글쓰기』, 경북대 박사학위논문, 1995.

이은숙, 「'숲의 마르그리트 뒤라스'의 생태여성주의적 글쓰기」, 『한국프랑스학논집』, 제61집, 한국프랑스학회, 2008, pp. 257-376.

Armel, Aliette, *Marguerite Duras et l'autobiographie*, Paris, Le Castor Astral, 1990.

Armel, Aliette, 'le jeu autobiographique', *Magazine Littéraire*, no. 278, Juin, 1990.

Duras, Marguerite et Husserl-Kapit, Susan, *Signs*, vol. 1, no. 2, 1975.

Duras, Marguerite, *Le Camion*, Paris, Editions de Minuit, 1977.

Duras, Marguerite, *L'amant*, Paris, Editions de Minuit, 1984.

Duras, Marguerite, *La vie matérielle*, Paris, P.O.L., 1987.

Duras, Marguerite, *Yann Andréa Steiner*, Paris, P.O.L., 1992.

Vircondelet, Alain, *Duras*, Paris, F. Bourin, 1991.

Vircondelet, Alain, *Pour Duras*, Paris, Calmann-Lévy, 1995.

| 열 번째 강의 |

타하르 벤 젤룬의 『모래의 아이』

— 이주, 여성 그리고 이야기[1]

정지용(상명대 불어교육과)

1. 타하르 벤 젤룬 — 그 어느 곳에도 속하지 않은 작가

타하르 벤 젤룬(Tahar Ben Jelloun)은 프랑스로 이주한 모로코 출신 작가다. 그는 1944년 당시 프랑스 식민지였던 모로코에서 출생했다.[2] 프랑스어로 교육을 받고 고등학교 교사가 되었으나, 1956년 독립 이후 모로코가 교육을 아랍어화하자 그는 교직을 그만두었다. 그는 모국어인 아랍어로 교육을 받지 않았기 때문에 스스로 아랍어로 강의를 할 수 없다고 판단했다. 프랑스로 유학을 떠나 『르 몽드』 기자로 활동하며 사회심리학 박사를 받았고 소설, 시, 에세이 등을 발표하기 시작했다. 1985년 『모래의 아이(L'enfant de sable)』를 발표했고, 1987년 발표한 『신성한 밤(La nuit sacrée)』으로 프랑스 최고의 문학상인 공쿠르 상을 받아 세계적인 작가가 되었다. 1997년에 발표한 에세이 『딸에게 들려 주는 인종차별주

1 본 글의 일부분은 정지용, 「타하르 벤 젤룬의 『모래의 아이』에 나타난 정체성 탐구와 이야기의 미로」(『불어문화권연구』, 17, 2007)를 재구성하여 쓴 것임을 밝힌다.
2 모로코는 1912년부터 1956년까지 프랑스 보호령이었다.

의 이야기(Le racisme expliqué à ma fille)』가 다시 세계적인 베스트셀러가 되면서 교육자로서 여러 학교를 순회하며 인류의 화합을 위해 노력하고 있다. 그는 지금까지 노벨상 후보로 여러 번 지목되었다.

식민지 시대부터 모로코를 비롯한 북아프리카의 알제리와 튀니지의 농민들은 삶의 터전을 상실하고 일자리를 찾아 프랑스로 이주했다. 그런데 이들 국가들이 독립한 이후에도 이주는 줄어들지 않고 있다. 오늘날 프랑스에서 전체 이민자 중 마그레브[3] 출신은 약 150만 명으로 전체 이민자의 31%를 차지한다. 이 숫자는 전체 프랑스 국민의 2.4%에 해당하며, 그 비율은 계속해서 증가하고 있다. 이와 같은 집단적인 이주를 '디아스포라(diaspora)'라고 부른다. 이 용어는 그리스·로마시대부터 팔레스타인을 떠나 세계 각지에 거주하는 유대인과 그 공동체를 지칭하는 것이었으나, 오늘날에는 일반적으로 한 국가나 민족이 노예무역, 식민지배, 인종탄압, 분쟁과 전쟁, 빈곤과 노동이민 등과 같은 외적인 압력에 의해 그 삶의 터전을 떠나 여러 국가들로 이주하는 현상이나 그 결과, 또는 그 구성원을 지칭한다.

그렇다면 모로코에서 프랑스로 이주한 타하르 벤 젤룬은 모로코 작가인가, 아니면 프랑스 작가인가? 모로코에서 태어났고 아랍어가 모국어이기 때문에 모로코 작가인가? 아니면 프랑스에서 거주하고 프랑스어로 글을 쓰기 때문에 프랑스 작가인가? 한 국가에서 다른 국가로 이주한 사람들에게 국적은 항상 문제가 된다. 예를 들어, 격투기 선수 추성훈(일본명은 아키야마 요시히로)은 한국인인가, 일본인인가? 그는 링에 올라가면 유도복 양쪽 어깨에 각각 새겨진 태극기와 일장기를 번갈아 가며 손으로 친다. 그 제스처는 한국과 일본이라는 두 국가 어디에도 온전히 속하지 못하고, 두 국가 사이에 분열된 자신의 정체성을 상징적으로 보

3 모로코는 '마그레브(Le Maghreb)'라 불리는 북아프리카에 속해 있다. 마그레브는 그 어원상 '해가 지는 곳'을 의미하며, 그렇기 때문에 '해가 뜨는 곳'을 의미하는 '마슈레크(Le Machrek)' 즉, 이집트에서 이라크와 아라비아 반도에 이르는 지역과 지리적 문화적으로 대비된다. 전통적으로 마그레브는 모로코, 알제리, 튀니지 3개국을 가리키지만, 넓은 의미에서는 모리타니아와 리비아까지 포함하는 지역을 지칭한다.

여 준다. 그가 승리할 때 우리는 그를 한국인이라고 부르고 일본인들은 그를 일본인이라고 부른다. 그러나 그가 패배할 때 우리는 그를 쪽발이라고 부르고 일본인들은 그를 조센징이라고 부를지도 모른다. 그는 두 개의 국가에 속해 있으면서, 또한 동시에 어느 국가에도 속해 있지 않다.

이주 작가들 역시 그 어느 곳에도 속하지 않은 존재들이다. 근대 민족국가는 '국어'와 '국문학', 그리고 그 제도적 교육을 통해 성립되었기 때문에 이질적인 언어, 이질적인 문화에 대해 근본적으로 배타적이다. 베네딕트 앤더슨이 말하는 것처럼 단일한 민족으로 구성된 국가라는 것은 일종의 상상의 공동체로, 결국 각 개인들이 문화적 표상체계를 통해서 감정적 귀속감을 가질 때만 구성될 수 있는 것이다.[4] 그렇기 때문에 민족국가는 그 토대를 위협할 수 있는 이질적인 '소수문학'을 국민문학사로부터 배제시킨다. 모로코에서 타하르 벤 젤룬은 대외적으로 자국을 대표하는 작가로 인정을 받고 있지만, 모로코의 국어인 아랍어로 글을 쓰지 않고 과거 식민지 지배 국가였던 프랑스의 언어로 글을 쓰는 작가라는 비판으로부터 자유로울 수는 없다. 그가 정착한 프랑스에서 그는 프랑스어로 글을 쓰지만 그의 작품은 '프랑스' 문학이 아닌 '프랑스어권' 문학, 즉 프랑스를 제외한 프랑스어 사용 국가의 문학으로 간주되고 있다. 결국 그의 자리는 어디에도 없다고 할 수 있다. 지중해 남쪽 모로코에도, 지중해 북쪽 프랑스에도.

추성훈이 자신은 '두 개의 혼'을 지니고 있다고 말한 것처럼 이주자들은 자아의 분열로 인한 갈등으로 평생 고통스러워한다. '이중 언어'는 이를 가장 상징적으로 보여 준다. 이주 작가들은 떠나온 국가의 모어(母語)로부터 자유롭지 못하며, 동시에 정착한 국가의 언어 또한 능숙하지 않다. 이들에게 이중 언어는 단순히 두 언어를 능숙하게 사용할 수 있다는 언어능력을 의미하는 것이 아니라, 두 언어로 상징되는 두 국가, 두 문화 사이의 갈등과 폭력의 경험을 의미한다. 글을

4 베네딕트 앤더슨,『상상의 공동체: 민족주의의 기원과 전파에 대한 성찰』, 윤형숙 역, 나남, 2002, pp. 19–27.

쓸 때마다 심화되는 자기 분열의 경험 때문에 타하르 벤 젤룬은 자기정체성의 문제에 대해 집요하게 파고든다. 나는 누구인가? 그는 이 문제에 답하기 위해 글을 쓰고, 글을 쓸 때마다 이 문제가 그를 괴롭힌다.

2. 자신을 찾아 떠나는 이야기

타하르 벤 젤룬의 작품은, 그것이 소설이든 자전적인 것이든, 내면에 대한 성찰이든 여행의 기록이든, 모두 자기 정체성에 대한 탐구의 기록이라고 할 수 있다. 그중에서도 여성이 등장하는 『모래의 아이』와 그 뒷이야기인 『신성한 밤』이 가장 대표적인 것이라고 할 수 있다. 물론 이 이야기는 이주 여성의 이야기는 아니다. 그러나 여성으로 태어났지만 아버지에 의해 남성으로 살게 된 여성을 통해, 남성도 아니고 여성도 아닌 이중으로 분열된 존재의 내면과 그가 자기의 정체성을 찾아 떠나는 험난한 여정을 독특한 문체와 구성으로 보여 주고 있다.

타하르 벤 젤룬은 모로코의 한 마을에서 실제로 일어났던 사건으로부터 영감을 얻어서 이 소설을 썼다. 가부장적인 아랍문화에서 여성은 남성을 중심으로 성립된 가문에 종속된 존재라고 할 수 있다. 그들은 교육과 사회 진출에서 배제되었으며, 오직 가문의 대를 잇기 위한 출산과 양육과 가사노동을 위해 존재했다. 반대로 코란에 "사내 자식에게는 딸자식 둘에 해당하는 몫을 주어라"(62쪽)[5]라고 쓰여 있을 만큼 대를 이을 수 있는 남자 아이는 가정과 사회에서 모든 특혜를 누렸다.

이런 남성 중심사회에서 딸만 일곱을 둔 하지 아흐메드는 절망할 수밖에 없었다. 아들이 없다는 것은 곧 아버지로 인정받지 못한다는 것을 의미했다. 아버지의 권위가 없는 그는 "상처 입고 분노하는 일개 유령에 불과"(27쪽)했다. 상속을 할 아들이 없다는 것은 곧 자기 가문의 소멸을 의미했다. 이슬람법에 따라 그

5 타하르 벤 젤룬, 『모래의 아이』, 이세진 역, 새물결, 2007. (이하 인용부분은 본문 안에 (쪽수)로 표기함.)

가 죽으면 "딸들은 재산의 3분의 1만 물려받게"(22쪽)되어 있었고, 나머지 재산은 아들이 있는 그의 형제들에게 돌아가게 되어 있었다. 그의 형제들은 그를 조롱했고, 그가 죽기만을 기다렸다. "말없는 증오가 그들 사이를 갈라 놓았"(22쪽)다.

하지 아흐메드의 아내는 여덟 번째 임신을 했다. 그는 이번에 태어날 아이는 무슨 수를 쓰더라도 아들이 될 것이라고 결심했다. 그의 기도를 저버리고 여덟 번째에도 다시 딸이 태어났다. 그러나 그는 이번에는 절망하지 않았다. 그는 이미 모든 준비를 용의주도하게 끝냈다. 아내를 설득하고, 늙은 산파를 매수했다. 산파는 아이가 태어나자 창문을 열고 "아들이요, 아들"이라고 외쳤고, 그는 모두 자기가 꾸며 놓은 일이라는 것을 잊어버린 것처럼 좋아 했다. "그의 눈에 비친 아이는 딸이었지만 그는 그 애가 아들이라고 굳게 믿었다."(32쪽) 그는 아이에게 자신의 이름인 아흐메드를 물려주었고, 아들로 키웠다. 그는 "아버지의 작전대로 만들어졌고 그에 따라 성장"(48쪽)했다.

아랍 사회에서 남자가 된다는 것은 폭력에 익숙해진다는 것을 의미했다. 힘이 없는 남자는 남자가 아니다. 할례는 어린 아이가 남자가 되는 의식이다. 폭력을 경험하지 않고서는 남자가 될 수가 없다. 최초의 폭력을 남성의 성기에 새겨 넣는 의식, 그것이 곧 할례다. 아흐메드의 아버지는 교묘하게 할례를 수행하는 이발사에게 자신의 손가락을 자르게 했다. 아무도 그가 손가락에 붕대를 감고 있는 것을 이상하게 여기지 않았다. 하지만 그런 눈속임만으로 모든 것을 해결할 수는 없었다. 남자는 스스로 싸워 자신을 지킬 줄 알아야 한다. 아버지는 아흐메드를 남자로 만들기 위해 싸워서 살아남는 법을 가르쳤다. 어느 날 아이가 불량배들에게 맞아 울면서 집에 돌아왔을 때 아버지는 아이의 뺨을 때리며 말한다. "네가 계집애냐, 질질 짜게! 남자는 우는 게 아니야!"(45쪽)

어린 시절이 지나고 아흐메드의 몸에 변화가 일어나자 아버지는 아이의 가슴선이 드러나지 않도록 천으로 동여 묶었다. 얇은 천을 꽉 잡아당겨 묶어 숨도 못 쉴 정도였으나, 아흐메드는 "아버지의 의지"(48쪽)에 저항하지 않았다. 그는 "이 사회에서 살아가려면 여자보다 남자가 낫다는 것"(48쪽)을 금방 깨달았다. 아흐메드는 누나들과 달리 학교에 갔고, 글을 읽고 쓸 줄 알게 되었고, 아버지로부터 사업을 물려받았다. 그의 사업 수완은 곧 아버지를 능가했다. 그는 주인으로서 명령을 했고, 누나들에게 점심과 저녁을 차리게 했다. 누나들은 말없이 복종했다. 그는 아버지가 강요한 운명을 적극적으로 받아들였다. 그는 아버지에게 말한다. "저는 이렇게 살아가기로 했고 이렇게 살 겁니다. 뿐만 아니라 이렇게 사는 게 좋아요. … 게다가 제가 절대로 얻을 수 없었을 여러가지 특권을 누릴 수 있는 삶이지요. … 저는 평생 이 모험을 하기로 했습니다. 이 이야기의 끝까지 가고 싶습니다. 저는 남자입니다."(58쪽)

그는 자기의 진실을 보지 않기 위해 거울을 피했다. 그러나 육체의 변화를 막을 수는 없었다. 겉으로 드러나는 육체의 변화는 숨길 수 있었지만, 자기 육체의 진실을 부정할 수 없었다. 어느 날 아침 다리 사이로 흘러나온 피는 천으로 감춰두었던 육체의 진실을 폭로했다. 진실과 대면하면서 그의 의식은 분열되기 시작한다. 그는 자신을 둘로 분열된 존재, 이중의 모순된 존재로 인식한다. "오, 신이시여, 이 진실이 내게 너무 버겁습니다! 너무 가혹합니다! 너무 준엄합니다! 나는 집을 짓는 자이자 그 집이요, 나무이자 수액이요, 나 자신이자 타자요, 나 자신이자 다른 여자일지니."(53쪽) 자기의 정체성에 대한 질문은 끊임없이 그를 괴롭힌다. "나는 누구인가? 타자는 누구인가?"(64쪽) 그는 아버지에게 묻는다. "요즘은 거짓과 기만의 시대가 아닌가요? 저는 인간입니까, 아니면 하나의 이미지입니까? 살아 있는 몸뚱이입니까, 아니면 일종의 권위입니까? 시들어 버린 정원의 돌입니까, 아니면 고집스런 나무입니까? 말씀해 보세요, 저는 누구입니까?"(57–58쪽)

육체와 이름의 모순이, 존재와 외관의 갈등이 심각해지면 질수록 아흐메드는 권위적이 되어 갔으며, 사람들과 교류를 끊은 채 집의 높은 방에 칩거했다. 그는 이 위기를 극복하고, 또 아버지가 만들고 자신이 받아들인 운명을 끝까지 밀고 나가기로 결심한다. 그는 '완벽한 이슬람 남자는 결혼한 남자다'라는 마호메드의 말에 따라 사촌 파티마를 아내로 맞이하기로 한다.

파티마는 한쪽 다리를 절었고, 종종 간질발작을 일으켰다. 그녀의 얼굴은 점점 더 심해지는 발작으로 인해 일그러졌고 주름이 깊게 파였다. 코는 작았고, 뺨에는 여드름이 났고, 발작을 일으키면 입이 돌아갔다. 사람들은 모두 그녀를 피하고 멀리했다. 그녀는 작은 방에 칩거했다. 가족마저도 그녀의 존재를 종종 잊었다. 모두가 잊어버리고 싶어 하는 존재, 스스로 사라지고 싶은 존재, 바로 그 때문에 아흐메드는 파티마를 아내로 맞아들이기로 했다. 그러나 두려움에서 벗어나고 자신이 맡은 역할을 강화하기 위해 결혼한 파티마는 오히려 잊고 싶어 하는 자기 존재의 진실을 드러내 보여 주었다. 그녀는 그의 진실을 비춰 주는 "거울"이었다. 여성으로 태어났지만 아무도 여성으로 인정해 주지 않았던 파티마는 아흐메드가 여성이라는 것을, 그 역시 자신처럼 불구였다는 것을 알아보았다. 이 세상에서 살기를 거부하고 서서히 사라져 가는 파티마는 아흐메드에게 마지막 말을 남긴다.

> 난 늘 알고 있었어요, 당신이 나의 언니, 사촌언니 같은 사람이라는 걸요. 그리고 내가 여기서, 바로 당신 곁에서 죽으려고 왔다는 것도요. 우리는 둘 다 바짝 마른 우물 바닥의 돌에, 열매를 맺지 못할 땅에 기댄 채 태어난 사람들이지요. 애정 없는 시선들 속에서 태어난 사람들이지요. 우리는 불구이기 전에 여자예요, 아니 여자라서 불구인지도 모르지요. … 갈게요 … 나는 당신의 여자고, 당신은 나의 아내예요. (90쪽)

파티마의 죽음 이후 아흐메드는 다시 자기 정체성의 문제로 흔들린다. 그가 이제까지 피해 왔던 여성으로서의 길을 가도록 결심한 것은, 가슴을 동여매듯이 육체 깊숙이 억압해 왔던 욕망, 남성의 욕망이 아닌 여성의 욕망 때문이었다. 꿈속에 한 남자가 나타나 아흐메드의 육체적 감각과 욕망을 일깨운다. 그의 존재가 흔들렸다.

아흐메드는 그 동안 자신을 가두고 있던 방의 "창문을 열고, 태양을 정면으로 바라보기"(109쪽)로 한다. 그러나 자기 자신을 직시하고 되찾는 것은 쉬운 일이 아니다. 그는 그동안 잃어 버렸던, 한 번도 사용하지 않았던, 자기 육체의 언어를 배우기 시작한다. 여자처럼 말하는 것을 배우고, 거울에서 자신을 바라보는 것을, 자신의 벗은 육체를 바라보는 것을 배우기 시작한다. 그는 의지로 통제할 수 없는 육체의 감각을 되찾기 시작한다. 그는 자기 자신을 찾아 길을 떠난다. "나는 변신하는 중입니다. 조금은 절뚝거리면서, 조금은 망설이면서, 불구자처럼 다리를 질질 끌면서 나에게서 나에게로 가는 중이란 말입니다. 가고는 있어도, 언제 어디서 이 여행을 그만둘지 모릅니다."(110쪽) 집을 나온 아흐메드는 그가 남자이자 여자인 것을 알아본 노파가 운영하는 곡마단에 들어간다. 그는 남장 여인이 되어 남성들 앞에서 춤을 춘다. 사람들은 이제 그를 자흐라라 부르게 된다.

3. 이야기의 이야기, 한없이 이어지는 이야기

아흐메드-자흐라의 모험은 어떻게 끝날까? 그는 자기 자신으로 되돌아갈 수 있었을까? 그 답을 기대하며 이야기를 따라가는 독자는 점점 더 미로 속으로 빠져들고 있다는 것을 깨닫게 된다. 장 리카르두가 한 "소설은 더 이상 모험의 글쓰기가 아니라, 글쓰기의 모험이다"라는 유명한 말처럼, 타하르 벤 젤룬의 소설은 장이 바뀔 때마다 아흐메드가 자기를 찾아 떠나는 모험의 이야기에서, 그 이야기의 이야기로, 그 이야기의 모험으로 바뀌어 간다. 장자가 나비가 되어 나는 꿈을 꾸고 일어나서 내가 나비가 된 꿈을 꾼 사람인지, 아니면 사람이 된 꿈을 꾼 나비인지 모르겠다고 한 유명한 일화처럼 이 이야기는 현실과 허구의 경계에 대해 끊임없이 의문을 던진다.

이와 같이 이야기에 대한 이야기, 픽션에 대한 픽션을 포스트모더니즘에서는 '메타픽션(metafiction)'이라 부른다. 파트리샤 워의 정의에 따르자면 "메타픽션이란 픽션과 리얼리티와의 관계에 의문을 제기하기 위해 가공물로서의 그 위상에 자의식적이고 체계적으로 관심을 갖는 허구적인 글쓰기"를 가리킨다.[6] 전지적이며 객관적인 화자에 의해 서술되는 전통적인 소설에 익숙한 독자들에게 이 소설은 매우 전위적인 포스트모던 소설로 보인다. 그러나 『천일야화』의 세헤라자데처럼 '이야기꾼(storyteller)'은 아주 오래전부터 있었다. 이야기꾼이 사라지고 '저자(author)'가 등장한 것은 인쇄술의 발달로 종이로 된 책이 광범위하게 보급되면서 혼자서 쓰고 혼자서 읽는 것이 지배적이 된 근대 이후이다.

타하르 벤 젤룬은 자신을 근대적 의미의 저자가 아니라 이야기꾼이라고 말한다. 이야기꾼은 "자신의 내면을 읊조리는 개인이 아니라 타인과 상호작용하며 사회에 다양한 잠재성과 가능성을 제공하는 공인"[7]이다. 그는 자서전적인 이야기 『대필가(L'écrivain public)』에서 지식인으로서 작가의 역할은 글을 쓸 줄 모르는 다른 사람들의 이야기를 듣고 글로 그대로 옮겨 적는 것이 아니라, 그들의 이야기를 공감하고 자신의 내면으로 받아들여 새로운 이야기로 재구성하는 것이라고 말한다. 그는 자기만이 할 수 있는 이야기를 찾지 않고, 다른 사람의 이야기를 듣고, 그 이야기를 상상을 통해 산 다음 모든 사람이 공감할 수 있는 우리의 이야기로 만든다. 실화를 바탕으로 한 『모래의 아이』와 『신성한 밤』뿐 아니라, 북아프리카 이주 노동자들과의 상담을 통해 발표한 에세이 『가장 처절한 고독(La Plus Haute des solitudes)』과 그 뒤에 나온 소설 『고독한 칩거(La Réclusion solitaire)』, 모로코 왕정의 독재에 항거해 암살을 기도했던 죄수의 이야기를 담은 『빛의 부재는 눈을 멀게 한다(Cette aveuglante absence de lumière)』, 아버지의 이야기인 『탕헤르의 고요한 날(Jour de silence à Tanger)』, 어머니의 이야기인 『내 어머니에 대하여(Sur ma mère)』 등 그의 대표적인 작품들은 모두 타인의

6 퍼트리샤 워, 『메타픽션: 포스트 모더니즘 문학이론』, 열음사, 1989, p.16.
7 한혜원, 『디지털 시대의 신인류, 호모 나랜스』, 살림, 2010, p.25.

이야기를 듣고, 공감하고, 자신의 상상 속에서 다시 창작된 것들이다.

『모래의 아이』에서 아흐메드의 이야기는 그가 쓴 일기를 가지고 있는 광장의 이야기꾼에 의해 시작한다. 그는 청중들에게 자신이 앞으로 하게 될 이야기는 자기의 이야기나 허구의 이야기가 아니라, 아흐메드가 남긴 일기 속의 이야기를 자신이 되살아서 하는 것이라고 말한다.

> "나는 그 책을 읽었네. 그리고 다른 이들을 위해 그 내용을 읽어 주었네. 나의 밤, 나의 몸을 통하지 않고서는 그 책을 접할 수 없어. 내가 그 책인게야. 나는 비밀의 책이 되었다네. 내 생애를 대가로 치르고 그 책을 읽었지." (16쪽)

그는 광장에 모인 청중들에게 "우리는 이제 구경꾼이 아니야. 우리 역시 이 이야기라는 한 배를 탄"(29쪽) 것이라고 말하며, 이야기를 같이 따라 듣는다는 것은 미로를 헤매거나 사막을 가로지르는 것처럼, 길을 모르는 채 떠나는 여행과 같다고 하면서 이야기를 시작한다. 실제로 소설의 전반부에서 독자는 장을 넘길 때마다 마치 모로코의 오래된 도심인 카스바의 미로를 빠져나가듯 문을 하나씩 하나씩 지나 사막으로 나가게 된다. 각 장은 아흐메드의 성장과정과 심리변화에 따라 2장부터 7장까지 "목요일의 문", "금요일의 문", "토요일의 문", "밥 엘 하드", "잊혀진 문", "유폐된 문"이라 이름 붙여져 있으며, 맨 마지막 장은 "모래의 문"으로 되어 있다. 이야기꾼은 마치 여행 가이드처럼 광장에 모인 청중들을 이끌고 미로 같은 길과 문을 통과하며 이야기를 한다. 이야기는 미로가 되며, 미로는 이야기가 된다.

아흐메드의 일기를 가지고 있는 이야기꾼이 이야기를 처음부터 끝까지 독점하지는 않는다. 그는 광장에 이야기를 듣기 위해 매일 모여드는 청중들에게 같이 이야기를 짓자고 한다. "이 책에는 여백이 있다네. … 이건 독자들의 재량에 맡긴다는 거야. 바로 자네들에게 말이지!"(48쪽) 그가 아흐메드가 어떻게 성장했을지 묻자 사람들은 각자 나름대로 생각을 해서 이야기를 지어낸다. 어떤 이는 그가 아버지의 의지와 자기 몸에 일어나는 변화 사이에서 갈피를 못 잡았을 것이라고 하고, 반대로 어떤 이는 그가 남자답게 행동하는 법을 배워 아버지의 뒤를 이을 것이라고 한다. 우리말 '짓다'라는 동사에 여러 가지 재료를 섞어서 집이나 약, 또는 작품을 만든다는 뜻이 들어 있는 것처럼 청중들은 각기 다른 이야기 재료를 가져와 섞으면서 아흐메드의 이야기를 짓기 시작한다. 이와 같이 이야기 속에는 단 한 명의 저자가 있는 것이 아니라 수많은 익명의 이야기꾼들이 들어 있다. 이야기는 이렇게 원래 '집단 지성'의 산물이었다.

그런데 이야기꾼과 청중들은 과연 아흐메드의 이야기를 따라 미로의 끝까지 갈 수 있을까? 소설을 읽으며 이야기를 뒤쫓아 가던 독자는 갑자기 이야기꾼이 사라져 버린 것을 알게 된다. 그가 사라진 지 벌써 8개월하고도 24일, 그의 이야기를 경청하던 청중들도 광장에서 그를 더 이상 기다리지 않게 되었다. 사실 사라진 것은 "광장"이었다. 아랍 전통문화에서 광장은 좁은 길이 모였다 다시 갈라지는 곳이며, 사람들이 모였다 흩어지는 곳이며, 소문과 이야기가 입에서 입으로 전해지는 곳이다. 즉 광장이 사라졌다는 것은 이야기가 떠돌고, 이야기를 함께 나누고, 또 다 같이 참여해서 이야기를 지어낼 수 있는 공간이 더 이상 존재하지 않게 되었다는 것을 의미한다.

프랑스 식민지 통치기간뿐 아니라 독립 이후에도 강압적인 근대화가 진행되면서 도심의 구불구불한 미로와 광장은 반듯하게 정리되기 시작했다. 그러면서 동시에 광장에서 이루어지던 전통문화 역시 사라져 갔다. "젊은 기술관료들의 선동"에 의해 구청은 베토벤의 교향곡 5번의 멜로디가 흘러나오는 음악분수를 설치하기 위해 광장을 "청소"했다.(152쪽) 광장은 깨끗해졌다. 뱀 주술사, 나귀 조련사, 서커스 견습공, 남쪽에서 가뭄 때문에 올라온 거지, 못을 삼키는 술 취한 춤꾼, 점쟁이로 전업한 늙은 창녀, 소녀들을 매혹하던 피리 연주가, 찐 양 머리를 팔던 가게, 이가 다 빠지고 눈이 먼 늙은 가수, 어린애들에게 춘화를 보여 주던 남자... 모두가 광장을 떠났다. 이제 광장은 더 이상 과거의 문화적 기억을 간직하고 있는 공간이 아니라 단지 "깨끗한 곳"일 뿐이었다. 모두가 떠난 그곳에는 유럽에서 온 관광객을 위한 "클럽 메드" 여행사만 남았다.

더 이상 이야기를 할 곳을 잃어버린 이야기꾼은 슬픔으로 죽었다. 가슴에 아흐메드–자흐라가 쓴 일기를 가슴에 안고서. 그렇다면 아흐메드의 뒷이야기는 어떻게 될까? 이야기는 끝까지 계속되어야 한다. 적어도 광장에서 이야기를 경청했던 살렘, 아마르, 파투마는 그렇게 생각했다. 그들은 근대화의 불도저가 밀어 버리지 않고 남겨놓은 아주 조그만 카페에 앉아 각자가 알고 있는 아흐메드–자흐라의 뒷이야기를 계속한다. 소설의 14장 살렘, 15장 아마르, 16장 파투마는 각각 이 세 사람의 이야기로 구성되어 있다.

살렘은 세네갈에서 잡혀 온 흑인 노예의 아들이다. 그는 자흐라가 서커스단에서 짐승처럼 다루어졌으며, 늙은 노파의 아들이 압바스에게 강간당한 뒤, 그를 죽이고 자신도 자살했다고 이야기한다. 살렘은 아흐메드의 가족들은 시신을 보고 그가 여자였다는 사실에 경악했으며, 그 뒤 익명의 권세가가 그를 위해 여성의 탐스러운 엉덩이를 닮은 무덤을 만들어 주었다고 말한다.

이야기를 듣고 있던 아마르는 살렘이 소녀나 소년을 강간하는 꿈을 꾸고 있다고 비난한다. 그렇기 때문에 자신을 압바스뿐만 아니라 자흐라와 동일시했고, 변태적인 욕망을 충족시키기 위해 그 다음 이야기를 모두 만들어 냈다고 꾸짖는다. 그는 죽은 이야기꾼이 읽어 주던 아흐메드의 일기를 자기가 병원의 간호사에게서 샀다고 밝힌 뒤, 그것을 가지고 와 살렘과 파투마에게 읽어 준다. 아마르는 일기에 쓰인 것을 보면 아흐메드는 테라스 위에 있는 높은 방을 한 번도 떠난 적이 없으며, 그곳에서 아흐메드가 고독하게 죽어갔다고 생각한다. 은퇴한 늙은 교사인 아마르는 자신이 아흐메드의 이야기에 관심을 가지고 있는 것은 그것이 수수께끼 같은 측면이 있어서뿐 아니라, 모로코 사회의 폭력적인 성격을 극단적으로 표현하고 있기 때문이라고 말한다.

세 사람 중 유일한 여자인 파투마는 두 남자의 이야기를 듣고 나서 자신은 학교에서 교육을 받은 여성이라고 소개한다. 그녀는 자신이 학교를 통틀어 유일한 여자였고, 아버지는 자신을 자랑스러워했으며, 딸을 가진 것을 부끄러워하지 않는다고 말하곤 했다고 말한다. 그리고 그녀는 자신이 바로 문제의 일기를 쓴 사람이라고 밝힌다.

과연 누구의 이야기가 사실일까? 세 사람은 모두 자신이 처한 상황과 욕망에 따라 아흐메드의 이야기를 이어갔다. 그것이 곧 이야기가 아닐까? 입에서 입으로 전해지면서, 이야기하는 사람들의 비밀과 소원이 더해지면서, 길어지기도 하고 줄어들기도 하고 순서와 내용이 계속해서 바뀌는 것이. 파투마는 이렇게 말한다. "나는 이렇게 해서 꿈속에서 사는 법과 내 인생을 순전히 지어낸 이야기로 만드는 법을 배웠어. 내 삶은 실제로 살았던 것처럼 기억되는 이야기가 된 거야."(193쪽) 이 세 사람의 이야기는, 심지어 아흐메드의 이야기를 시작한 이야기꾼의 이야기까지 모두 '사실'이 아닐 수 있다. 그러나 그 모든 이야기는 이야기하는 사람들의 '진실'을 담고 있다.

카페에서 세 사람의 이야기를 듣고 있는 눈먼 음유시인이 그들과 합석한다. 소설의 17장은 눈먼 음유시인의 이야기로 구성되어 있다. 그는 자신이 먼 곳에서, 다른 세기에서 살다가 왔으며, 한 이야기에서 다른 이야기로 옮겨 다니는 사람이라고 소개한다. 나아가 그는 이야기 속에 있는 인물이며, 그렇기 때문에 그 자신이 곧 이야기책이라고 말한다. 결국 사람들이 이야기를 하는 것이 아니라, 이야기가 사람들을 사로잡고, 그 육체 안에서 들어가 사는 것이라고 할 수 있다. 이야기는 이야기를 하는 사람의 몸에서 이야기를 듣는 사람의 몸으로 옮겨 가고, 또 그렇게 또 다른 이야기와 섞이기도 하면서, 끊임없이 움직이며 흘러간다. 부에노스아이레스에서 만났던 여인의 이야기를 하던 눈먼 음유시인은, 옆에서 청중들을 모아놓고 다른 이야기를 하고 있던 여인의 이야기를 듣더니 갑자기 자리를 옮겨 간다. 그는 그렇게 자기가 하고 있던 이야기에서 끝도 시작도 모르는 다른 이야기로 옮겨 가 버린 것이다.

그렇다면 이제 아흐메드의 이야기는 어디로 갔는가? 마치 사막의 모래가 바람에 흩어지듯이 사라져 버린 것인가? 사실 그는 사막의 아이, 말의 아이가 아니었던가. 그때 광장 건너편 카페에서, 푸른 터번을 두른 남자가 이야기를 계속한다. 그는 아흐메드의 조카가 자기 이야기가 적힌 200페이지가 넘는 커다란 공책을 주었다고 밝힌다. 그러나 그는 그 책에 적힌 글씨는 보름달 빛에 다 사라졌으며, 자신은 거기에 적힌 모든 것을 잊어 버렸다고 말한다. 그러고 그는 아흐메드의 뒷이야기를 청중들에게 맡기고 가 버린다. "난 말이지, 자네들 앞에 이 책과 잉크병과 펜을 내려 놓겠네. 그리고 이제 죽은 자들의 무덤에서 코란을 읽어 주러 가겠네."(244쪽)

4. 떠도는 삶과 이야기

아흐메드는 여성으로 태어났지만 아버지의 의지에 따라 남성으로 성장했다가 자기 자신을 찾아 길을 떠난다. "가슴 달린 남자"(124쪽), "수염을 깎지 않는 여자"(141쪽), 그는 남성도 아니고 여성도 아니다. 어디에도 속하지 않은 존재라는 점에서 그는 이주한 국가에도, 정착한 국가에도 속할 수 없는 이주자들과 같은 운명을 살고 있다고 할 수 있다.

나는 누구인가? 아흐메드가 고통스럽게 자문하는 것처럼 이주자들 역시 자기의 정체성을 찾기 위해 필사적으로 노력한다. 타하르 벤 젤룬이 다른 소설인 『떨구어진 시선』에서 보여 주고 있는 것처럼, 이민 1세대들은 프랑스는 일을 하기 위해 잠시 머무는 곳이라고 생각한다. 프랑스의 문화와 종교는 아랍의 것과 다르며, 그렇기 때문에 그들은 곧 돈을 벌어 고향으로 돌아갈 것이라고 믿는다. 그러나 시간이 흐를수록 직장도 가족도 친구도 없는 모로코로 돌아간다는 것은 불가능한 꿈이 되어 간다. 한편 고향의 기억이 희미하거나 아예 없는 이민 1.5세대나 2세대들은 부모세대와 달리 적극적으로 프랑스 사회에 동화되려고 노력한다. 특히 여성들에게 프랑스는 가부장적인 아랍문화에서는 누릴 수 없는 혜택을 제공하는 것처럼 보인다. 그러나 문화적 차별은 이주 여성들이 프랑스 사회의 중심부로 진입하는 것을 가로막는다. 이론적으로는 누구나 프랑스에서 태어나 교육을 받으면 프랑스 국민이 된다고 하지만 실질적인 장벽이 이들을 가로막는다. 그 장벽을 넘기란 결코 쉽지 않다.

어느 곳에도 속하지 못한 마그레브 이주자들은 프랑스와 모로코 사이 지중해를 떠돈다. 마치 사막을 떠도는 이야기처럼. 그들은 떠돌며 이야기를 하고, 이야기를 하며 떠돈다. 우리가 『모래의 아이』를 통해 보았듯이, 내가 누구인지를 찾아 떠도는 이들의 정체성은 말해진 이야기 속에 있는 것이 아니라, 끊임없이 이야기하는 행위 그 자체에 있다고 할 수 있다. 마치 셰헤라자드가 끊임없이 이야기를 할 때만 살아남을 수 있는 운명에 처한 것처럼.

참고문헌

벤 젤룬, 타하르, 『모래의 아이』, 이세진 역, 새물결, 2007.

__________, 『신성한 밤』, 이재형 역, 새물결, 2007.

__________, 『아이들에게 들려 주는 이슬람 이야기』, 김교신 역, 동문선, 2006.

김정희, 「이중의 문화, 이중의 부재–'뵈르(Beur)' 문화를 통해 본 프랑스 사회통합의 이상과 현실」, 『프랑스어문교육』 제20집, 2005.

김용현, 「이주와 정체성–타아르 벤 젤룬의 『떨구어진 시선』」, 『불어불문학연구』, 80, 2009.

정지용, 「타하르 벤 젤룬의 『모래의 아이』에 나타난 정체성 탐구와 이야기의 미로」, 『불어문화권연구』, 17, 2007.

앤더슨, 베네딕트, 『상상의 공동체: 민족주의의 기원과 전파에 대한 성찰』, 윤형숙 역, 나남, 2002.

워, 퍼트리샤, 『메타픽션』, 열음사, 1989

한혜원, 『디지털 시대의 신인류, 호모 나랜스』, 살림, 2010.

| 열한 번째 강의 |

토니 모리슨의 『빌러비드』에 나타난 흑인여성 이미지와 새로운 여성성

한재환(경북대 영어영문학과)

1. 들어가며

1993년 미국 흑인으로서는 최초로 노벨 문학상을 수상한 토니 모리슨(Toni Morrison, 1931–)은 오하이오주 로레인(Lorrain)에서 출생하였으며, 흑인의 하버드대학교라고 불리는 하워드대학교에서 학사학위를, 그리고 코넬대학교에서 윌리엄 포크너와 버지니아 울프에 관한 논문으로 석사학위를 취득하였다. 랜덤 하우스에서 편집자로 근무했던 모리슨은 그 후 뉴욕주립대학교, 프린스턴대학교 등에서 교수로 지내다가 2006년도에 퇴직하고 현재는 시사주간지 『더 네이션(The Nation)』의 편집위원으로 있다. 지금까지 9편의 소설을 발표한 모리슨은 1970년 불혹의 나이에 발표한 『가장 푸른 눈(The Bluest Eye)』을 시작으로 『술라(Sula)』(1974), 『솔로몬의 노래(Song of Solomon)』(1977), 『타르 베이비(Tar Baby)』(1981), 『빌러비드(Beloved)』(1987), 『재즈(Jazz)』(1992), 『파라다이스(Paradise)』(1997), 『러브(Love)』(2003), 『자비(A Mercy)』(2008)와 같은 소설을 출판하였다. 흑인의 다양한 삶의 모습을 의식의 흐름과 다중 화자 기법 등과 같은 난해한 기법으로 표현해 낸 그녀의 작품들은 노예제도 시대부터 1990년대까지 여러 계층의 흑인들이 겪은 고통과 슬픔, 그리고 사랑과 배신 등의 문제를 다루고 있다.

모리슨은 동시대 흑인여성 작가인 앨리스 워커(Alice Walker), 글로리아 네일러(Gloria Naylor), 게일 존스(Gayl Jones) 등과 함께 흑인여성의 복잡한 삶을 섬세하게 재현하는 글쓰기를 하였다. 종래 백인 작가들은 흑인여성을 강인한 유모(mammy)이미지 혹은 유혹자의 이미지로 전형화하는 경향이 있었고, 흑인남성 작가들도 흑인여성을 묘사하는 데 있어서 주변부적 인물로 처리하는 경우가 많았다. 미국 역사 속에서 정당하게 다루어지지 않은 흑인여성의 정체성을 잘 드러내고 이를 소개하여 독자들의 공감과 호평을 받은 모리슨의 소설들은 흑인여성의 고통과 여러 흑인여성의 이미지가 잘 나타난다는 특징을 지닌다. 『가장 푸른 눈』은 흑인소녀 피콜라(Pecola)가 인종차별적 사회구조 속에서 파란 눈을 갈망하다가 결국 미쳐 버리는 슬픈 이야기이다. 여기서 흑인여성의 이미지는 1970년대 '검은 것이 아름답다'라는 흑인미학의 시대에서 오히려 흑인정체성을 이탈하려는 왜곡된 흑인여성의 이미지를 보여 주면서 당시 백의 이미지가 미와 선으로 간주되던 시대를 통렬하게 비판한다. 『술라』는 성적으로 자유분방한 파격적 여성 인물, 술라의 이미지를 제시한다. 1차 세계대전이 끝난 1919년부터 흑인민권운동이 한창이던 1965년까지의 시대를 배경으로 가난한 오하이오주 한 흑인마을 주민들의 변화하는 삶의 과정을 보여 주는 『술라』는 술라와 그녀의 친구 넬의 우정과 배신 그리고 각성의 문제를 그리고 있다. 『솔로몬의 노래』에서는 흑인 상류층 출신이며 인종문제에 무관심한 밀크맨(Milkman)이 조상의 뿌리를 찾아나가는 이야기를 보여 주지만, 그와 관련된 흑인여성, 즉 왜곡된 엄마의 이미지, 고모의 신비한 이미지 등도 나타난다. 『타르 베이비』에서는 1970년대 백인화된 흑인여성의 이미지가 나타난다. 소르본에서 대학 교육을 받은 제이딘(Jadine)은 제목에서처럼 타르 베이비의 역할을 하다가 결국 정체성 혼란을 겪은 후 흑인 연인 선(Son)의 곁을 떠난다.

『빌러비드』는 퓰리처상 수상작이기도 하고 2006년 뉴욕 타임즈가 선정한, 지난 25년간 미국에서 발표된 최고의 소설로 격찬을 받은 작품으로 노예제 아래 여러 흑인여성의 복합적인 이미지가 잘 나타나는 소설이다. 이 소설에서는 딸이 자신과 같은 노예의 삶을 살게 되는 것을 볼 수가 없어서 자신의 아이를 죽이지만 그것으로 인해 고통스러워하는 모정과 흑인성을 회복하려는 딸들의 이미지를 보여 준다. 『재즈』에서는 1920년대 할렘을 배경으로 50대 기혼 남성과 10대 후반 흑인소녀의 위험한 사랑의 이야기를 바탕으로 다양한 여성의 이미지가 제시된다. 『파라다이스』는 『빌러비드』, 『재즈』와 함께 3부작을 이루는 흑인 역사소설인데, 수도원에 기거하는 여성들이 검은 피부의 혈통을 중시하는 흑인마을의 남성들로부터 무차별 공격을 받는 이야기를 축으로 하고 있다. 여기서는 흑인 피의 순수성의 문제와 흑인여성의 여러 이미지가 잘 나타난다. 가장 현대를 배경으로 하는 『러브』에서는 『술라』에서처럼 두 여성의 사랑과 증오의 문제가 다시 제기되는데 흑인 부호 빌 코지의 손녀딸과 그 손녀딸의 친구가 코지의 죽음 이후 겪는 질투와 경쟁 그리고 사랑이 그려진다. 마지막으로 가장 최근작 『자비』는 1690년대 노예제 초기의 역사적 사실을 다루면서 흑인여성의 이미지를 새로운 시각에서 제시한다. 이와 같이 모리슨의 소설들은 역사를 배경으로 노예계층 흑인여성에서부터 부유한 흑인여성까지 여러 층위의 흑인여성의 이미지를 진솔하게 보여 주면서 독자로 하여금 흑과 백의 문제를 성찰하게 하고 인종으로 야기된 미국사회의 문제점을 비판한다. 본고에서는 모리슨의 다섯 번째 소설 『빌러비드』에서 노예제하의 흑인여성의 고통과 여성의 이미지 그리고 새로운 여성성의 추구의 문제가 어떻게 나타나는지 고찰하고자 한다.

2. 작품 개요

『빌러비드』에서 모리슨은 "6천만 그리고 그 이상"에게 바친다는 의미심장한 헌정사를 붙이고 제사(epigraph)에서는 성경의 로마서에 나오는 "내가 내 백성 아닌 자를 내 백성이라, 사랑받지 못한 자들을 사랑한 자라 부르리라"라고 쓰고 있다. '사랑한 자'와 '6천만 그리고 그 이상'은 노예제 때문에 죽어간 모든 사람들과 관련이 있다. 그렇다면 모리슨은 흑인과 백인이 모두 불편하게 생각하는 노예제의 아픔을 왜 다시 꺼내고 있는가? 그녀가 다시 이야기하는 노예제도하의 여성들의 이야기는 과거 다른 작가들의 작품들과 비교해 볼 때 어떤 차별성을 지니는가?

우선 노예제에 대한 비판은 19세기에 유행했던 노예서사(slave narrative)에서 잘 그려지고 있다. 프레더릭 더글러스(Frederick Douglass)의『프레더릭 더글러스의 인생이야기(Narrative of the Life of Frederick Douglass)』(1845)와 헤리엇 제이콥스(Harriet Jacobs)의『노예 소녀의 인생사(Incidents in the Life of a Slave Girl)』(1861)와 같은 노예서사는 백인 노예주와 흑인 노예 사이에 태어난 노예들이 구속된 삶에서 해방된 삶으로 나아가는 내용을 보여 준다. 하지만 이런 전통적 노예서사는 노예들의 고통과 슬픔을 다루지만 평이한 문장의 자서전의 형식으로 백인독자들의 동정을 얻어내는 데 머물고 있다. 캐런 카민(Karen Carmean)에 의하면 노예서사는 "19세기 노예폐지론자의 구미를 맞추기 때문에 추악한 진실을 온전하게 드러내지 않아서"[1] 모리슨은 실망했다고 주장한다. 하지만『빌러비드』는 노예제도를 다루고 있지만 기법 면에서 플래시백, 의식의 흐름과 같은 현대적 문학 기법을 활용하여 독자들로 하여금 적극적인 의미 해독에 동참하도록 유도한다. 이와 같이 노예제도의 참상을 포스트모던 기법으로 재현한 작품을 신노예서사(Neo-slave narrative)라고 부른다.『빌러비드』와 같은 신노예서사는 노예의 삶을 단선적으로 서술하는 것이 아니라 노예 경험의 심리를 복합적으로 재구성한다. 따라서 모리슨은『빌러비드』를 통해 독자로 하여금 노예제의 끔찍함 속에서 트라우마를 겪은 흑인여성 인물들의 고통을 공감하게 하고, 미국 역사 속에서 소외된 이들의 고통을 치유하는 글쓰기를 하고 있다.

줄거리 요약이 힘든 소설이지만 소설의 내용을 살펴보기로 한다. 3부로 구성

1 Karen Carmean, *Toni Morrison's World of Fiction*, New York: Whitston Publishing Company, 1993, p. 83.

된 이 소설은 노예제 속에서 희생당한 원혼이 나타났다가 사라지는 과정을 큰 틀로 삼고 있다. 그래서 제1부에서는 "124번지는 원한이 가득했다", 제2부에서는 "124번지는 시끄러웠다", 제3부에서는 "124번지는 조용했다"라는 문장으로 시작되는 순환적 구조를 보여 준다. 소설의 시작 부분은 남북전쟁(Civil War)이 끝나고 8년이 지났지만 노예제도의 후유증이 심각함을 보여 준다. 당시 켄터키주에서 마가렛 가너(Margaret Garner)라는 실존 여성이 자신의 딸을 노예로 만들고 싶지 않아 죽인 이야기를 배경으로 하는 이 작품은 1873년도 오하이오주 124번지 블루스톤(Bluestone)을 배경으로 한다. 유령이 배회하는 집에는 두려움 때문에 이미 도망가 버린 두 아들--하워드(Howard)와 뷰글러(Buglar)--과 죽은 시어머니 베이비 숙스(Baby Suggs)를 뒤로 하고 세스(Sethe)와 막내딸 덴버(Denver)만이 힘겹게 하루하루를 살아가고 있다. 헤어진 지 18년 만에 폴 디(Paul D)라는 옛 노예농장의 친구가 찾아오면서 세스와 덴버의 삶은 변화한다. 폴 디의 등장 이후 124번지를 떠돌던 유령이 사람으로 육화되어 나타나고 스무살 정도의 빌러비드로 알려진 이 여인은 바로 세스가 노예로 만들고 싶지 않아서 노예주 앞에서 죽인 그 딸인 것이다. 그 후 빌러비드와 세스의 만남을 통해 과거의 기억하고 싶지 않은 일들이 재기억(rememory)이라는 장치를 통해 떠올려진다. 즉, 이야기는 18년 전인 1855년 켄터키주 스위트 홈(Sweet Home) 농장에서 백인 농장주 가너 씨 아래 노예들의 삶과 가너 씨가 죽고 난 후 가너 부인의 여동생의 남편인 학교선생(schoolteacher)이 운영권을 인수 받은 이후의 참혹한 노예들의 삶이 펼쳐진다. 노예들을 인간 이하로 다루는 학교선생의 만행 때문에 노예들, 즉 식소(Sixo), 폴 디, 폴 에이(Paul A), 폴 에프(Paul F), 할리(Halle), 세스는 갖은 폭행을 당하고 이를 벗어나기 위해서 탈출 계획을 세운다. 발각된 세스는 폭행을 당하고 갓 태어난 아이에게 줄 모유까지 빼앗기는 성적 유린까지 당한다. 세스가 스위트 홈을 탈출하여 백인여성 에이미 덴버(Amy Denver)의 도움으로 오하이오 강을 건너 124번지에 당도했을 때 베이비 숙스, 그리고 세 아이들과 함께 가졌던 28일간의 행복도 한순간에 날아갔다. 세스는 그녀를 잡으러 온 학교선생으로부터 아이들을 보호하기 위해 첫째 딸 "벌써 기나(the crawling already)"를 손톱(handsaw)으로 살해하게 되고, 백인의 재산에 해를 입혔다는 이유로 투옥된다. 백인 노예철폐주의자 보드윈(Bodwin)을 포함한 여러 사람들의 도움으로 세스는 석방되었지만 그 후 18년간 유령이 출몰하는 124번지에 살며 마을사람들로부터 격리되어 살고 있었다. 육화되어 나타난 빌러비드는 세스에게 사랑과 관심과 기억의 재현을 요구한다. 빌러비드가 흥얼거리는 노랫소리를 듣고 죽은 딸이 환생해 온 것을 알게 된 세스는 18년 전 자신이 행한 것에 대한 회한과 새로 솟아오르는 모정으로 평생 모은 돈 38달러까지도 빌러비드를 즐겁게 해 주는 데 사용한다. 빌러비드의 지나친 요구로 세스는 결국 몸이 쇠약해져 가지만 오히려 빌러비드의 몸은 커지고 배도 불러온다. 덴버로부터 세스가 힘겨운 생활을 하고 있다는 소식을 들은, 엘라를 포함한 30명의 마을 여인들이 세스를 구하기 위해 124번지에 집결한다. 덴버를 일터에 태워 주기 위해 오고 있는 보드윈을 학교선생으로 착각한 세스는 이번에는 빌러비드를 죽이는 것이 아니라 진정으로 빌러비드를 지켜 주기 위해 흰 모자를 쓴 보드윈을 학교선생으로 오인하고 공격한다. 나중에 빌러비드는 동네 여인들의 주술적 기도를 통해 물러나고 124번지는 평화가 깃든다. 마지막 장에서 기억과 망각의 문제를 언급하며 모리슨은 "이 이야기는 전승해서는 안 된다"라는 문장을 세 번 반복한다. 결국 모리슨은 노예제의 참상을 다룬 이런 이야기는 전해서는 안 되지만 오히려 무관심으로 지나쳐서도 안 된다는 메시지를 독자들에게 전달하며 미국역사에 대한 새로운 관심을 불러 일으킨다.

1) 세스와 빌러비드의 이미지와 모녀관계

처참한 노예의 삶을 살지 않도록 하기 위해 자신의 딸을 살해한 세스는 이 작품에서 어떤 이미지로 나타나며 기존의 흑인 모성과는 어떻게 다르게 재현되는가? 세스는 자신의 딸을 죽인 비정하고도 사악한 여성의 이미지인가? 아니면 딸을 너무 사랑한 나머지 다른 선택이 없어서 죽이고 난 후 마을에서 고립되어 살아가야만 하는 불행한 흑인여성의 이미지인가? 열한 살의 나이에 가너 씨가 운영하는 스위트 홈에 팔려 왔을 때 세스는 가너 부인을 시중드는 평범한 노예였다. 농장의 뭇 흑인 남성으로부터 연모의 대상이었던 세스는 할리와 결혼하여 딸 둘, 아들 둘을 낳았다. 가너 부인이 병으로 위독해지자 병 수발을 하느라 세스는 자신의 아이들을 제대로 돌볼 수가 없을 정도였는데, 이는 세스의 엄마가 들판에서 바쁘게 일만 하느라 세스에게 관심을 가지지 못한 것과 비슷한 상황으로, 엄마와 자식들이 강제적으로 떨어져 살아야만 하는 노예제도의 비인간적인 참혹함을 보여 준다. 세스의 이미지는 별로 본 적이 없는 자신의 엄마를 닮아 있는데, 세스의 엄마가 들판에서 일할 때 젖을 자식에게 주지 못하고 백인 주인의 아이들에게 먼저 물렸던 것 때문에 세스는 모유에 집착한다. 그래서 세스는 학교선생의 조카들에 의해 모유를 강탈당하고 성적 유린을 당했을 때 커다란 분노를 느끼게 되고 그것은 그녀의 트라우마로 남아 있게 된다.

가너 씨가 죽고 난 후 학교선생이 조카를 시켜 자신의 머리둘레를 재고 이빨의 개수를 세는 등의 행동으로 동물적 특성과 인간적 특성을 구분하는 것을 경험한 세스는 비로소 자신이 불행한 존재임을 인식하고 다른 동료와 함께 탈출을 감행한다. 탈출에 성공하여 시어머니 베이비 숙스가 살고 있는 124번지에 와서 28일간 인간다운 삶을 사는 것도 잠시일 뿐이다. 학교선생이 세스를 찾으러 왔을 때 그녀는 아이들을 다시 노예제의 수렁으로 보내고 싶지 않아서 죽이려 하고 그중 첫째 딸 "벌써 기나"는 죽게 된다. 세스는 딸을 죽이고도 꼿꼿하게 머리를 들고 124번지를 나갔기 때문에 흑인 주민들조차 동정을 보내지 않을 정도의 비정한 어머니의 이미지를 보여 준다. 백인들이 노예를 잡으러 오는 것이 "정의의 표정"[2]으

2 Toni Morrison, *Beloved*, 1987, 강자모 편주, 서울: 신아사, 2008, p. 221.(이하 *Beloved* 인용은 본문안에 (쪽수)로 표기하고 김선형의 번역을 참고하였음.)

로 묘사되었듯이 세스가 딸을 죽인 것도 백인 주인에 대한 도전으로 그려진다.

노예제도에서의 모녀관계는 자발적 혹은 비자발적인 원인으로 인한 서로간의 애정 결핍 때문에 결코 정상적이지 않다. 『빌러비드』에서의 모녀관계는 모리슨의 이전 소설에서 보여지는 것과는 다른 양상을 보여 준다. 『가장 푸른 눈』에서 피콜라와 엄마 폴린과의 관계만 보더라도 폴린은 그녀의 딸을 위하는 마음보다도 자신이 일하는 백인 가정의 아이에게 더 애정을 보여 준다. 이는 폴린이 인종차별적 사회 구조 속에서 스스로 백인 주류 문화를 내면화한 결과 자신의 가정을 소홀히 한 결과이다.

한편 『술라』에서 딸을 사랑하지만 좋아하지는 않는다고 말하는 술라의 엄마 한나나 한나가 불에 타고 있을 때 구하기보다는 재미있어 하며 구경하고 있었던 술라는 결코 바람직한 모녀관계라고 할 수 없을 정도이다. 세스도 딸을 죽였다는 점에서 상식적으로는 이해하기 힘든 비인간적인 어머니임에 분명하다. 하지만 세스의 행동은 딸에 대한 "진한 사랑" 때문이다. 나중에 폴 디가 세스에게 딸을 죽인 것은 사람으로 할 도리가 아니었다고 말하고 다른 방법이 있었을 거라고 말하며 세스의 사랑이 너무 진했다고 하자 세스는 "옅은 사랑은 결코 사랑이 아니다"(229쪽)라며 자식에 대한 자신의 관점을 피력한다. 모리슨은 세스가 빌러비드를 죽이는 과정을 다음과 같은 방식으로 서술하고 있다.

> 단순했다. 그녀는 정원에 쭈그리고 앉아 있다가 다가오는 그들을 보았고, 학교선생의 모자를 알아보자마자 날갯짓 소리를 들었던 것이다. 작은 벌새들이 침 같은 부리를 머릿수건 속에 박고 그녀의 머리카락 속으로 들어와 파드득거리며 날갯짓을 했다. 혹여 무슨 생각이란 게 있었다면, 그건 안 돼, 였다. 안 돼. 안 돼. 안돼안돼안돼. 간단했다. 그녀는 쏜살같이 날아가서, 그녀가 만든 생명, 그녀에게 소중하고 훌륭하고 아름다운 그 모든 조각조각들을 하나 남김없이 한데 모아다가 들고, 밀고, 끌고 베일을 지나 밖으

> 로, 멀리, 아무도 해칠 수 없는 데로 데리고 갔을 뿐이다. 저 너머로. 이 세상 밖, 아이들이 안전할 수 있는 곳으로. (228쪽)

세스는 딸에게 집착하고 딸을 지나치게 사랑한 나머지 딸을 해치고 자기 유배의 삶을 살아간다. 빌러비드가 유령에서 인간으로 육화되어 나타나고 세스가 빌러비드를 돌아온 딸로 확인했을 때, 세스는 평생 모은 돈 38달러를 빌러비드를 위해 모두 사용하는 등 못 다한 애정을 다 주고 미안함에 용서를 구하는 "속죄의 기간"[3]에 모성애를 보여 주는 애절한 어머니의 이미지를 보여 준다.

마지막에 세스가 빌러비드를 보호하기보다는 가해자를 죽이려 하는 것을 보고 빌러비드는 폭발하듯이 사라지는데, 이것이 엄마에 대한 믿음을 새롭게 확인하고 떠나가 주는 것인지 엄마가 손을 놓고 떠났기 때문에 또 다시 실망한 마음으로 떠나가는지는 분명하지 않다. 중요한 것은, 이것은 딸을 지키고자 하는 엄마의 사랑의 모습을 보여 주는데, 이제 이전처럼 딸을 죽여서 노예제 속으로 들어가지 못하게 미연에 방지하는 것이 아니라 딸을 노예제의 구렁텅이로 몰아넣는 백인에 대한 더 강력한 저항의 표현이라는 점이다. 세스는 작품의 마지막에 폴 디가 돌아와서 "당신이 최고다"(346쪽)라는 말에 "내가? 내가?"(346쪽)라고 반응하며 악몽에서 벗어나 온전한 자아를 회복한다.

그렇다면 자신의 친 엄마에 의해서 죽어야만 했던 빌러비드는 어떤 이미지인가? 죽기 전에는 빌러비드라는 이름이 아니라 단지 "벌써 기나"라는 별명만 가졌던 세스의 장녀 빌러비드는 죽고 난 후 세스가 딸에 대한 회한의 마음으로 석공과의 10분간의 정사를 통해서 새긴 이름이다. 이 죽은 딸이 124번지를 배회하다가 직접 육화된 몸으로 나타나 자신을 빌러비드라고 소개하며 세스로 하여금 재기억

3 Linda Krumholz, "The Ghost of Slavery: Historical Slavery in Toni Morrison's *Beloved*", *African American Review* 26.3, 1992, p. 396.

(rememory)을 하도록 요구한다. 소설에서 빌러비드는 5장이 되어서야 유령에서 육화된 모습으로 나타난다. 빌러비드는 죽은 딸이 인간으로 환생한 것이기도 하고, 세스의 죽은 엄마의 이미지이기도 하다. 엄마와 떨어져 살았던 세스와 빌러비드에게 엄마의 존재는 온전한 모습으로 남아있지 않고 어렴풋이 기억으로 남아 있는 이미지일 뿐이다. 빌러비드가 나타났을 때 폴 디, 덴버와 함께 마을 카니발에서 돌아온 세스는 갑자기 소변이 마려워 124번지 뒤뜰에서 많은 양의 소변을 눈다. 이는 세스가 오하이오 강가에서 덴버를 출산할 때 양수가 터진것을 연상시키는 것으로 죽은 아이가 돌아온 것을 암시한다. 그러나 빌러비드를 집에 데리고 있는 동안에도 빌러비드에 대해서 잘 모르는 세스는 마을여인 엘라(Ella)가 백인 주인에게 갇혀서 성적 유린을 당한 것처럼 빌러비드도 어느 백인 노예주에 의해서 감금되어 있다가 도망친 여인이라고 생각하며 동정만 할 뿐이다.(119쪽) 빌러비드의 외모는 "열아홉이나 스물 정도"(108쪽)의 나이에 좋은 옷을 입고 있었지만 피부는 아이 같고 발은 보드랍고 목에는 상처가 있으며 걸을 때에는 휘청거린다. 유아단계의 지능을 가진 빌러비드는 아직 몸이 불안정하다. 점차 자신의 욕망을 엄마 세스에게 부과하여 "세스는 빌러비드의 눈에 의해 핥아지고, 맛보여지고, 먹혀진다."(110쪽) 결국 세스에게 다이아몬드가 어디에 있냐고 물으면서 빌러비드의 욕망은 세스의 스토리텔링을 이끌어 낸다. 이것은 바로 그동안 말하고 싶지 않은 이야기가 터져 나오는 것으로 재기억(rememory)으로 설명된다. 재기억은 "프로이트가 '외상적 반복(traumatic repetition)'이라 이름 붙인 기억될 수 없는 기억, 자신도 모르게 과거의 상처로 되돌아가는 무의식적 반복(플래시백)을 연상"[4]시킨다. 또한 재기억은 파편화된 외상의 기억을 새롭게 재구성하여 치유하는 긍정적인 효과도 있다.

빌러비드의 이미지는 세스에 의해 죽어간 딸의 이미지와 노예제 속에서 죽어

4 이명호, 「사자(死者)의 요구: 토니 모리슨의 『빌러비드』」, 『토니 모리슨』, 김미현·이명호 편저, 서울: 동인, 2008, p.215.

간 모든 흑인 여성의 이미지를 동시에 담고 있다. 즉 평온한 아프리카 땅에서 "노란 꽃을 따던 사람"(284쪽)이며, 노예선에서 쭈그리고 앉아 있던 사람이며, 노예선에서 죽은 사람이며, 노예제도하에서 교수형으로 죽어간 사람이다. 즉, 빌러비드는 단순히 흑인 한 명의 이미지가 아니라 역사적이고도, 역동적인 흑인여성의 이미지이다. 작품의 헌사에서 모리슨이 이 소설을 "6천만 명 이상"에게 바친다고 했듯이 노예무역과 노예제도하에서 셀 수 없이 많은 아프리카 흑인들이 죽어갔음을 생각할 때 흑인의 삶은 처참했다고 볼 수 있다.

빌러비드가 기억하는 것들은 두 살 때까지 경험했던 일들일 수도 있고, 그 이상일 수도 있다. 가령 세스에게 다이아몬드가 어디에 있냐고 질문하는 것은 세스가 124번지에 도착한 후 28일간 자유로운 시간 동안 "벌써 기나"라는 딸에게 흔들어 준 크리스털 귀고리를 말하는 것이다. 하지만 그것은 또한 배 위에서 백인 선원에게 빼앗긴 선조의 장신구일 수도 있다. 마찬가지로 세스는 덴버, 빌러비드와 함께 스케이트를 지치고 돌아와서 우유를 나누어 마시며 평화로운 시간을 보내고 있을 때 빌러비드가 흥얼거리는 노랫소리를 듣고 죽은 딸이 돌아온 것을 알게 된다. 그런데 이 노래는 세스가 불러 준 노래인 것이 분명하지만 또 더 넓게 보면 흑인 선조가 아프리카에서 평온 속에서 배운 자장가일 수도 있다. 즉, 빌러비드는 어떤 면에서 죽은 딸의 이미지를 초월하여 세스와 연관된 사람 즉 세스의 어머니, 할머니 그리고 죽어간 여성 선조를 대변한다고 볼 수 있다.

세스가 빌러비드를 살해한 것은 윤리적으로 잘못된 것이어서 결코 정당화될 수 없는 행위이다. 하지만 스템 페이드가 폴 디에게 세스의 행위는 미친 것이 아니라 그녀는 "고통을 주는 사람에게 더 많은 고통을 주려고 했다"(305쪽)라고 말한 것처럼 모리슨은 노예제하의 백인들의 행동이 얼마나 말로 표현하지 못할 정도로 도가 지나친 것인지를 역설적으로 보여 주는 것이다. 따라서 영아살해 자체를 강조하려고 했다기보다 그 사건이 야기한 배경과 그로 인한 흑인 가족과 공동체의 반응과 문제점, 그리고 백인과의 관계 등을 생각하게 해 보는 것이 모리슨의 의도인 것이다.

2) 베이비 숙스의 이미지와 흑인 대모로서의 역할

흑인문학에서 할머니의 이미지는 노예제하에서나 노예제가 끝난 20세기 초에도 자신은 희생하더라도 자식과 손자를 위해 사는 모습이 주를 이룬다. 바바라 크리스천(Barbara Christian)은 백인여성의 이미지는 "연약하며, 매끈한 흰 피부를 가지며, 고된 일은 하지 않고, 잘 부서지기 쉬운 크리스털의 아름다움과 반짝임"[5]을 보여 주는 반면, 주로 흑인 유모는 "피부색이 검고, 뚱뚱하며, 음식을 만들어 주고, 종교적이며, 착하며, 무엇보다도 강인"[6]한 이미지를 보여 준다고 했다. 전형적인 노예제의 흑인여성의 이미지를 보여 주는 베이비 숙스는 오랜 노예생활로 온몸이 엉망진창이 되었다. 이곳저곳으로 팔려가서 여러 명의 남편과 8명의 아이들 둔 베이비 숙스는 막내 할리를 제외하고는 자식들의 행방도 모를 정도였다. 하지만 항상 아이들과 만날 꿈을 꾸고 마음속으로 걱정하는 베이비 숙스는 자신에게 베이비라는 이름을 지어 준 남편을 생각해서 노예문서에 제니 위트로우라고 적혀 있음에도 베이비라는 이름을 고수한다.

베이비 숙스는 덴버에게는 여성으로서 사랑의 중요성을 가르친다. 동네 사람들이 남편이 많다고 비난하지만 백인이 요구하는 종족 보전보다도 자신의 몸이 원하는 대로 하라고 하면서 자유로운 성애를 가르친다. 이는 주체적이고도 도전적인 흑인여성의 이미지를 보여 주는 것이다.

> 베이비 할머니는 당신이 배다른 자식들을 여덟이나 낳았다고 다른 사람들이 경멸한대요. 흑인이건 백인이건 당신을 깔본다고 하셨어요. 노예들은 제 마음대로 쾌락을 누려서는 안 된다나요. 노예들의 몸은 기쁨을 위해

5 Barbara Christian, *Black Feminist Criticism: Perspectives on Black Women Writers*, New York: Teachers College P, 1997, p. 2.

6 Ibid., p. 2.

> 서 존재하는 게 아니라, 되도록 많은 자식을 낳아서 주인을 기쁘게 해주기 위해 있는 거래요. 그래서, 마음속 깊은 곳에서 쾌감을 느끼는 것도 금지되어 있었다고 해요. 할머니께서는 그런 소리는 절대 귀담아듣지 말라고 하셨어요. 언제나 제 몸이 하는 말에 귀를 기울이고, 몸을 사랑하라고 하셨어요. (277쪽)

베이비 숙스는 자신의 몸은 지쳐 있더라도 마을 주민들에게는 흑인의 몸을 사랑하라고 하며 흑인의 정체성을 고취시키는 성녀의 이미지이자 흑인 대모의 이미지이다. 베이비 숙스는 고통에 찬 흑인들에게 활력을 불어넣어 주고 자존심을 세워 주는 진정한 종교 지도자의 이미지를 보여 준다. 그녀는 마을 모든 사람들의 친구였으며 희생당한 흑인들의 치유자였다.

> 이곳, 여기 이곳에서, 우리는 육신이지요. 울고 웃는 육신. 맨발로 풀밭에서 춤추는 육신. 사랑하세요. 육신을 열심히 사랑하세요. 저기 바깥에서 저들은 여러분의 육신을 사랑하지 않습니다. 그들은 여러분의 육신을 경멸하지요. 저들은 여러분의 눈도 사랑하지 않습니다. 차라리 뽑아 버리고 싶어하지요. 마찬가지로 저들은 여러분의 등을 사랑하지 않습니다. 저 바깥에서 그들은 여러분의 등을 갈기갈기 찢어발깁니다. 그리고 오, 내 동포들이여, 그들은 여러분의 두 손도 사랑하지 않습니다. 그저 써먹고, 묶고, 얽어매고, 잘라내고, 수중의 모든 것을 빼앗아 텅텅 비게 만들어 버릴 뿐입니다. 여러분의 두 손을 사랑하세요! 사랑하세요! 위로 쳐들어 두 손에 키스하세요. (143-144쪽)

하지만 베이비 숙스에게 시련이 닥치는데 그것은 세스와 덴버가 무사히 오하이오에 왔을 때 도와 준 스템 페이드(Stamp Paid)에게 감사를 표시하기 위해 잔치를 준비하는 과정에서 생겨났다. 그녀는 처음에는 조촐한 식사자리를 만들려고 했으나, 준비하는 과정에서 그 규모가 커져서 스템 페이드뿐만 아니라 마을사람 모두가 먹을 정도의 음식을 준비하게 되었다. 이에 대해 마을 사람들은 점차 베이비 숙스에게 질투심을 느끼게 되었고, 결국 노예주와 노예 사냥꾼이 세스를 체포하러 왔을 때 마을 사람들이 속히 정보를 주지 않게 되어 피의 참사를 초래하는 원인이 된 것이다. 이것은 한편으로는 베이비 숙스의 자만심이 지나쳤기 때문인 것이고 다른 한편으로는 흑인 공동체의 시기심이 심해서 그러한 것이기도 했다. 나중에 흑인공동체는 세스에게 도움의 손길을 보냄으로써 희망적인 공동체로 회복된다. 이는 흑인 대모로서 베이비 숙스가 심어 놓은 흑인 간의 사랑과 흑인정체성의 뿌리 덕분이다.

3) 덴버와 레이디 존스-신여성으로서의 이미지

모리슨은 『빌러비드』에서 흑인여성의 새로운 가능성을 보여주는데 그것은 덴버와 레이디 존스를 통해서 잘 드러난다. 베이비 숙스, 세스, 빌러비드가 과거의 흑인여성의 이미지였다면, 덴버와 레이디 존스는 미래의 희망을 제시하는 인물이다. 세스가 임신한 몸으로 스위트 홈을 탈출하여 오하이오에 오는 도중 백인여성 에이미 덴버의 도움을 통해 강가에서 태어난 덴버는 세스가 빌러비드를 죽였을 때 엄마의 모유와 언니의 피를 동시에 마신 경험이 있다. 세스의 다른 아이들은 죽거나 도망가도 덴버만은 세스 곁에서 지켜 주고 고통을 같이한다. 세스가 스위트 홈을 탈출하여 도망갈 때에도 세스의 배 속에서 잘 견뎌냈고, 세스가 감옥에 갈 때에도 "그 안에서는 시궁쥐들이 온데를 다 뜯어먹었지만 그 애(덴버)만은 물리지 않았다."(93쪽) 덴버는 레이디 존스의 공부방에서 동기생 넬슨 로드가 "네 엄마는 살인죄로 감옥에 가지 않았어? 네 엄마가 옥살이 할 때 너도 같이 있었던 거 아니니?"(162쪽)라는 질문을 받고 당황하여 엄마와 베이비 숙스에게 물어보았지만 아무도 진실을 말해 주지 않자 스스로 청력을 상실해 버린다. 덴버는 귀가 먼 후 "계단을 기어오르는 언니 소리"(161쪽)가 귀에 들리게 되고 언니 유령과 소통하는 능력을 가진다.

덴버는 124번지에 18년 만에 폴 디가 나타나서 세스와 며칠을 같이 지내면서 서로 좋아하자 그에 대한 불만과 질투를 보여 주고, 또 폴 디가 유령을 쫓아낸 것에 대해서 원망을 표시할 정도로 사교성도 없고 이기적인 모습을 보였다. 엄마가 빌러비드를 죽였기 때문에, 그리고 두 오빠도 엄마에 의해서 목이 졸려 죽을지 모른다는 위험과 유령의 출몰로 인해 달아났기 때문에 덴버는 두려움 속에서 외로운 삶을 살고 있었다. 바깥 사회와 단절된 삶을 산 덴버도 엄마를 무서워하면서 엄마에게 의존하고 있었기 때문에 빌러비드나 세스처럼 "오이디푸스 전 단계 담론"[7]을 보여 준다. 이후 덴버는 빌러비드가 나타났을 때 잃어버린 언니가 환생했다는 생각에 정성껏 간호하며 삶의 활력을 회복한다.

덴버가 18년 동안 집 밖을 나가 본 경험이라곤, 레이디 존스에게 글을 배우러 갔을 때와 베이비 숙스의 장례식 참석, 그리고 폴 디의 제의로 마을 카니발에 구경 간 것이 전부이다. 세스가 빌러비드의 지속적인 요구 때문에 힘겨워 할 때 "일이라면 무조건 짜증을 내며"(212쪽) 소극적이었던 덴버는 124번지를 박차고 나가 마을 사람들에게 도움을 요청하고 위기의 가족을 구하는 용기를 보여 준다. 음식을 제공해 주는 마을의 흑인 여인들에게 고마움을 표시하지만 덴버는 수동적으로 음식을 기다리는 것을 멈추고 직접 돈을 벌기로 결심하여 보드윈의 집에서 일자리를 구하게 된다. 레이디 존스의 가르침 덕분에 성경 시구가 적힌 책을 몇 달 만에 "52쪽을 다 암기할"(320쪽) 정도로 머리가 좋은 덴버는 나중에 대학에 가서 학교선생이 되겠다는 포부를 보인다. 강인하면서도 지혜로운 덴버는 자신의 운명을 개척해 나가는 독립심 강한 여성이며, 바로 모리슨이 그리는 새로운 흑인여성

7 Jennifer FitzGerald, "Selfhood and Community: Psychoanalysis and Discourse in *Beloved*", *Modern Fiction Studies* 39.3–4, 1993, p. 675.

의 이미지라고 할 수 있다.

레이디 존스는 작품에서 유일하게 물라토로 등장하는데, 마을의 공부방 선생으로 덴버에게 좋은 영향을 미치는 인물이며 나중에 덴버가 찾아왔을 때 누구보다도 먼저 도움을 주며 사랑의 손길을 건넨다. 레이디 존스는 하얀 피부를 가지고 있기 때문에 백인행세(passing)를 하여 더 나은 생활을 할 수 있음에도 불구하고 흑인지위향상(racial uplift)을 위해 살아가고 그녀 스스로 흑인임을 당당하게 여기는 인물이다.

『가장 푸른 눈』의 제럴딘과 대조되는 인물인 레이디 존스는 자신의 흑인성을 결코 부끄러워하지 않는다. 오히려 그녀는 다른 흑인들이 자신을 "흰 검둥이"(317쪽)라고 본다며 걱정한다. 물라토인 제럴딘이 아들에게 자신과 같이 피부색이 하얀 흑인들을 유색인이라고 칭하고 피부색 검은 흑인들은 깜둥이라고 교육시키는데 비해, 레이디 존스는 흑인성을 자랑스럽게 생각하여 오히려 완전히 검은 흑인 남성과 결혼하여 "다섯 명의 무지개 빛깔의 아이들"(317쪽)을 낳는다. 따라서 가난한 흑인 아이들을 교육하는 레이디 존스는 덴버와 함께 흑인 여성 지도자의 역할을 하는 인물인 것이다.

3. 나오며

이상에서 『빌러비드』에 나타난 여러 흑인여성의 이미지와 새로운 흑인여성상을 세스, 빌러비드, 베이비 석스, 덴버, 레이디 존스를 중심으로 살펴보았다. 이들 외에도 흑인여성으로서 좀 더 주목할 만한 인물에는 엘라와 바쉬티(Vashti)가 있다. 스템 페이드와 함께 노예들의 탈출을 도와주는 일을 하는 엘라는 "최악의 저급한 인간들"(328쪽)인 백인 노예주 부자(父子)에 의해서 방에 감금된 채 1년이 넘는 기간 동안 윤간을 당하고 그 결과 원치 않은 아이도 낳았다. 마치 세스의 어머니가 백인 선원의 성폭행에 의해 태어난 자식을 바다에 던져 버리듯이, 엘라 역시 백인주인에 의해 태어나 5일만 살다 죽은 자식을 거들떠 보지도 않았다. 과거의 상처를 극복하고 다른 흑인을 돕는, 지하철도(Underground Railroad) 요원으로 활동하는 엘라는 비록 처음에는 세스를 부정적인 눈으로 바라보았으나 점차 세스에게 동정심을 보였으며 "과거의 잘못이 현재를 좌지우지"(328쪽)해서는 안 된다고 보고 마을 여인들을 설득하여 세스를 돕는다. 스템 페이드 부인 바쉬티는 갓 결혼한 후 백인 노예주에 의해서 선택되어 성노리개가 되었는데, 이것은 스템 페이드가 자신의 이름을 조슈아에서 스템 페이드(Stamp Paid)로 바꾸게 되는 원인이 된다. 바쉬티는 노예주가 그녀에게 싫증났을 때 헌신짝처럼 버려지고 결국 죽는 운명이 된다. 엘라와 바쉬티는 노예제도하에서 빈번히 나타난 성폭행의 피해자의 이미지를 극명하게 보여 주며, 모리슨은 이와 같이 흑인여성의 성적 고통을 있는 그대로 진솔하게 그려 내고 있다.

종래 백인 작품에 등장하는 흑인여성 인물들은 자기 정체성에 대한 의식이 없이 수동적이고도 주변부적인 삶을 사는 것으로 그려졌다. 그래서 흑인여성이라고 하면 노새와 같이 죽도록 일만 하는 노동여성의 이미지, 보통 성적인 대상이나 인내심이나 복종심이 강한 유모, 혹은 비극적 물라토(tragic mulatto)의 이미지를 연상시키지만 모리슨은 전형화된 흑인 여성의 이미지에서 벗어나 현실감 있고 구체성 있는 흑인여성의 이미지를 보여 주고자 하였다. 모리슨은 물라토 흑인여성을 다루는 데 있어서도 비운의 물라토의 이미지에서 벗어나 적극적인 삶의 자세를 견지하는 레이디 존스의 모습을 보여 주기도 하였다. 모리슨은 흑인 여성들이 수동적인 모습보다는 자의식이 강하고 주체적인 측면이 있음을 잘 보여 주고 있는데, 이를테면 세스가 자식을 죽이고도 당당하게 걸어 나오는 것도 자신의 행동에 대한 확신이 있기 때문이다. 또한 덴버가 마을 주민의 도움을 구하기 위해 집을 박차고 나오는 것도 자신의 정체성에 대한 태도의 변화 때문이다. 이와 같이 모리슨은 흑인여성을 수동적으로 묘사하지 않고 능동적이고도 주체적으로 재현하고 있다는 점에서 흑인 여성의 중요한 역할을 보여 준다.

『빌러비드』는 흑인역사의 복원과 흑인여성의 이미지 복원, 그리고 흑인의 온전한 인간다움을 다루고 있으며 사랑을 바탕으로 흑인의 고통을 치유하는 글쓰기를 하고 있다. 그런 점에서『빌러비드』의 목표는 "남성지배적 사회 속에서 지속적으로 소외되어 왔던 여성의 이야기를 역사 속에서의 주체적 위치로 풀어 나가겠다는 'herstory' 세우기의 한 일환"[8]이라고 볼 수 있다. 결론적으로 모리슨은 흑인여성의 다양한 이미지를 "말해지지 않은 말할 수 없는 것들(unspeakable things unspoken)"과 만나게 함으로써 백인 독자로 하여금 잘못된 편견으로 가득 찬 그들의 흑인여성에 대한 시각을 변화시킬 수 있게 하였을 뿐만 아니라 흑인독자들에게는 흑인성에 대한 자긍심을 심어주는 데 기여하였다. 모리슨은 노예제도를 다시 상기함으로써 독자로 하여금 잘못된 과거를 반성하고 다시는 인간을 노예화하는 사회를 만들어서는 안 된다는 강력한 메시지를 전달하고 있다. 소설 마지막 장에서 "그것은 전승/묵과해서는 안 될 이야기였다"(347쪽)를 두 번 반복하고 또 "이 이야기는 전승/묵과해서는 안 될 이야기"(348쪽)라고 강조하는데, 이를 통해 독자들은 흑인여성의 고통이 담긴 이 이야기는 다시는 반복해서도 안 되고, 잊어서도 안 되는 이야기라는 것을 인식하게 된다.『빌러비드』는 흑인여성, 흑인의 문제를 넘어서 전 세계적으로 지금도 또 다른, 제2의 제3의 빌러비드가 생겨나고 있는 데 대한 경계를 항상 늦추지 말 것을 요구하는 텍스트라고 할 수 있다.

인용문헌

모리슨, 토니,『빌러비드』, 김선형 역, 서울: 들녘, 2003.

이명호,「사자(死者)의 요구: 토니 모리슨의『빌러비드』」,『토니 모리슨』, 김미현·이명호 편저, 서울: 동인, 2008, pp. 199–235.

8 이숙희,『토니 모리슨』, 부산: 세종출판사, 2007, p. 162.

이숙희, 『토니 모리슨』, 부산: 세종출판사, 2007.

Carmean, Karen, *Toni Morrison's World of Fiction*, New York: Whitston Publishing Company, 1993.

Christian, Barbara, *Black Feminist Criticism: Perspectives on Black Women Writers*, New York: Teachers College P, 1997.

FitzGerald, Jennifer, "Selfhood and Community: Psychoanalysis and Discourse in *Beloved*", *Modern Fiction Studies* 39.3-4, 1993, pp. 669-687.

Krumholz, Linda, "The Ghost of Slavery: Historical Slavery in Toni Morrison's *Beloved*", *African American Review* 26.3, 1992, pp. 395-408.

Morrison, Toni, *Beloved*, 1987. 강자모 편주, 서울: 신아사, 2008.

| 열두 번째 강의 |

폭력과 외상

–이창래의 『제스처 인생』과 한국인 위안부

정혜욱(부산대 영어영문학과)

1. 이창래는 어떤 작가인가

이창래(Chang–rae Lee)는 한국에서보다 미국 평단에서 훨씬 더 많은 찬사를 받는 작가다. 많은 아시아계 작가들이 주로 아시아계 독자에게 읽히는 것과는 달리, 이창래의 독자층은 인종과 성의 범주를 종종 넘어선다. 1965년생으로 이제 4편의 소설을 발표했을 뿐이지만, 그는 헤밍웨이재단상, 재미도서상, 반즈앤드노블 신인작가상, 뉴보이스상, 아니스필드–볼프 도서상, 아시아계 미국인상 등 수많은 상을 받았고, 미국 문단의 가장 주목받는 작가로 선정되기도 했다. 그리고 그의 소설이 뉴욕시 권장 필독서와 프린스턴 대학 독서 프로그램 필독서 등으로 선정될 정도로 미국 평단이 그에게 보낸 찬사는 대단했다. 이러한 찬사에 힘입어 그는 2002년부터 프린스턴 대학 창작과정 교수로 임용되었다. 이제는 이창래가 한국에서도 그다지 낯설지 않은 작가가 되었지만 그의 서정적인 문체, 복합적인 심리묘사, 단면적인 해석에 저항하는 문장이 한국어 번역을 통해서 한국 대중들의 폭넓은 지지를 받기에는 좀 더 많은 시간이 필요할지도 모르겠다.

우선 한국 위안부를 다룬 그의 두 번째 소설 『제스처 인생』으로 들어가기에 앞서, 그가 어떻게 살아왔는지를 간략하게나마 살펴보는 것이 이창래를 처음 만나는 독자들에게 도움이 될 것이다. 물론 아직 젊은 작가이기에 그의 삶 전반에 관한 전기가 나와 있는 것은 아니다. 그가 소설을 발표하면서 기자들과 가진 인터뷰와 CNN과 같은 TV 프로그램 등에 출연하면서 나누었던 이야기에 기초하여 그의 삶을 불완전하나마 재구성해 보도록 하겠다.

이창래는 1965년 7월 29일 서울에서 태어나 1968년에 미국으로 이주했다. 다른 한국계 이민자처럼 이창래의 가족도 의학도였던 아버지가 먼저 미국으로 들어가고, 1년 정도 후에 이창래와 어머니, 누나와 함께 모든 가족이 미국에서 생활하게 된다. 이창래 가족의 초창기 미국 생활이 그렇게 험난했던 것 같지는 않다. 그의 아버지는 정신과 의사였다. 한 인터뷰에서 아버지가 영어가 많이 필요하지 않은 외과의가 아닌, 상담이 대부분을 차지하는 정신과를 선택한 것이 그에게 많은 자극이 되기도 했고, 도전의식을 심어 주었다고 밝힌 것으로 보아 이민 1세대인 아버지는 미국 생활에 대단히 성공적으로 적응했던 것으로 보인다.

그러나 어머니는 아버지처럼 충분히 준비된 상태에서 미국으로 이주한 것은 아니었다. 집에서는 한국어를, 바깥에서는 영어를 사용하다 보니 2개국어를 동시에 배우는 아이들이 으레 그렇듯, 이창래도 초등학교에 들어가기 전까지 무척 말이 없는 편에 속했다. 그러나 그 후 영어를 잘 구사하지 못하는 어머니를 위해 통역을 해 주는 등, 그는 똑똑하고 명석한 학생으로 성장했다. 그는 미국의 사립학교 중에서도 최상급으로 평가되는 필립스 에시터 아카데미에서 10대의 후반기를 보냈다. 과학 과목까지 포함해 대부분의 수업이 토론으로 진행되는 이 학교의 교육방식은 그에게 잠재되어 있었던 인문학적 소양을 일깨우는 데 도움을 주었고, 이창래가 창작에 흥미를 느끼고서 문학에 몰두하기 시작한 것도 이 무렵이라고 한다.

이 시절 이창래가 영향을 가장 많이 받은 작가는 제임스 조이스라고 한다. 문학에 조금이라도 관심이 있는 독자라면 제임스 조이스의 이름을 한 번쯤은 들어보았을 것이다. 조이스는 20세기 전반의 대표적 모더니즘 작가로서 지금은 교과

서에 등장하는 정전 작가다. 오늘날 제임스 조이스의 이름은 작가 지망생에게뿐만 아니라, 유학을 가기 위해서든, 좋은 학교에 진학하기 위해서든, 혹은 더 나은 교양을 쌓기 위해서든 반드시 기억해야 할 전통의 일부가 되어 있지만, 살아생전의 조이스는 딱딱하게 굳어진 전통에 저항하는 인물이었다. 그는 지구촌에서 가장 큰 두 전쟁의 시기를 살았던 아일랜드 출신으로 당대의 시인 예이츠의 표현처럼 "돌로 굳어져 잠 속에 빠져 있는" 아일랜드 앞에서 "세기의 악몽에 괴로워했고," "모든 것이 무너져내리는 고통"을 감내할 수밖에 없었던 작가였다. 특히 영국에 대항한 아일랜드의 오랜 독립투쟁의 역사에서 보듯 두 국가 사이의 오랜 앙금은 우리나라와 일본에 비유될 수 있을 정도로 뿌리 깊었다.

또한, 조이스가 영국이 아니라 아일랜드 출신이라는 것은 영국이 아닌 아일랜드에 충성을 바쳐야 한다는 뜻이었고, 그가 고향 마을인 더블린을 마비된 도시로 묘사하는 것은 아일랜드인에게 일종의 매국으로 받아들여졌다. 그래서 그의 최초의 단편 모음집은 1905년에 탈고되었으나 출판은 10년 이상 연기되었고, 아일랜드의 반발이 두려워 출판업자가 활판을 해체해 버리기도 했다. 더블린은 지금은 조이스 덕분에 대단히 유명한 도시가 되어 있지만, 당시엔 그가 더블린을 그 시대의 한계를 비판하기 위한 소재로 삼았다는 것 자체로 대단히 논란거리였다.

10대의 이창래를 사로잡은 것은 조이스의 바로 이런 점이었다. 조이스 생전의 아일랜드가 개인의 정체성보다는 민족적 문화적 정체성을 갈망하는 나라였던 것처럼 사춘기 소년 이창래가 떠나온 고향, 혹은 미국 속의 한인 공동체 역시 마찬가지였기 때문이었다. 조이스는 몸은 고향을 떠날 수 있어도 정신은 고향에 묶여 있어야 하고, 고향은 때로 슬프기는 하지만 아름다운 추억으로 가득 차 있는, 언젠가는 돌아가야 할 안식처로서만 묘사해야 한다는 완고한 아일랜드 앞에서 좌절을 맛보았다. 그러나 그럼에도 그가 아일랜드를 벗어날 수 없었던 것처럼 감수성이 한창 예민했던 소년 이창래가 창작에 몰두하기 시작하면서 느낀 한국도 조이스의 조국과 크게 다르지 않았던 것 같다. 최근 새 소설을 발표하는 자리에서 밝힌 바처럼 그는 영어를 모국어처럼 구사하고, 미국을 모국으로 느끼고 한국을 외국처럼 생각하며 소년시절을 보냈다. 그러나 소년 이창래는 사춘기를 지나면서 국적과는 상관없이 그에게 한국계, 아시아계라는 꼬리표를 붙이는 미국인들의 습관 앞에서, 한국이라는 장소를 떠난다고 해서 한국을 벗어 버릴 수 있는 것이 아님을 깨닫게 되었다고 한다.

물론 조이스가 아일랜드의 더블린을 비판적으로 묘사했다고 해서 그가 런던이나 뉴욕을 더블린보다 훨씬 더 좋은 곳으로 생각한 것은 아니었다. 그는 자신이 태어나서 자란 바로 그곳에서 벌어지는 사람들의 고난, 다툼과 분쟁을 통해 단지 더블린이라는 한 지역 도시의 한계만이 아니라 그것을 훨씬 넘어서는 당대 유럽의 한계를 보았다. 이와 마찬가지로 이창래 역시 문학을 통해서 벗어 버리고 싶지만, 벗어 버릴 수 없는 한국, 자신의 삶 속에 깊숙이 뿌리박혀 있는 한국과 한국계 공동체의 삶을 통해 미국과 세계의 한계를 꿰뚫어 보고 싶었던 것 같다.

이창래는 이러한 그의 꿈을 펼칠 수 있는 장소로 예일대 영문과를 선택한다. 그러나 1987년 대학을 졸업하고 난 후 그가 바로 문단에 데뷔한 것은 아니다. 그는 1년 정도 월스트리트에서 증권 분석가로 일했다. 소설가로서 성공을 거둔 지금은 그가 월스트리트가 적성에 잘 맞았기 때문에 이 일을 계속했더라면 부자가 되었을 것이라고 농담을 하기도 하지만, 당시엔 전도유망하고 인정받는 직장을 그만두기는 쉽지 않았던 것 같다. 그는 "나는 부모님을 행복하게 해 주기를 원했고, 나를 자랑스럽게 여기기를 원했다. 그래서 직장을 그만두고 창작을 시작할 때 마음이 무거웠다."라고 밝힌다.

그 후 그는 소설 창작에 본격적으로 착수했다. 이때 쓴 소설은 미국의 중견작가 토머스 핀천의 문체에 영향을 많이 받았다고 한다. 핀천 역시 조이스처럼 고정된 해석에 저항했기에 쉽게 읽히는 작가는 아니지만, 길들여진 인식에서 벗어나라고 독자에게 끊임없이 요청하는 작가다. 출간되지는 않았지만, 이 소설로 이창래는 오리건 대학의 입학허가서를 받는다. 1993년 이 대학에서 석사학위(MFA)

를 받고, 그 후 오리건 대학 창작과정 조교수로 임용된다. 임용을 전후해서 교제 중이던 건축학과 대학원생과 결혼식을 올린다. 이창래의 첫 소설, 『영원한 이방인』(원제: 네이티브 스피커)[1]을 읽어 본 사람이라면 짐작하겠지만, 그의 아내는 백인이다. 그러나 소설과 달리 아들은 없고, 딸이 둘이다.

겉으로 보기에 이창래는 굴곡 없는 삶을 살았다. 에즈라 파운드처럼 학교에서 쫓겨나지도 않았고, 조이스처럼 소설 한 권을 출판하기 위해 이곳저곳을 기웃거릴 필요도 없었고, 로렌스처럼 평생을 검열과 싸울 필요도 없었다. 그의 데뷔작 『영원한 이방인』은 미국의 메이저 출판사에서 출판되었고, 출판되자마자 평단의 무수한 찬사를 받았다. 하지만 그의 굴레와 곤경은 매끈해 보이는 삶의 외양에 있는 것이 아니라 성공적으로 보이는 삶의 이면, 즉 내면에 있다. 그래서 그의 글은 쉽게 읽히지 않고, 주관적인 감정에만 호소하지 않기에 쉽게 베스트셀러의 목록에 이름을 올리지 못한다. 아마도 영화사에 소설의 판권을 넘겼음에도 쉽게 영화화되지 못하는 이유도, 그의 소설의 가장 열정적인 독자가 시인인 이유도 바로 여기에 있을 것이다.

첫 두 소설은 자신을 삶이 아무런 문제가 없는 듯이, 성공적인 듯이 보이게 하고자 하는 욕망과 이 욕망이 생산하는 비가시적인 폭력에 초점이 맞추어져 있다. 우선 데뷔작인 『영원한 이방인』에는 영어강박증에 시달리는 한국계 남성이 등장한다. 그러나 영어강박증은 플롯의 표면일 뿐이다. 그에게 영어는 단지 의사소통의 수단이 아니다. 완벽한 미국인, 네이티브 스피커와 똑같아야 한다는 강박증이 그에게 모든 문제가 영어 때문인 것처럼 생각하게 할 뿐이다. 그러나 같아지고자 하는 강박적 욕망은 의도하지 않은 폭력을 낳는다. 아들이 사고를 당한 것도, 그리

1 Chang-rae Lee, *Native Speaker*, New York: Riverhead, 1995. 『영원한 이방인』, 정영목 역, 나무와 숲, 2003. 이 책은 1995년에 『네이티브 스피커』라는 제목으로 먼저 번역 출판되었다. 이 번역본은 문제가 많았던 것 같다. 이창래 본인이 한국어 번역으로는 소설 속에서 무슨 일이 일어나는지 알 수 없을 정도라고 혹평을 했을 정도다. 반면 2003년에 출판된 정영목의 번역은 훌륭하다.

고 한국계 정치인의 몰락에 간접적으로 이바지한 것도 이 욕망과 무관하지 않다. 다음 장에서 살피겠지만 3년 후에 출판된 두 번째 소설『제스처 인생』[2]도 마찬가지다.

그러나 물론 그의 모든 소설이 동화되고자 하는 욕망을 다루는 것은 아니다. 두 소설이 출판되고 호의적인 평가를 받게 되자 이창래는 미국의 명문대학인 프린스턴 대학으로 자리를 옮긴다. 그 후 발표한 세 번째 소설『허공에서』[3]는 한국인 여성과 결혼한 이탈리아 남자가 왜 자신의 아내가 자살로 생을 마감할 수밖에 없었는지 이해하지 못하는, 소통의 문제를 다루고 있다. 2010년에 발표된 소설『함락』[4]은 한국전쟁에서 모든 가족을 잃고 살아남은 여자가 주인공이다. 그녀는 1986년 현재 뉴욕에 살고 있고, 위암 선고를 받았다. 36년 전 북한군에 의해 고향이 함락당할 때, 아버지와 오빠는 군인들에게 끌려가고, 폭격으로 어머니와 언니를 잃고, 피란열차에서 여동생과 남동생을 잃고서, 그녀는 마음의 문을 닫아버렸다. 이창래의 다른 모든 소설 제목이 그렇듯이 '함락된 자', 혹은 '투항자' 등 여러가지로 옮겨질 수 있는 이 소설의 제목도 주인공의 심리와 무관하지 않다. 즉 그의 소설은 한 인물의 마음속에 서식하는, 때로는 무의식이라고도 말할 수 있는 친밀한 적과 투쟁과 반목을 거듭하다가 좌절하고, 결국 쫓아낼 수 없다면 어떻게 그를 환대하고 공존할 것인가의 고민으로 이어진다.

한국인 위안부를 소재로 한『제스처 인생』역시 이러한 고민을 담은 소설이다. 그래서 이 소설이 관통하는 키워드는 폭력과 외상(Trauma)이라고 할 수 있다. 그러나 이 소설은 폭력의 희생자에게 초점을 맞춘, 이제는 죽고 없는 자의 기록도 아니고 살아남은 생존자의 이야기도 아니다. 희생자에게 폭력을 가하고서도

2 Chang-rae Lee, *A Gesture Life*, New York: Riverhead, 1999.『제스처 인생』, 정영목 역, 랜덤하우스, 2005. 정영목의 번역을 참조했지만, 읽는 독자에 따라 강조점을 두는 부분이나 뉘앙스가 달라지기도 하기 때문에 인용 페이지는 영문판을 따랐다.

3 Chang-rae Lee, *Aloft*, New York: Riverhead, 2004.『가족』, 정영문 역, 랜덤하우스, 2005.

4 Chang-rae Lee, *The Surrendered*, New York: Riverhead, 2010.

그 사실을 끊임없이 억압하고자 하는 가해자는 그것으로 말미암아 일종의 외상에 시달리는 인물이다. 이창래가 인터뷰에서 가끔 언급하는 그의 소설 속의 친밀한 적은 아마 이 외상을 겨냥하는 것이 아닐까 한다.

이창래의 1999년 소설 『제스처 인생』이 다른 종군위안부 소설과 다른 점은 위안부로 하여금 스스로 말하게 하지 않고, 체계에 종속된 주체가 위안부에게 가하는 의도하지 않은 폭력과 그 폭력이 부메랑이 되어 돌아와 그의 삶에 어떻게 지울 수 없는 얼룩을 남기는지를 탐색하고 있다는 점이다. 그는 위안부의 문제를 희생자의 시각에서 접근하고 있지 않다. 주체로서 화자는 위안부와 위안부의 세계를 자신의 인식 속으로 전유하고 포섭하고자 함으로써 한 인간의 관용이 어떻게 살해와 만나는지, 소수성이 어떻게 직접적 지배와 착취보다 더 잔혹한 폭력으로 탈바꿈하는지, 예의바른 제스처가 잔인한 폭력을 어떻게 숨기는지를 보여 주고 있다.

그래서 이 글은 화자의 고백적이고 외상적인 서사를 통해 위안부라는 기표 위로 가부장제 아래의 조선 여성과 식민지 조선, 식민 이후의 한국, 그리고 일본과 2차대전 이후 한국사에 개입하기 시작한 미국의 외설적 이미지 등이 어떻게 겹쳐지는지를 살펴볼 것이다.

2. 폭력과 외상

우리는 상해, 살인, 강도와 같이 법을 위반하거나 부당한 폭력만을 폭력이라고 생각하는 경향이 있다. 그러나 사실 더 심각하고 더 근본적인 폭력은 반드시 부당한 것도, 반드시 불법적인 것도 아니다. 예를 들면, 백인이 본성이 나빠서 흑인을 노예로 부린 것은 아니다. 노예제도는 당시에 합법이었다. 아메리카에 도착한 백인 정착자들이 원래부터 포악했기 때문에 원주민을 몰아내고 그 땅을 차지한 것이 아니었다. 원주민들에게 토지는 공기, 바람과 같은 것으로 개인이 소유할 수 있는 것이 아니었다. 그러나 당시 아메리카에 도착한 사람들은 원주민의 땅을 강탈하는 것이 아니라 미개지, 즉 소유권이 없는 땅을 개척한다고 믿었다. 이렇게 근본적인 폭력은 인간의 믿음 체계에서 기원한다. 인간은 자신이 잘 알지 못하는 문화를 자신에게 소속된 문화의 지식에 의존하여 이해하고, 이 자기화된 이해가 타자에 대한 폭력으로 이어진다는 뜻이다.

예를 하나 들어 보자. 영국이 인도와도 바꾸지 않겠다고 선언한 유명한 극작가 셰익스피어의 작품 중에 『태풍』이라는 희극이 있다. 유럽의 귀족인 프로스페로는 권력 다툼에서 밀려나 자신이 살던 나라에서 쫓겨난다. 그는 항해 도중 폭풍을 만나고, 유럽인들이 모르는 어떤 미지의 섬에 도착한다. 이 섬에는 그들이 상상도 해보지 못한 어떤 생물체가 살고 있다. 이 생물체는 오늘날의 어휘로 말하자면 섬의 원주민이다. 이 원주민을 보고서 셰익스피어는 "이 머나먼 나라의 서식자들은 원숭이와도 너무나 달랐다. 오히려 원숭이라면 더 쉽게 이해했을 것이다." 라고 표현하고 있다.

서식자라는 어휘를 생각해 보자. 우리는 인간이 자연 속에서 서식한다고 말하지 않는다. 모기나 원숭이와 같은 동물들이 사는 곳을 서식지라고 한다. 그러나 유럽인들을 당황하게 한 것은 원주민들이 단순히 짐승 같아서가 아니라, 오히려 원주민들 역시 같은 인간이라는 점이다("원숭이라면 더 쉽게 이해했을 것이다"). 인종차별은 바로 여기, 즉 유럽인의 인간 개념, 즉 '인간이라면 어떠해야 한다'라는 지식에서 출발한다. 그러나 다른 문화의 서식자들은 유럽인들과 똑같이 생각하지 않는다. "나는 생각한다. 그래서 존재한다."라는 유명한 말이 있다. 유럽인들에게 인간은 생각할 수 있을 때 인간이며, 생각한다는 말 속에 생략된 행간은 유럽인과 똑같이 생각해야 한다는 것이다. 그들처럼 생각하지 않는 인간은 고유한 인간이 아니므로, 노예로 부릴 수 있다. 즉 이러한 믿음이 결국 노예제도와 같은 체계의 폭력으로 이어진다.

물론 제도화와 법제화의 모든 과정을 이렇게 단순하게만은 설명할 수 없겠지만, 타자를 우리 자신의 잣대에 마음대로 맞추어 이해하는 것이 가시적 폭력행위의 발생보다 선행한다. 흑인이 생물학적으로 열등하기 때문에, 유색인종이 백인보다 유전적으로 문제가 있기 때문에 인종차별이 생겨나는 것은 아니다. 흑인이 더 열등해야 하는 본질적이고 생물학적인 이유나 원인 같은 것은 없다. 따라서 가장 근본적인 폭력은(흑인을 열등한 자로 간주하는 것과 같은) 범주화와 범주화된 인식에서 발원한다.

이창래 역시 한국계 미국인 남자다. 그 또한 이러한 인종적 문화적 성적 편견으로부터 자유로울 수가 없었다. 그러나 이런 편견이 백인이나 남성의 전유물만은 아니라는 것이 이창래의 생각이다. 한국계, 아시아계, 여성과 흑인들 역시 이런 식의 범주화에 (무)의식적으로 참여한다. 편견이 편견으로 보이지 않고 주관성이 배제된 객관 체계의 메커니즘으로 인식되는 것도 이러한 소수자의 동의에 의존하기 때문이다. 기를 쓰고 영어를 배우고 지배 체계에 편입되기 위해 노력하는 것도 결국은 차이를 지우고 동일화하고자 하는 욕망에서 비롯된다. 동화될 수 없는 차이는 억압하고, 삭제해야 하지만 문제는 출생에 의해 주어진 혈통과 살아오면서 각인된 문화의 흔적은 지우고 싶다고 지우고, 없애고 싶다고 해서 없앨 수 있는 것은 아니라는 것이다.

우리는 언제나 불투명한 현재와 싸운다. 언제나 내게 우호적이지만은 않은 세계 속에서 성공적으로 생존하기 위해 노력한다. 생존하려면 체계의 부름에 응해야 하고, 일반적인 개인은 명시적으로든 암묵적으로든 체계가 요구하는 모든 것을 가능한 한 다 갖추고자 욕망한다. 이 욕망이 체계를 작동할 수 있게 하지만, 동시에 이는 체계의 매끈한 작동에 방해되는 것은 모조리 삭제하기를 요구한다. 그러나 게으름, 나태, 실수, 감기와 같은 사소한 것에서 암과 같은 심각한 질병에 이르기까지 병리적이라고 부를 수 있는 모든 것을 삭제하는 것은 가능하지 않다. 한국계 미국인의 경우도 마찬가지다. 미국인이 되려고 미국문화에 동화될 수 없는 모든 한국성을 삭제하기란 불가능하다. 하지만, 불가능한 욕망의 과도한 추구는 역설적으로 개인이 저항하고자 하는 편견을 보편적인 것으로 인정하게 하고,

체계의 폭력을 정당화하는 데도 이바지한다. 그리고 그것은 부메랑이 되어 다시 개인의 자유를 구속하고 개인을 옭아매는 족쇄가 된다.

이창래가 『제스처 인생』에서 주목하는 것은 바로 이 역설이다. 개인은 그가 사는 시대의 지배적 메커니즘과 쉽게 분리되지 못한다. 성공을 위하여, 생존하기 위하여, 인간다운 삶을 위하여 지배 메커니즘 속에 편입되길 욕망하지만 모든 오점과 얼룩을 삭제하고자 하는 과도한 욕망은 때로는 민족 중심의, 남성 중심의, 엘리트 중심의 메커니즘을 더 강화하고, 소수자를 더 위태롭게 하고, 더 주변으로 몰아내고, 더 힘든 곤경에 처하게 한다. 범주와 범주를 나누는 경계가 보다 강화될수록, 인간과 인간을 나누는 벽이 두꺼워질수록 사회는 더 억압적이 되고, 동화되지 못한 타자에게 더 잔혹해지기 때문이다. 그래서 욕망의 과잉은 외상과 불가피한 관계를 지닐 수 있다. 외상은 재현될 수 없다. 재현될 수 없다는 것은 망각되었다는 뜻이 아니다. 망각은 기억을 전제로 한다. 기억할 수 없는 것은 망각할 수도 없다. 삭제하고 없애고자 하는 것, 즉 공식적 기억에서 누락시킨 것이 완전히 사라지지 않고 돌아와 삶을 어지럽히며 그것을 뒤흔들어 놓는 것, 그것이 여기서 말하는 외상의 개념이다.[5]

군위안부는 우리의 역사에서 폭력의 희생자이기도 하지만 엄밀하게 말해서 역사라는 1990년대 이전의 공식적 기억에서 빠져 있었다. 이 말은 위안부가 존재하지 않았다는 뜻이 아니다. 위안부로 동원된 개인들도 분명히 있었고, 생존자들도 있으며, 목격자들도 있다. 그러나 문제는 그 사건이 일관된 서사를 형성하지 못하고 파편적인 사실로서 여기저기 흩어져 있다는 데 있었다. 이것은 일본이 위

5 여기서 외상의 개념은 프로이트의 개념이라기보다는 지젝의 개념이다. 지젝에 의하면 외상은 "죽지 않는 잉여"이며, "상징계의 작동을 방해하는 것"이자, "상징화의 잉여로서 등장하는 것"으로 그것은 "일상생활 속으로 갑작스럽고 예기치 못하게 침입한다"라고 말한다. Žižek, *Fragile Absolute*, New York: Verso, 1999, p. 98; 『무너지기 쉬운 절대성』, 김재영 역, 인간사랑, 2004; Žižek, *The Metastases of Enjoyment*, New York: Verso, 1994, p. 31; 『향락의 전이』, 이만우 역, 인간사랑, 2002 등 참조.

안부 관련 자료를 대부분 폐기해 버렸기 때문이기도 하고, 그나마 있는 자료도 공개하지 않으려 하기 때문이기도 하다. 그러나 이것만이 전부가 아니다.

위안부 사건은 식민지 시대 전시체제 아래에서 발생했지만, 그것은 반세기 가까이 지난 후인 1990년대에 들어서야 보스니아전이나 코소보, 동티모르 등지에서 발생한 전시 상황에서의 여성 폭력 문제에 대한 세계적 관심에 힘입어 쟁점이 되었고, 공식 증언을 끌어내기까지 거의 50년 가까이 어둠 속에 가려져 있었다. 이전에 소수의 뜻 있는 사람들의 노력이 없었던 것은 아니지만,[6] 1990년대 이전에 위안부의 문제를 하나의 사건으로서 제기하기엔 그들의 힘은 너무 미약했다.

이 사건이 거의 50년간이나 침묵 속에 묻혀 있었던 이유에는 여러 가지가 있겠지만, 앨리스 채의 견해에 의하면 크게 다음과 같이 요약될 수 있다.[7] 우선 2차대전 직후 여성의 순결을 강조하는 한국의 완고한 유교문화 속에서 많은 위안부 여성들은 고향으로 돌아갈 수 없었고, 그들이 위안부였음을 커밍아웃할 수도 없었다. 그리고 독립 이후 경제발전에 치중하고 있었던 한국정부는 약자를 돌아볼 여력이 없었고, 일본정부는 그들이 행한 치부를 가려서 덮는 데 열중하고 있었다. 그리고 많은 한국 여성들조차도 군위안부는 전쟁 중에 일어날 수 있는 필요악이기 때문에 굳이 이런 수치스런 일을 들추어 낼 필요가 없다고 생각하기도 했다. 이를 다시 요약하자면, 한국인은 몸을 더럽힌 위안부가 수치스러웠고, 경제개발과 같은 성공 신화에 사로잡혀 있었기 때문에 전쟁의 와중에 희생당했던 여자의이야기 '따위'를 들어 줄 여력이 없었다는 것이다. 우리의 폭력은 바로 이러한 '따위'에서 기원하는 것은 아닌가.

6 오랜 기간 침묵하고 있었던 위안부 문제를 끌어내는 데는 윤정옥, 이효재 등의 소수의 여성 지식인의 역할이 컸다. 그들은 위안부였던 김학선 할머니의 기자회견을 이끌어 내었다. 그리고 한국정신대문제대책협의회가 1987년 결성되고, 이 사건을 1990년대에 들면서 국제화하는 데 공헌을 했다.

7 Alice Chai, "Korean Feminist and Human Right Politics", *Korean American Women*, Ed. Young Song and Lilee Moon, Londong, Praeger, 1998, pp. 237–254.

당시 한국사회에서 위안부 여성들의 이야기를 들어 줄 대중도, 들어 줄 준비가 된 대중도 거의 없었다. 위안부 문제가 거의 50년 동안 묻혀 있었다는 것은 그동안 그들이 최소한 희생자나 피해자로서의 지위조차 인정받지 못했음을 의미한다. 피해자로서 인정받지 못한다면 가해자도 존재할 수가 없고, 피해자도 가해자도 없다면 그것은 개개인의 잘못이거나 제 팔자가 사나운 탓이지, 책임을 추궁할 곳은 없어진다. 따라서 위안부 문제는 그 오랜 세월 동안 사건이기를 거부당해 온 사건이었던 셈이다. 그러나 과연 이러한 우리의 침묵을 폭력이 아니라고 말할 수 있을까? 일본의 폭력은 분명히 일차적 폭력이며, 일본이 직접적 가해자다. 그러나 위안부에서 풀려나고 난 이후에 받은 그들의 고통도 일본만의 폭력으로 설명할 수 있을까. 그들을 피해자로 인정하지 않았던 우리는 반성해야 할 점이 없을까. 그들을 희생자로 인정해 주지 않았던 문화적 인정의 부재가 그들의 상처를 더 크고 덧나게 하여서 치유될 수 없을 지경으로 몰아간 것은 아닌가.

물론 위안부 사건의 피해자들이 왜 직접 나서서 문제를 제기하지 못했느냐는 의견도 있을 수 있다. 그러나 희생자는 말할 수 없다. 그들이 말할 수 있는 사회적 조건이 형성되지 않는 한, 그리고 그들의 이야기를 들어 줄 귀가 없다면 그들의 말은 말이 아니라 공허한 외침일 뿐이다. 그들에게는 처음부터 정치적 정체성이 없었고 그것이 그들을 고통의 나락에 빠뜨리는 선행조건이었다. 1990년대에 들어서기 전까지 그들은 하나의 집단을 구성하지 못하고 파편적이고 개인적인 경험으로 여기저기 흩어져 있었을 뿐이었다. 막연히 위안부로 끌려간 여성들이 있었다는 것은 소문으로만 돌고 있었을 뿐, 이름도 얼굴도 공개되지 않았다. 라캉이 주장한 바처럼 우리가 주체적으로 "의미를 부여하지 않은 사실은 엄밀히 말해서 사실이 아니다."[8]

8 Jacques Lacan, *The Seminar of Jacques Lacan: Freud's Papers on Technique*, Ed. Jacques-Alain Miller, New York: Norton, 1988, p. 51.

1940년대부터 이 여성들은 정신대, 종군위안부, (일본군) 위안부, 성노예 등으로 불려 왔다. 이름이 붙여졌을 때에야 비로소 이 여성들은 흩어져 있는 개체가 아니라 의미 있는 집단이 된다. 정신대는 일본제국의 정신으로 무장된 집단이라는 뜻이었고, 위안부는 군인들을 위로해 주기 위해 소집된 집단이라는 의미이며, 성노예는 전시상황뿐만 아니라 모든 경우에 반복적으로 성적 착취를 당해 온 여성일반에 대한 명칭이다.[9] 위안부나 정신대 등은 모두 일본이 자국의 폭력을 정당화하기 위해 붙인 이름이며, 성노예라는 용어는 이 문제가 국제화되면서 외국을 거쳐 우리에게 들어온 용어이다.

우리 스스로 이들에게 이름을 붙이지 못했다는 것은 그동안 우리가 그 여성들을 하나의 피해자 집단으로 생각하지 않았다는 것이며, 우리 스스로 이 여성들의 고통을 대면하지 않았다는 의미일 수 있다. 물론 명칭에 대한 고민이 전혀 없었다는 뜻은 아니지만, 1990년대 이전에 우리 스스로 이들에게 이름을 붙이고 그들에게 희생자의 지위를 부여하지 않았다는 것은 우리가 우리의 눈으로 군위안부 여성을 피해자 집단으로 인식하지 않았다는 것을 의미한다. 한마디로 식민지 시대엔 민족의 생존이 무엇보다 큰 문제였고, 독립 이후에는 더 강한 국가건설을 위한 근대화에 몰두해 있었던 한국, 자기 성찰보다는 발전된 서구의 모방에 더 주력하고 있었던 우리는 너무 바빠서 소수자를 돌아볼 여력이 없었다. 문제는 이 소수자나 약자를 외면하는 태도다.

이창래가 군위안부를 소재로 글을 쓰기 시작한 것도 1990년대 군위안부에 대한 충격적인 기사를 읽었기 때문이라고 한다. 한국어판 서문과 몇몇 인터뷰에서 밝혔듯이 이창래는 이를 소재로 소설을 쓰고자 1, 2차 자료들을 수집하고 2차대전 혹은 그 이전의 전시상황에서 위안부로 동원되었던 생존 여성들을 직접 만나

9 이러한 용어의 문제에 대한 연구로는 강정숙의 「역사용어 바로 쓰기: 위안부, 정신대, 공창, 성노예」(『역사비평』, 봄호, 2006, pp. 315–320)를 참조하였다.

인터뷰를 하기도 했다. 하지만 그는 위안부의 일인칭 목소리로 소설을 써 나가는 것을 중단한다. 피해자 여성들의 인터뷰 자료 속에서는 침묵도 진실을 드러내었지만, 그는 가해자의 직접적인 폭력 이외의 것을 옮겨 낼 수 없었다고 한다. 그래서 그는 위안부를 도와준 일본 위생 장교의 시각에서 처음부터 소설을 다시 써내려가기로 했다고 고백한다.

이창래는 왜 일인칭 서사를 포기했을까? 이창래의 소설이 출판되기 전에 이미 위안부를 소재로 한 소설은 있었다. 정치적 쟁점으로 부상하기 이전 시기에 쓰인 소설로 김정한의 중편, 『오끼나와에서 온 편지』(1977)와 윤정모의 『에미 이름은 조센삐였다』(1982)가 대표적이다. 그리고 1991년 위안부 할머니의 공개증언이 있고서 출판된 작품으로 한국계 미국인 작가인 노라 옥자 켈러의 『군위안부』[10]가 있다. 이 소설은 이창래보다 2년 앞서 출판되었다. 이 작품들은 모두 희생자의 분노와 울분을 중심으로 서사가 이어진다.[11]

선행작품들은 거의 가해자의 직접적이고 주관적인 폭력과 그 희생자에게 주목한다. 그래서 독자가 공감하기 쉽고 호소력도 있다. 그러나 이창래의 작품은 희생자의 고통만을 부각시키지는 않는다. 앞서 백인이 인간성이 나빠서 흑인에게 폭력을 가하고 노예로 삼은 것은 아니라고 말했듯, 위안부의 문제는 단지 일본 군인 개인의 잔혹성으로만 설명될 수 없다. 개인의 뒤에는 전시 일본의 국가 체계, 그리고 식민지 조선에 대한 수탈, 착취로 얼룩진 일본제국의 지배가 있다. 오늘날 노예제도를 옹호하는 사람이 없듯이 일본의 잔악 무도한 만행을 옹호하는 사람은 아무도 없다.

그러나 일본만이 가해자라고 말하는 것은 진실의 전부가 아니다. 전쟁에서 살

10 Nora Okja Keller, *Comfort Women*, New York : Viking, 1997. 『종군위안부』, 박은미 역, 도서출판 밀알, 1997.

11 이창래가 한국어로 된 김정한과 윤정모의 소설을 읽었는지, 그의 소설보다 단지 2년 앞서 출판된 영어소설 노라 옥자 켈러의 작품을 읽었는지는 불확실하지만, 자세히 읽지는 못했다손 치더라도 자료조사를 철저히 했다는 것으로 보아 소설이 있다는 것 정도는 알았을 것이다.

아 돌아온 위안부 생존자들은 전쟁의 와중에 사라질 수밖에 없었던 수많은 이들에 비해 극히 일부에 지나지 않는다. 또한 그들이 겪었던 일이 참혹할수록, 더 외상적일수록 인터뷰에서 일관된 주장을 펴기는 어렵다. 우리가 주변에서 쉽게 목격할 수 있는 교통사고의 경우에도 사고를 겪은 당사자는 사건이 끔찍할수록 상황을 제대로 설명하지 못한다. 따라서 위안부의 증언이 진실의 일부를 구성하는 표면이라면, 나머지 여분의 진실은 말하지 못한 것, 말할 수 없는 것, 드러나지 않은 심연에 있다. 이렇게 볼 때, 사라지도록 오랜 세월 내버려 둔 우리가, 어쩌면 얼굴 없는 가해자일 수 있는 우리가 위안부 사건에서 진실의 말해지지 않은 한 조각을 구성하는 것은 아닐까.

후발주자인 이창래가 주목한 것은 바로 이 점이다. 그래서 이창래는 가해자의 시각으로 이제는 죽고 없는 위안부를 회고한다. 그는 한국의 정부가 이 사건에 아직 제대로 주목하지 못했다거나 국가적 차원에서 이들 희생자에 대한 보상 논의를 매끄럽게 마무리 짓지 못했다는 등의 정치적 쟁점을 다루지는 않는다. 한 사건에 대한 정치적 해결을 모색한다는 것, 희생자를 정치가가 대변하는 데는 많은 한계가 있고, 대변/대표에 포섭되지 않는 과잉이 있다. 예를 들어 보상이나 배상의 차원에서 대처하고자 할 때, 이 문제는 어떠한 고통도 돈으로 해결될 수 있다는 의미로 축소될 수 있다. 혹은 이 사건을 남성/여성의 이분법에서 언제나 약자의 위치에 있는 여성에 대한 성폭력 문제만으로 생각할 때, 전시에 희생이 따르는 것은 불가피하다는 논리로 이어질 수도 있고, 일본 식민지 조선의 특수성은 희석될 수 있다.

그래서 이창래는 쟁점이 되는 표면적인 문제가 아니라 좀 더 심층적이고 무의식적인 문제에 집중한다. 왜, 무엇이 우리를 위안부의 목소리에 귀를 기울일 수 없게 하는지, 우리의 딸과 아내를 일본군에게 내어줄 수밖에 없었음에도 우리 자신이 왜 얼굴 없는 가해자가 될 수 있는지, 위안부 할머니의 증언에서 단어와 단어 사이, 문장과 문장 사이로 빠져나간 여분의 진실에, 숨어 버린 진실에 주목한다. 즉 이창래의 『제스처 인생』은 군위안부가 어떻게 외상이 되는지를, 성공의 욕망이 어떻게 근대화와 발전 담론과 결합하여 사회의 오점으로 간주되는 소수자를 침묵시키고, 억압해 왔는가를 표면적이고 가시적인 것들을 넘어서 성찰하고자 한다. 그리고 그 억압과 삭제에도 오점과 얼룩들이 사라지지 않고 되돌아 와 우리의 삶을 어떻게 비틀거리게 하는가를 살피고자 한다.

3. 『제스처 인생』 - 한낱 제스처에 지나지 않았던 삶에 대한 반성과 성찰

이창래의 『제스처 인생』의 중심인물은 닥 하타(Doc Hata)이다. 그는 식민지 시대, 태평양 전쟁 시기에는 일본의 군인, 지로 구로하타였고, 그 이전에는 '오'씨 성을 가진 재일 조선인이었다. 그러나 소설의 초반부에서 그는 완벽한 미국인이 되기를 욕망하는 일본계 미국인으로 등장한다. 그가 성취한 모든 것이 위기에 처하기 전까지는 조선의 혈통이었다는 사실을 철저하게 숨긴다.

이 소설은 "이곳(미국) 사람들은 나를 안다"라는 하타의 자신감에 찬 선언으로 시작된다. 이러한 인정은 노인이 된 그에게 사소하지만 특별한 즐거움을 준다. 독자는 2차대전 당시 미국의 적대국이었던 일본인이 그렇게 인정받는다는 것이 얼마나 특별한 것인지 알 수 있다. 그는 미국에 이민 온 후 줄곧 "써니 의료 가게"를 운영하며 비록 의사는 아니지만 고상하고 예의 바른, 그리고 존경받는 삶을 영위해 온 인물이다. 그래서 그는 의사가 아님에도 사람들에게 의사(DOC)로 불린다. 그의 집은 튜더식 이층집, 화려한 정원, 판석을 깐 수영장, 납을 넣은 유리, 단철로 지은 온실 등을 갖추어 근처의 부동산업자들이 탐낼 만한 특별한 집이다. 최소한 써니 의료 가게와 집은 미국에서 존경받을 만한 삶을 입증하는 공간이다. 그러나 그의 예외적인 성공을 보여 주는 것은 화려한 집이나 번창하는 가게의 외양만은 아니다. 그는 미국의 "암묵적인 행동 계약"을 준수한다고 말하지만, 그의 생활 태도는 보통 미국인들보다 훨씬 더 미국적 가치를 잘 구현한다. 이웃들로부터 환영카드나 과자 바구니를 받았을 때조차 어느 정도가 정확한 대응인지 판단하고 미국적 예의를 준수하며, 그 미세하고 연약한 균형을 깨뜨리지 않고자 노력한다. 이 덕분에 그는 "일본인임에도 이웃들은 그를 빨리 받아들이게 되었다."(16쪽) 따라서 독자는 하타가 이렇게 인정받고자, 이렇게 성공하고자 평생 동안 얼마나 많은 노력을 기울였는지 미루어 짐작할 수 있다.

그는 자애롭고 인자하며 선량하고 예의 바른 70대 노인이다. 우리는 하타의 현재의 모습에서 그 어떤 잔혹함도, 그 어떤 가시적인 폭력성도 발견할 수 없다. 오히려 폭력적으로 보이는 인물은 그가 아니라 그가 입양한 딸 써니다. 써니는 한국에서 데려온 입양아다. 사실 그는 일본 아이를 입양하기를 원했다. "써니(Sunny)"라는 그 이름이 의미하는 바처럼, 입양을 결심하게 된 동기가 독신이었던 하타가 자신의 생을 성공적으로 빛나게 해 줄 자녀가 필요했기 때문이었다. 그러나 써니는 일본인이 아니라 한국인이었고, 더구나 순수 한국인도 아닌, 미군정 시기의 흑인군인과 한국인 매춘부 사이에 태어난 듯한 느낌이 드는 혼혈이었다. 첫 만남부터 그의 기대를 배반하기는 했지만, 하타는 좋은 교육환경과 안정된 가정을 제공한다면 그녀가 모범적인 미국인으로 자랄 것이라고 믿었던 것 같다. 그러나 하타의 줄기찬 노력에도, 그녀는 점점 더 반항적이 되어갔고, 결국 가출을 했다. 하타가 13년 만에 재회한 써니는 하타의 성공을 표시해 줄 수 있는 자랑스러운 딸이 아니라 보금자리를 버리고 가출하여 "특권이나 여가를 누릴 수 있는 여자라면 절대 가지 않았을 길을 가며 세월을 낭비하여 닳아 버린 여자", 아버지를 알 수 없는 아이를 키우며 근근이 생계를 이어가는 미혼모가 되어 있다.

이러한 써니를 보며 그는 지금까지 노력해서 쌓아 온 모든 것이 무너진다고 느낀다. 은퇴하면서 다른 사람의 손에 넘어간 가게는 망해 가고 있었고, 그가 벽난로 앞에서 옛 사진을 태우다 집에 불을 냈고, 그 화재로 말미암아 그의 소중한 집은 상처투성이의 집으로 변해 버렸다. 세월과 더불어 쇠약해진 육체와 떨어진 사회적 위상, 딸 써니, 그는 어느 것도 누구도 그의 성공적인 삶을 증거해 주지 못한다고 느낀다.

바로 이 현재의 취약성 앞에서 평생을 견고하게 지켜 왔던 벽이 허물어지면서 그의 얼룩과 오점이 드러나게 된다. 그는 젊은 시절 같았으면 절대 떠올리지 않았을 조선인 위안부 여성, 끝애(K)의 흔적을 더듬어 거의 50년의 세월을 거슬러 올라간다. "50년" 즉 우리가 위안부에 대해 침묵했던 바로 그 50년과 유사한 세월의 길이만큼을 거슬러 올라간다. 그리고 그의 생애에서 그에게 결코 봉합될 수 없이 떡 벌어진, 치유할 수 없는 상처로서 끝애가 등장한다.

원래 그는 비루한 집안 출신의 재일 조선인이었다. 그에게 일본인이 된다는 것은 단순히 국적이 바뀐다는 것만을 의미하는 것이 아니었다. 그것은 진정한 의미에서 "삶의 시작"(72쪽)이었고 인간이 되는 순간이었다. 식민지 시대에 일본인으로 산다는 것은 "단지 물질적 부만을 가져다주는 것이 아니라 인간적인 삶을 약속"해 주는 것이었다. 그는 조선인이라는 사실이 수치스러웠다. 끝애를 만나기 전의 그에게 조선은 신분의 빈민가에서 하루하루를 연명하는 사람들의 집단에 불과했다. 그는 조선을 가 본 적이 없었고, 따라서 그에게 조선은 어린 시절의 비루한 자신의 모습이나 가족의 더럽고 비천한 모습, 혹은 그들이 살았던 환경과 구분되지 않았다. 따라서 그의 조선이름은 '오'씨라는 그의 성을 제외하고는 소설 속에 단 한 번도 등장하지 않는다. 그의 조선 부모조차 그를 조선 이름으로 부르지 않았기 때문이다. 끝애와 만나기 전에는 다른 사람 앞에서 공개적으로 자신이 조선인임을 혹은 조선어를 구사할 수 있다는 것을 절대 내보이지 않는다. 일종의 금기처럼.

지로 구로하타가 위안부인 끝애와 사적으로 만날 수 있었던 것은 1944년경 정식 군의관인 그의 상관 오노의 명령에 의해서이다. 그는 끝애를 잘 보호하고 있다가 '검은 깃발'이 진료소 앞에 걸릴 때 그녀를 그에게 보내라고 명령한다. 조선인이라는 열등감으로 말미암아 그는 모든 일에 완벽을 기하고, "실패의 오점"을 남기는 것을 두려워한다. 그의 말에 의하면 "자아의 실패가 두려운 것이 아니라 사회 전체에 짐을 지우는 의무이행의 실패"가 두려운 것이다. 여기서 그의 의무는 완벽한 일본인이 되고자 하는 욕망과 연결되어 있다는 것을 쉽게 짐작할 수 있다.

그는 위안부를 관리해야 하는 임무를 성공리에 수행하려는 욕망에서 끝애에게 조선어로 말을 건다. 조선어는 끝애의 마음을 열리게 하는 가장 강력한 끈이었기 때문이다. 이렇게 시작된 두 사람의 관계는 4일 정도 지속된다. 두 사람이 대화를 나누기 시작하면서 우선 그는 군화공장에 일하러 가는 줄 알고 남동생의 징병을 대신하여 징집관을 따라나섰다는 끝애의 이야기에 충격을 받는다. 이 충격이 아무것도 아닌 것보다 더 못한 위안부에 대한 인식의 전환을 가져오는 계기가 된다.

> 나는 그녀의 이야기를 듣고 사실 기습을 당한 느낌이었다. 그 이야기가 모두 진실이라고 받아들일 수가 없었다. 그러나 그녀의 이야기가 의심쩍었다기보다는 내 생각이 한계에 이르렀다고 보는 것이 옳을 것이다. 사실 어떤 여자가 위안부의 운명에 기꺼이 자신을 내맡겼다고 생각하는 것은 지극히 멍청하고 순진한 일이었다. 그럼에도, 나는 이름 그대로 그들이 "자원자"라고 생각했다. 위안소 앞에 줄을 서 있는 남자들에게 그 여자들은 아무것도 아닌 것, 아니 아무것도 아닌 것 이하였다. … 한 병사는 위안부 여성들을 "조센삐"라고 불렀다. 이것은 조선을 의미하는 말에 천한 해부학적인 욕설을 더한 것이었다. … 이 말은 우리 속의 있는 짐승을 지칭하는 것 같았다. 그러나 K를 만나면서 나는 다르게 생각하기 시작했다. (250–251쪽)

그에게 끝애를 만나기 전의 위안부, 혹은 조선인은 짐승과 다를 바가 없었다. 그들은 생각하거나 판단하는 존재가 아니라 시키면 시키는 대로, 그것이 무엇이든 다 하는 존재에 불과했다. 이것이 그가 조선인이라는 출신 때문에 멸시를 받았지만 이에 저항하지 못하는 이유였고, 이것이 할 수만 있다면 가능한 한 더 완벽하게 조선인임을 감추고자 하는 이유였다.

지로가 "다르게 생각하기 시작한 것"은 단지 끝애를 인간으로 보기 시작했기 때문이거나 젊은 남자가 젊은 여자에게 느낀 애틋한 감정 때문만은 아니었다. 끝애는 처음 만났을 때부터 다른 위안부들과 달랐다. 그녀의 목소리는 다른 여자들과 달리 똑똑하고 기복이 없었고, 군인들의 눈길에 움츠러들지도 않았다. 그리고 무엇보다도 끝애가 소속되어 있었던 조선은 하타의 조선과 달랐다. 그는 끝애가 소속된 그러한 조선과 한 번도 접해 본 경험이 없었다.

> (이제야) 끝애의 말투, 교육, 마침내 내가 계급이라고 이해하게 되었던 것이 설명되었다. 나는 그런 조선인들과 접해본 적이 없었다……. 내 말은 그녀에게 거칠고 상스럽게 들렸을 것이다. 거리의 냄새, 고베의 비좁고 꼬불꼬불한 게토의 골목길 냄새가 났을 것이다. 그러나 갖바치와 넝마주이 사이의 외아들인 나는 일본제국 해천대대의 소위 군복을 입게 되었고, 귀족적이고 학자 집안에서 태어난 그녀는 머나먼 전초 기지의 보급물자 창고에서 잠을 자게 되어 있었다. (257쪽)

끝애의 피, 문화, 종족은 엄밀한 의미에서 하타와는 다른 것이었다. 그녀에게는 그와는 달리 군의관이 그녀에 대해서 말한 것처럼 어떤 "진귀한 것", "육체적 아름다움 이상의 어떤 것, 그 어떤 매력과 어떤 기준에 비추어 보더라도 초월적이고 신성한 것"이 있었다. 최소한 당시의 젊은 하타, 즉 입양된 일본인, 지로 구로하타는 그렇게 믿었다. 그래서 지로는 끝애에게서 조선 여성의 순결이기도 하고, 한편으로는 국적을 초월한 고귀성 같은 것을 훔친다. 잠을 자는 끝애는 단칸방에서 삼베자루 무더기 같이 한구석에서 포개져 자고 있던 자신의 어머니, 그렇게 수치스러웠던 어머니와 무척 대조적이었다.

그는 헝클어진 머리칼이 불결하게 느껴져서 걷어내 주고 싶었던 어머니와는 달리 끝애의 머리칼에서 풍기는 기름기 섞인 사향 냄새가 향기롭다고 느낀다. 그리고 바지가 벗겨져서 엉덩이가 반쯤 드러난 어머니가 수치스러워 담요로 덮어 주고 싶었던 것과는 달리, 끝애의 엉덩이 끝에 손을 대는 순간 유연함과 새로움을 느끼는 동시에 어떤 위대한 생명력이 용솟음치고, 갑자기 순수해진 느낌을 받는다. 지로에게 그녀는 더할 수 없이 순결했다. 그래서 그는 성관계가 끝난 후의 그녀의 눈물이 "처녀성을 잃었기 때문"이라고 생각한다. 끝애가 그토록 순수하고 정결한 섬 같이 느껴졌던 것은 고베에 살고 있었던 지저분하고 수치스런 조선인들과 대조적으로 끝애가 고귀한 양반 출신이라는 것이 한몫했을 것이다. 그래서 그는 끝애와의 관계 이후 "순수해진 느낌"을 받는다.

이제 그는 지금까지 그가 조선에 대해서 갖고 있었던 조선의 이미지를 다시 쓴다. 더럽고 수치스러운 "떠도는 개"(263쪽)와 같은, 그의 조선은 눈부시고 순수하며 신비스러운 어떤 것으로서의 조선의 이미지로 대체된다. 이것은 그의 상상에 의해 석화되고 증류된 순수한 조선이다. 그래서 끝애는 살아있는 생명체가 아니라 더없이 "아름다운 조각상"이고, "밑동이 갈대와 같이 엮어져 있는 서늘한 느낌의 건축물"로 생각된다.(295쪽) 이것은 끝애의 이야기를 들으면서 지로가 상상하고 전유하는 조선의 이미지이며 본질적 민족주의자들이 욕망하는 조선·한국의 이미지인 동시에 우리가 욕망하는 한민족의 모습이기도 하다. 그러나 관점을 달리해 보면, 이 고귀한 조선은 아들·남성만의 나라다. 미래를 보증하는 것도 아들이요, 가족의 대를 잇는 것도 아들이다. 아들을 지키고자 기꺼이 딸을 포기하는 가부장적 조선은 그가 그려내는 이 이미지 속에는 없다. 실제 조선·한국엔 그가 끝애에게서 느낀 고귀함뿐만 아니라 그가 자라난 고베 지역의 비천한 조선, 그리고 가부장제 조선의 위계질서 등, 이 수많은 다양한 조선이 모두 다 포함된다. 하나의 보편적 의미로 고정하고 싶어하는 주체의 욕망과는 달리 한국·조선은 어떤 단 하나의 속성으로만 고정될 수 없다. 이것이 여기서 생략된 치명적인 행간이다.

전쟁 후에 의대에 가서 고베에서 존경받는 의사가 되고, 좋은 집안 출신의 여자를 만나 자식을 낳고, 아름다운 뜰이 있는 좋은 집에 살기를 원했던, 한마디로 개인의 성공이 모든 것이었던 지로 구로하타에게 끝애는 위안부라는 현재 상황에서도 오노 대위의 말처럼 분명한 기품과 특별하고 고귀한 품격이 있는 여자였다. 지로가 끝애를 사랑하게 된 계기는 다른 무엇보다도 이 품격과 기품, 그리고 그녀의 처녀성이 만들어 내는 조선의 순결한 이미지가 가장 큰 요소다. 그래서 한순간에 불과하기는 하지만 끝애를 보호하기 위해 주어진 현실을 위반하려 들고, 실제로 오노와 사소한 다툼을 벌이는 것은 이러한 순수 증류된 조선의 이미지 앞에서이다.

그러나 검은 깃발이 진료소 앞에 내걸리자 그는 현실을 깨닫는다. 그는 끝애를 지킬 힘도 없고, 끝애를 장래의 아내로서 보호할 수 없는 현실 속의 자신을 본다. 그것은 불가능한 꿈이었고, 그 꿈을 이루려면 자신이 노력해서 구축해 온, 포기할 수 없는 모든 것을 포기해야 했기 때문이다. 이 순간 사건이 발생한다. 오노가 진료소로 찾아오자, 지로와 함께 진료소에 있던 끝애는 치료 도구로 그를 찔러서 살해한다. 지로는 끝애가 살아남지 못하리라는 것을 알면서도 죽여 달라는 그녀의 청을 거절한다.

> "사랑합니다." 나는 제대로 나오지 않는 목소리로 말했다. "그럼 (당신의 사랑을) 보여 주세요. 지로. 나는 너무 겁이 많아 직접 못하겠어요. 하고 싶지만 할 수가 없어요. 여기 오노의 권총이 있어요. 곧 보초들이 돌아왔다고 신고를 할 겁니다. 오노가 대답하지 않으면 보초들이 안으로 들어올 거예요. 그럼 당신은 내가 오노를 죽였다고 말하고 그래서 그의 권총으로 나를 쏘았다고 말하면 되잖아요. 도망갈 곳은 없어요." (301쪽)

하지만, 그는 사랑 때문이든, 동정심 때문이든, 겁 때문이든 쏠 수가 없었다. 대신 그는 이미 살해된 오노 대위의 상처에 총구를 꽂고 방아쇠를 당긴다. 그리고 시부로 중위에게 자살이라고 거짓말을 한다. 이렇게 오노 대위의 사건은 바로 수습되지만, 이로 말미암아 끝애가 맞이하는 종말은 그보다 더 잔인할 수는 없다.

화자가 그 시절을 회고하면서 “그것은 진심이었다. 나에게서 우러나온 것이었다. 온전히 내 것이었다. 정말 무시무시한 것은 바로 그 점이었다. 나는 그녀가 죽어 주었으면 하고 바랐음이 틀림없다.”(296쪽)라고 서술하듯이 지로가 끝애를 죽이지 않는 것은 단지 군법 때문이 아니다. 단지 법의 문제만이 아니라, 고귀한 일본인이라면 지켜야 할 품격과 관련된 것이며, 끝애가 더는 고귀한 조선을 상징할 수 없다는 것을 알아 버렸기 때문이다. 그는 직접 자신의 손에 피를 묻히지 않는다. 이 장면은 자민족의 과거를 증류된 순수의 공간으로 상상하고자 하는 민족주의의 욕망, 혹은 더럽혀진 몸으로 돌아온 딸이 차라리 자살해 줄 것을 바라지만 자신의 손에 직접 피를 묻힐 수는 없었던 1940년대 후반의 한국의 문화적 상황과도 많이 닮아있다. 그러나 이것은 외설(Obscene : off－scene)의 어원이 의미하는 바처럼 가려져야 하는 장면인 동시에 결코 표면으로 드러나서는 안 되는 장면이다. 또한 그런 생각을 했다는 사실 자체도 부인해야 하는 장면이다. 하지만, 순결한 끝애와 고귀한 조선은 오염과 얼룩에서 벗어나 있지 않은, 수많은 소문자 조선·소문자 한국을 덮어 가리고자 하는 지로의 환상에 불과하다. 현실 속의 끝애가 양반가에 소속되어 있었다 하더라도 그녀는 언니와 함께 가부장제 가정에서 호명되지 못하는 존재이자, 존재를 부인당한 존재이다. 그래서 가족들은 남동생의 징집을 대신해서 딸을 위안부로 보냈다. 그러나 단지 이것이 전부는 아니다.

현실 속의 끝애는 지로 구로하타의 상상만큼 순결하지도 순수하지도 않다. 오노 대위의 말에 의하면 그녀는 임신 중이었다. 임신은 위안부로 동원되어 끌려오기 훨씬 이전에 생긴 일이었다. 이것은 조선에서 위안부로 동원된 모든 여성은 “순결한 꽃다운 처녀였다”라는 이미지를 배반하는 것이다. “순결한 꽃다운 처녀”는 핍박당한 개인의 고통에 앞서, 위안부를 애국자로서 초역사의 전당에 모시기 위해 만들어진 한국의 민족 이데올로기에 가깝다. 이는 위안부로 끌려간 많은 수의 조선인 여성들이 10대였다는 것을 부인하고자 하는 것이 아니다. 그러나 민족주의 이데올로기와 결합하면서 위안부 담론이 우리 사회에서 힘을 발휘하기 시작했다는 사실, 그리고 이런 민족주의 담론 속에서 처녀가 아니었던 위안부는 표면으로 부상하지 못했다는 점을 상기시키는 부분이다.

어쨌든, 지로가 끝애의 죽여 달라는 청을 거절한 후 끝애가 맞이하는 죽음은 그보다 더 나쁠 수는 없다. 끝애는 일본군인들에게 끌려가 빈터에서 집단으로 성폭행을 당한 후 형체를 알아볼 수 없을 정도로 유린된 채 살해된다. 그리고 지로는 끝애의 유해를 수습하면서 그녀의 태중 아기를, 임신을 확인한다.

> 나는 군의관이 해야 할 일을 했지만, 냄새를 맡을 수도 들을 수도 볼 수도 없었다. 나는 유해를 모으는 나의 손을 느낄 수가 없었고, 그 유해들의 무게도 느낄 수 없었다. 마침내 나는 그녀와는 다른 형태, 아주 작은 꼬마요정 같은 형체, 기적이라고 느껴질 정도로 온전한 형태를 찾아냈으나 아무것도 느낄 수 없었다. 다리와 발로 짐작되는 것도 완벽하게 갈라지며 손가락 형태를 갖추어나가는 축복받은 두 손도 볼 수 없었다. 또 그 얼굴도, 완성된 뺨과 이마도 볼 수 없었다. 아직 깨지지 않은, 방해받지 않은 그 시원의 잠, 나는 내가 무엇을 하는지 알 수 없었고, 어떤 부분도 기억할 수 없었다. (305쪽)

눈으로 직접 보았음에도 유해를 손으로 모았음에도 그는 그 사실을 도저히 받아들일 수가 없다. 그는 눈앞에 펼쳐진 사태를 사실로 인정하지도 못하고 기억으로 통합하지도 못한다. 그래서 이는 기억할 수 없고 망각할 수도 없는 외상이 되어 그의 평생을 따라다니게 되었다는 의미다. 그렇다면, 그가 기억하기를 거부하는 것은 정확히 무엇일까? 완전히 순수하게 증류된 조선의 이미지를 배반하는 끝애인가? 아니면 아내를 지키지 못한 자신의 무능에 대한 수치심인가? 아니면 끝애를 통해서 오염된 출신을 정화하지 못한 화자 자신의 실패인가?

소설 속에서 확인할 수 있는 답은 없지만, 이 사건이 외상이 된 것은 이 모두를 포함하는 동시에 이 모든 표면적인 의미를 초과하기 때문이다. 하타의 시점으로 서술된 이 소설에서 독자가 확인할 수 있는 것은 전쟁이 끝나고 그가 일본을 떠났다는 것, 완벽한 일본인으로 살기를 포기했다는 것, 의사가 되는 꿈을 포기했다는 것, 그리고 그가 미국으로 왔다는 것이다. 그가 끝애를 사랑하지 않았더라면 끝애는 어쩌면 살아남았을지도 몰랐고, 최소한 좀 더 평화로운 죽음을 맞이했을지도 몰랐다. 끝애에게 지로의 사랑과 폭력이 다른 것이 아니었듯이 현재의 하타도 사랑과 폭력을 구분할 줄 모르는 인물이다.

그 사건이 있고 나서, 그는 어쩌면 모든 일이 마치 일어나지 않았던 것처럼 가장하기를 원했다. 마치 완전범죄를 원하는 범죄자처럼 그는 끝애의 흔적을 완전하게 삭제하기를 원했다. 끝애를 회상할 때 그는 그녀를 K라고 줄여서 불렀고, 궁극적으로 그는 끝애의 K가 들어간 모든 흔적을 그의 삶에서 삭제하기를 원한다. 한국·조선(Korea)의 K, 살해(Kill)의 K, 심지어 구로하타의 K에 이르기까지. 그래서 그는 국적을 바꾸고 이름도 바꾼다. K로 시작되는 구로하타란 이름에서 K를 떼어 버리고 하타만을 남기고, 지로라는 이름을 버리고, 프랭클린이라는 미국이름을 사용한다. 그러나 그를 프랭클린으로 불러 주는 사람은 미국인은 아무도 없다.[12] 자신의 출신민족과도 연관된 K는 지우고 싶다고 지울 수 있는 것이 아니었다.

그가 더 완벽한 미국인이 되고자 입양한 써니는 어떤 의미에서 끝애를 "더 나쁘게, 더 불쾌하게 반복한다." 사실 그는 7살의 써니를 데려오면서 그녀에게 훌륭한 환경을 제공하여 끝애에게서는 한낱 환상으로 끝나 버린 어떤 순수, 어쩌면 순수한 조선·한국을 원했고, 그가 끝애와의 만남에서 그토록 갈구했던 순수하고 고귀한 조선·한국을 써니에게서 보고 싶었고 또 써니가 그렇게 자라 주기를 욕망했다. 하지만, 출생부터 써니는 자신의 임무를 다하지 못한다. 써니가 표상하는 한국은 어떤 면에서도 고귀한 한국성과는 거리가 멀었다. 그녀는 흑인 GI와 한국

12 다분히 역설적이게도 이 소설의 마지막 부분에서 하타의 딸 써니를 미혼모로 만든, 써니의 타락의 결과라고 생각했던 써니의 아들 토머스만이 그를 프랭클린이라고 부른다.

매춘부 사이에서 태어난 아이 같다. 그리고 그녀가 사춘기에 접어들면서 시작된 방탕한 생활은 다시 한번 그를 좌절시킨다. 써니는 10대에 이미 처녀성을 잃었을 뿐만 아니라 임신까지 했다. 그는 오염된 끝애가 죽어 주기를 바랐듯이 사춘기가 지난 써니의 몸을 통제하는 데 실패하자, 임신 8개월이 지난 써니를 개인적으로 알고 지내던 의사에게 데려가 낙태를 시킨다. 써니의 동의 없는 낙태 시술은 잔혹한 폭력이지만, 수술실에 들어가기 전까지 하타는 그것이 폭력이 아니라 사랑이라고 믿었다.

> 나는 (써니의 낙태 수술에 대해) 최대한 확고한 태도로 말했다. 그러자 의사는 내 말을 받아들였다. 한 시간도 안 되어 써니는 가운을 입었고 의사가 준 이완제를 먹었다. 나는 의사에게 척추마취를 하기 전에 써니에게 진정제를 많이 주라고 부탁했다. 그래야 써니가 내가 거기(수술실에) 있다는 것을 모를 터이고, 어떤 일이 있었는지 제대로 기억하지 못할 테니까. 의사는 내 뜻대로 해 주었다. … 그러나 내가 수술실 안에 직접 들어가 참여한 일에 대한 의사의 말을 옳았다. 내가 그날 저녁 병원에서 본 것은 변하지 않고 온전히 그대로, 오래오래 남았기 때문이다. 내가 살아오면서 그것이 가장 끔찍한 일이었고, 품위 있는 사람이라면 보지 말아야 하고 기억해서도 안 될 일이었다. 나는 역사의 차가운 심판을 받아야 마땅했다. … 그러나 그렇게 되지 않았다. … 나는 여전히 이곳 내가 속하게 될 마지막 자리에서 늘 좋은 지위를 확보하고 있었다. (345–346쪽)

이 장면은 거의 마지막 부분이다. 위안부 끝애의 죽음과 써니의 낙태가 어떤 관련이 있는지 언뜻 이해하기 어려울 수도 있다. 하지만, 끝애의 죽음에 대해 화자가 회고하는 장면–"나는 그녀가 죽어 주었으면 하고 바랐음이 틀림없다"–과 연결해 다시 생각해 보자면 여성의 몸은 순결과 순수함을 표상해야 하고, 그것을 더

럽히기보다는 오히려 그 존재 자체를 삭제해 버리는 것이 더 낫다는 태도와 연관되어 있다는 것을 알 수 있다. 그러므로 끝애와 끝애의 태중 아기의 죽음과 써니의 낙태, 이 두 가지 사건의 목격자이자 유발자인 하타의 행동은 유교를 숭상했던 조선에서 자유민주주의를 숭상하는 대한민국으로 국호와 이념이 바뀌었음에도, 전쟁이 끝나고 돌아온 위안부 여성들을 침묵하게 한 문화적 상황을 돌아보게 한다. 과연 전후 수십 년간 위안부들을 말할 수 없게 만든 그것은 하타가 써니나 끝애에게 무자비하게 행사했던 외설적 권력과 연관된 문화, 혹은 이 문화가 욕망하는 어떤 순수 조선, 순수 증류된 한국의 이미지와 밀접하게 연관된 것은 아닌가.

이러한 문화는 자문화의 순수성이 여성의 순결한 몸과 연결되어 있다고 간주한다. 끝애의 몸이 민족의 상징적 네트워크가 기입되는 장이었듯이 써니의 몸 자체도 써니의 것이기에 앞서서 "세상의 어떤 표지"[13]가 기입되는 장소이다. 하타는 이 장소를 통제하고 이 장소에 권력을 행사함으로써 자신의 온전한 주체성을 선포한다. 일본 변방의 고베에서 식민지 조선의 아들이라는 그의 주체는 더러운 병원균에 오염되어 있지만, 그는 그가 끝애를 사랑했을 때와 같은 방식의 사랑, 즉 나르시시즘적 사랑을 써니에게 반복함으로써 이 병원균을 몰아내고 오염되지 않은 순수, 얼룩으로 더럽혀지지 않는 주권 주체를 세우기를 욕망한다.

그러나 정말 그는 끝애를 사랑했을까? 정말 그는 써니를 사랑했을까? 하타가 사랑한 것은 구로하타의 이름이 K로 오염되었다고 그것을 떼어 버렸듯이 끝애에게서 수용할 수 없었던 부분, 써니에게서 받아들일 수 없었던 부분을 제거한 후의 순수한 끝애와 순수한 써니다. 그러나 불순물이 제거된 끝애와 써니는 더는 끝애도 아니고 써니도 아니다. 불순물을 제거하는 순간, 그가 꿈꾸던 써니도, 끝애도 사라진다. 끝애는 죽었고 써니는 강제 낙태 수술 이후 가출을 한다. 결국 그가 사랑한 것은 타자가 아니라 이상화된 그의 자아이다. 이상화된 자아에 대한

13 Chang-rae Lee, *A Gesture Life*, New York: Riverthead, 1999, p. 247.

사랑, 즉 나르시시즘은 사랑이 아니라 폭력의 다른 이름이다. 하타가 써니의 수술 장면을 회상하면서 말했듯 그 사랑은 "보지 말아야 하고 기억해서도 안 될" 잔혹한 폭력으로 끝을 맺는다.

우리는 이러한 주체성, 혹은 순수 자아상을 확보하기 위해 오염과 얼룩 혹은 적대적인 타자를 추방하고 삭제하고자 하지만 타자의 완전한 추방은 자기 자신마저 위태롭게 하고, 궁극적으로는 죽음으로 몰아갈 수도 있다. 자신까지 온전하게 죽일 수 없다면, 그 오염도 완전히 사라지지 않고 그 흔적은 자아를 끊임없이 괴롭히면서 반복하여 출몰한다. 무의식은 외부에 있다는 라캉의 주장처럼 하타의 불온한 얼룩들은 그가 머무르고 출입하는 모든 곳에 퍼져 있다. 우선 겉으로 보기에 그의 성공을 입증하는 듯이 보이는 그의 집은 "어두운 박물관"이자 "말해질 수 없고 노래할 수 없는 역사"(289쪽)를 담은 곳이자, "끝에서 두 번째의 덫"(287쪽)이다. 그는 집을 고치고 메우고 수리하는 데 정성을 다하지만 아무리 노력해도 "장의 문이 맞지 않는다거나 배수가 너무 느리다든가" 하는 식으로 언제나 자신의 의도와 어긋난다. 그의 집을 화려하게 장식해 주는 수영장 역시 기분 전환의 장소라기보다는 일종의 무덤과 같은 느낌이 든다. 그가 수영장에서 수영할 때마다 그는 종종 가슴이 뒤틀리고 물을 먹는다. 소설의 마지막 부분에서 물의 이미지는 자궁 속의 양수의 이미지와 겹친다. "그것은 내 삶의 오랜 조건처럼 보인다. 그것은 매일 매일 연고를 바르는 행위와 같이 일시적인 미봉책이 되기는 하지만 진정한 치유책이 되지 못하고 문제는 계속 증식하여 마침내 속속들이 나 자신이 되어 버린다." 이렇게 외상은 여러 가지 형태와 모습으로 변형되어 쉼 없이 등장하면서 하타의 삶이 걸려 넘어지는 암초이자 실패, 혹은 얼룩을 반복한다.

4. 나오며

이 소설의 결말은 가해자인 하타가 참회하면서, 사라져 간 모든 희생자를 애도하고 용서를 구하는 것으로 끝나지 않는다. 이러한 결말은 외상을 봉합하고 외상을 치유할 수 있다는 환상을 심어 주지만, 그것은 외상의 진정한 해결책이 아니다. 죽거나 사라져 버린 희생자들을 애도하고 그들에게 나르시시즘적 사랑을 표하는 것은 의외로 쉬운 일이다. 그것은 이 책의 제목처럼 제스처만으로도 가능하다.

외상은 주체에게 적대적인 타자이다. 그것은 주체를 한계상황으로 몰고 가며 초대하지 않았음에도 찾아와서 주인행세를 하며 생명을 내어놓으라고 요구하는 손님이다. 그러나 주체는 내부의 취약성을 가리기 위해 그 손님을 폭력적으로 쫓아내거나 삭제하고자 하지만, 어떤 폭력을 동원해도 그것은 완전히 없앨 수 있는 것이 아니다. 없애고자 하면 할수록 더 나쁜 폭력으로, 더 잔혹한 폭력으로 폭력의 강도가 더 높아질 뿐이다. 그러므로 외상을 섣불리 봉합하고자 하는 것은 한계를 인정하지 않고 자신의 주체를 세우기 위한 환상을 만들어 내는 행위에 불과하다. 환상은 진정한 치유책이 되지 못한다. 무의식적 외상은 현실의 어떤 작은 우연한 조각에 의해서 다시 자신을 반복할 것이기 때문이다. 따라서 우리가 진정으로 해야 할 일은 외상, 혹은 우리의 자아로 환원되지 않는 타자를 우리 일부로 받아들이는 것이다. 성공이나 대의를 위해 가리고 숨기는 것이 아니라 오염을 우리 일부로 받아들이고, 그것을 정면으로 마주하는 것이다.

다시 위안부의 문제로 돌아가자면, 민족주의 대의에 합당한 경우에만 위안부를 말할 때, 모든 전시상황에서 약자인 여성들은 손쉬운 희생양이 될 수 있다며 위안부의 고통을 무시할 때, 그리고 어떤 종류의 여자만을 여자로서 간주하는 가부장제의 거대 서사로 말할 때 폭력은 불가피하다. 물론 중국이나 대만 등과 같은 나라와는 달리 조선에서 동원된 위안부의 절대다수가 10대라는 추정은 틀리지 않았을 것이다. 이를 부인하고자 하는 것은 아니다. 그러나 만일 매매춘의 이력이 있는 여자가 위안부로 끌려갔다면, 혹은 범죄를 저질렀거나 불륜을 저지른 여자가 위안부로 끌려갔다면, 그들은 그들의 의지와 상관없이 어떤 폭력에 노출되어도 괜찮은 것일까?

위안부의 존재를 부정하거나 위안부에 대한 논의 자체를 거부하는 일본이 바로 이 거부와 부정으로 말미암아 오늘날 더 국제적 위신이 떨어졌듯이, 이 소설은 50년 가까이 위안부를 공론화시키지 못했던 우리에게도 반성을 촉구한다. 위안부의 과거 이력에 상관없이 그들의 고통을 고통으로 받아들이는 것, 위안부의 오염된 몸을 있는 그대로 받아들이는 것, 이것은 자아를, 민족을, 여성을 더 취약하게 만드는 것이 아니라 이들을 반복의 악순환에서 빠져나오게 함으로써 더욱더 유연하고 강하게 만든다.

그래서 소설의 마지막에서 "자신의 운명을 더는 개척하고자 하지 않을 것"이라는 하타의 선언은 이제 자신의 성공신화를 구축하기 위해 타자를 외면하지 않을 것이라는 선언일 것이다. 그리고 그가 그토록 부정하고 싶어 했던 "살, 피, 그리고 뼈"를 숨기지 않겠다는 것도 더는 자신의 취약성을 숨기지 않겠다는 선언일 것이다. 이제 "깃발"을 흔들겠다는 마지막 말은, 깃발이 하타가 미국으로 오면서 떼어 버리고자 했던 K라고 가정할 때 소설의 결말을 끝이라기보다 새로운 시작으로 이해할 수 있을 것이다. 조선, 한국, 코리아로 이어지는 그의 살과 피와 뼈가 세계문화유산에 등록될 만한 숭고한 건축물이 아니어도, 언제 어디서나 한결같은 아름다움을 뽐내지 않더라도, 때로는 흉하게 일그러지고, 때로는 비바람에 상하더라도, 그의 정체성을 그의 존재를 표시하는 소중한 깃발이라는 선언일 것이다.

| 열세 번째 강의 |

페미니즘 문학의 여인상

–「아내의 상자」의 '격리된 여자', 「그리지아」의 '자유로운 여자'
그리고 「홀로어멈」의 '소통시키는 여자'

인성기(부산대 독어독문학과)

1. 들어가며 – 남녀 구분에 대한 새로운 해석

남자는 역사를 만들고 여자는 남자를 조종한다. 이 말의 속뜻은 아마도 여자가 최후의 승리자라는 뜻일 것이다. 요즘 여성들의 발언권과 영향력은 날로 커지고 있다. 각종 국가고시에서 여성 합격자들의 비율은 남성보다 더 높아지고 있으며 "알파걸", "골드미스", "슈퍼맘" 등의 신조어가 생겨난다. 대학에서도 이제 페미니즘 관련 강좌는 인기가 시들해지는 추세다. 그만큼 이제 우리 사회가 이미 남녀평등 사회로 진입했음을 체감할 수 있다.

그러나 100년 전까지만 해도 여성은 가정주부로서 남편을 내조하고 자녀나 키워야 한다는 생각이 전 세계적으로 지배적이었다. 사회로 진출하려는 여성은 눈에 보이지 않는 편견의 두꺼운 유리벽에 부딪혀 좌절해야 했다. 사회는 여성을 천시했으며 여성의 능력을 인정하려 하지 않았다. 예를 들어 20세기 초반 오스트리아의 철학자 바이닝어는 역사상 여성 철학자, 과학자, 종교인, 음악가가 드문 것이 그 증거라고 주장했다. 엘리자베스 여왕과 같이 유능한 여성 정치가가 간혹 있었지만 그 이유는 그들이 남성적이어서 그런 것이었지 여자의 속성은 애당초 하찮은 것이라고 깎아내렸다.

미국의 레즈비언 철학자 주디스 버틀러는 그런 성 차별주의적 발상은 모두 근거 없는 것이라며 자신의 페미니즘 저서 『의미를 체현하는 육체』에서 논증하고 있다. 우리의 “자연적 성” 관념조차 문화적으로 형성되는 “젠더(Gender)”였으며 따라서 남녀의 선험적 남성성 내지 여성성은 존재하지 않는다는 것이다. 이런 주장은 오늘날 사회에 진출해 활동하는 여성들을 위해 훌륭한 이론적 토대로 작용하고 있다. 우리의 성 관련 정체성, 즉 ‘나는 남자다’ 혹은 ‘나는 여자다’ 라고 생각하는 우리의 성 정체성은 우리 몸의 생물학적 신체 구조 차이에 의해 결정되는 숙명적 ‘본성’이 아니라는 것이다. 그것은 우연한 사회규범일 뿐이다. 따라서 우리는 이제 우리의 자연적 성과 무관하게 마음껏 사회에서 능력을 발휘할 수 있게 되었다. 여자가 전투기 조종사가 되는 반면에 남자가 미용사도 될 수 있다. 그렇지만 버틀러는 ‘우리의 성 정체성이 슈퍼마켓에서 물건을 고르듯 임의로 취사선택할 수 있는 것이 아니다’라고 단서를 붙인다. 우리의 성 정체성은 우리 눈에 보이지 않는 사회적 제도와 관습 속에서 오랜 시간 동안 반복된 수행적 행동들을 통해 법칙처럼 습관화된 것이어서 그 성 관념을 뛰어넘기가 쉽지 않다는 것이다.

문학 작품들은 이런 복잡한 성 정체성 문제, 즉 젠더 문제에 대해 다각도로 성찰하게 하는 여러 국면을 보여 준다. 플로베르, 폰타네, 톨스토이 등의 소설에서 보면 여성들은 19세기의 가부장적 젠더 규범에 불편함을 느껴 저항하다 좌절한다. 또 입센, 스트린드베리, 베케트, 피란델로 등의 20세기 초 연극 작품에서는 오히려 남성들이 자신들에게 부여된 씩씩한 남자 역할을 거북하게 여겨 위기에 처한다. 이에 남성 주인공들은 여성을 천사로 여기거나 아니면 그 반작용으로 요부(femme fatale)로 단정짓는다. 이럴 경우 바이닝어처럼 남성의 ‘정신성’에 집착하여 그것을 영원한 것으로 이상화하는 일이 생겨난다. 이런 복잡한 심리적 과정의 여러 모습들을 통해 우리는 우리의 성 정체성이 자연이 아니라 철저히 문명화 과정 속에서 형성된 인위적인 관념이며 역사성에 종속된다는 것을 잘 알 수 있다.

이에 우리는 그런 문제를 좀 더 구체적으로 알아보기 위해 은희경의 「아내의 상자」, 무질의 「그리지아」, 그리고 공선옥의 「홀로어멈」을 선택해서 이들 작품의 여자 주인공들이 어떤 성 정체성을 가지는지 살펴보기로 하자. 그들의 서로 다른 모습은 우리 사회의 문명화 과정에서 여성들의 성 정체성의 변천을 이해하는 데 도움이 될 것이다. 그 다양한 모습은 역사적 단계마다 다르게 변화한 남녀간의 관계 속에서 다양하게 형성된 것들이다. 그들은 사회적으로 형성된 자신의 성 정체성과 자아를 동일시하여 파멸하거나(1), 또는 남성에 의해 구원의 천사로 이상화되어 도리어 남성을 파멸시키는 팜므파탈로 나타나거나(2), 또는 전통적 젠더의 재해석을 통해 새로운 정체성을 개척해 나가는 등의 다양한 모습을 보여 준다(3).

2. 은희경의 단편소설 「아내의 상자」

은희경의 소설 「아내의 상자」의 주인공 여성은 특별한 이름이 없다. 그저 '아내'로 지칭될 뿐이다. 그녀의 모습은 오직 1인칭 화자 남편의 보고를 통해 독자에게 전달된다. 이 보고자로서의 남편은 스스로 말하듯 "무엇에든 잘 적응하는 편이었으며 그러니까, 상식적인 사람이었다." TV뉴스와 증권시황에 관심이 많은 그는 자신의 아내가 평범한 가정주부이며 세상물정에 어두운 '순진한' 여자라고 생각한다. 그러다 어느 날 아내가 가출하게 되고 그녀를 "모텔의 특실"에서 벌거벗은 몸으로 발견하게 되자 화가 난 그는 그녀를 보호시설에 감금해 버리는 것으로 소설은 끝난다. 이 최종적 감금 사건은 여자 주인공이 평소에도 자폐증적 증세를 보이며 자아 속에 갇혀 있다는 것을 독자에게 최종적으로 확인시켜 주는 사건이다. 소설의 첫 부분은 그 모든 사건들에 대한 남편의 회상으로 시작한다.

> 마지막으로 아내의 방에 들어가 본다. 푸른빛이 감도는 벽지, 벽을 향해 놓여진 독일식 책상과 창가의 안락의자. 그 사이로 알 수 없는 희미한 향기

> 가 떠다닌다. 그리고 상자들.
>
> 아내는 상자를 많이 갖고 있다. 어떤 상자에는 그녀가 한 계절 내내 손가락을 찔려 가며 십자수를 놓은 탁자보가 들어 있고 어떤 상자에는 편지 뭉치가 들어 있다. 편지는 모두 종이색이 누렇게 바래고 잉크가 번진 오래된 것들이다. 친구가 사 주었다는 하얀 배냇저고리가 든 상자도 있다.

독자들은 처음부터 마치 추리소설처럼 보여지는 상자의 비밀에 대해 궁금증을 가지게 된다. 그러나 독자는 그것들에 대해서 작품의 마지막에 이르기까지 결국 오리무중처럼 아무것도 알 수 없게 된다. 그 모든 것은 아내의 깊은 내면에 대해 잘 알지 못하는 "평범한" 남편의 시선으로만 보고되기 때문이다. 남편은 아내를 정신병자 취급해 버린다.

하지만 우리는 버틀러의 젠더 인식을 통해서 자세히 살펴봄으로써, 그 모든 불행한 결과가 결국 그들이 사회에서 남녀에 따라 부여된 젠더적 성 역할의 틀에 따라 생활하는 데 익숙해졌기 때문이라는 것을 알 수 있다.

1) '상징계' 내부의 '실재계'라는 이중벽에 갇힌 도시여성

이 작품에서 남편의 눈에 비친 아내의 모습은 다음과 같다.

> (아내는) 다양하고 새로운 반찬을 만들지는 못했어도 다행히 … 음식 솜씨는 얌전한 편이었다. 된장찌개는 불을 잘 조절했기 때문에 멸치의 비린 맛이나 된장 떫은 맛이 안 났다. 갈치를 구워도 그릴에 달라붙지 않고 바삭바삭하게 속까지 익혔으며 아내가 부친 달걀말이는 약한 불에 익혀서 부드럽고 단단하게 잘 말려 있었다. 아내는 정돈도 잘했다. 손톱깎이나 여분의 건전지, 옷솔과 드릴 따위를 늘 같은 자리에서 찾아 쓸 수 있었고 욕실에는 늘 고슬고슬한 수건이, 냉장고의 냉동실에는 반찬 냄새가 배지 않은 깨끗한 얼음이 있었다.

남편에게 아내는 “내조”하는 사람이며 장차 자녀를 낳아 양육해야 하는 존재로 간주될 뿐이다. 아내는 이 규범적 역할을 시설에 감금되는 마지막 날까지 충실히 이행한다. 그 모든 행동은 가부장적 세계의 남녀의 역할분리라는 젠더 관습에 의해 결정된 것이다. 하지만 문제는 그녀의 이 역할이 그녀의 내면의 무의식적 욕구와 부합하지 않는다는 데 있다. 그녀는 원래 미술대학에 가고 싶어 했지만 현실 속의 사회는 그녀에게 “전문대학의 비서학과”로 진학하게 만들었다. 여자는 미대나 음대를 간다는 것도 이미 한국 사회의 가부장적 전통에 따라 형성된 통념이지만 여자는 남자의 “비서”로서 사회활동을 하는 것이 당연하다는 성차별적 통념이 작용했던 것이다. 그녀는 이런 사회적 역할 배정에 대해 외적으로는 부응해 졸업까지 했지만 무의식중에는 불만을 느꼈을 것이며 이 불만이 그녀의 '정상적' 생활을 방해하게 되었을 것이다. 즉 그녀는 자신도 모르는 사이에 자주 깊은 수면(睡眠)에 빠져들게 되며 이것이 이 소설에서 가정 파탄을 초래하는 주요원인 중 하나가 된다. 그녀의 수면증은 그녀가 남편의 내조자로서의 역할에 대해 불만을 품고 저항한다는 것에 대한 작가 은희경의 문학적 알레고리인 것이다.

> 난리를 치른 뒤 폭파하듯이 문을 부수고 들어가 보니 아내는 소파에 웅크린 채 자고 있었다. 우리가 부순 문에서 불과 몇 발짝 떨어지지 않은 자리였다.
>
> 아내가 그녀의 안락의자에 파묻혀 잠든 것을 보면 이따금 그때 생각이 났다. 뚜껑이 닫힌 상자들 곁에서 잠들어 있는 그녀의 모습. 그것은 자신을 상처 입힌 세상을 향해 빗장을 지르고 잠들어 버린 그때의 모습과 비슷하다.

그녀는 남편의 내조자로서 살아가야 하는 자신의 처지가 마음에 들지 않는 것이다. 그 역할에 대한 불만은 그녀의 대입 시험 고사장에서 있었던 작은 사건에서도 이미 맹아가 싹터 있었다. 그녀는 입시 날 차가운 공기와 더운 공기가 교차하는 교실의 창가에 앉아서 고생했으며 복도에서 수돗물이 떨어진다는 환청 때문에 몇 번씩 수도꼭지를 잠그려 뛰어나갔으며, 어머니가 그녀를 위해 손수 뜨개질해 주신 털 "스웨터" 때문에 목이 졸려도 답답한 느낌을 참아야 했다. 그녀의 수면증은 가부장적 규범을 내면화하는 통과의례에 대한 신체의 암묵적 저항인 것이다.

라캉이라는 프랑스 심리학자의 말에 의하면 대부분의 어린 아이들은 언어를 배우기 시작하면서 특히 '아버지'라는 단어를 통해 언어의 세계 즉 '상징계(das Symbolische)'에 진입해 사회의 규범적 질서에 익숙해지고 '정상적' 성 정체성을 가지게 된다. 그런데 이런 과정은 남자 아이들에게만 해당하며 여자 아이들은 예외다. 남자 아이들은 거세 불안을 느껴 아버지의 법에 순응하지만 여자 아이들은 이미 '거세된 상태'이므로 상징계에 진입할 필요성을 느끼지 못하기 때문이다. 라캉은 아이가 상징계에 진입할 때 억눌려지는 본능적 욕망을 상상계의 그림자 내지 결핍으로서 '실재계(das Reale)'라고 말한다. 과대망상증 환자와 같은 정신병자들은 '상징계'에 진입하는 데 실패해서 이 '실재계'에 살게 된다. 그러므로 「아내의 상자」의 여자 주인공은 그런 라캉의 이론으로 볼 때 정신병자들처럼 혼자만의 '비언어적 세계' 즉 '실재계'에 갇혀 있는 셈이다. 그녀가 하는 뚱딴지같은 말들은 사회에서 소통되지 못하는 말, 요컨대 '돌려받지 못하는 말'인 것이다.

물론 그녀는 겉으로는 모친과 남편의 언어에 반응을 하고 있다. 그녀는 비서학과에 진학해야 했으며 지금은 가사에 충실하고 있다. 그러나 그녀의 그런 행동은 피상적인 것일 뿐이다. 그녀는 유년시절의 '실재계'를 벗어나지 못한 상태에 있으면서 마지못해 '상징계'의 규범을 따르고 있다. 다시 말해 그녀는 '실재계'와 '상징계'의 이중 굴레에 갇혀 있는 셈이다. 그녀의 몸의 욕망의 관점으로 볼 때는 '상징계'가 불편하고, 남편의 언어의 관점으로 볼 때는 그녀의 몸의 '실재계'가 '정신병 증세'로 나타나는 것이다.

이 작품은 그런 불편한 관계를 모두 문제 삼고 있다. 정문권, 윤남희 선생의 말처럼 페미니즘은 "어떤 한 존재가 다른 존재를 자신의 경험과 시선으로 규정하고, 그 다른 존재는 상대방이 내린 규정을 그대로 받아들여 스스로 맞추어 가는 것이라 할 수 있는 타자성(Otherness)"을 비판하는 것이다. 여자 주인공은 그 타자성을 수용했지만 몸은 무의식적으로 그것에 저항한다. 남자 주인공은 그 타자성 즉 가부장적 성 정체성을 정상이라고 생각한다. 이 악순환에서 벗어나는 방법은 무엇일까? 여기서 페미니스트들의 전략은 여러 가지로 갈라진다. 특히 미국의 페미니스트 버틀러(J. Butler)와 프랑스의 페미니스트들의 전략은 대립한다.

미국 버클리 대학교의 철학과 교수 버틀러는 이 작품의 '아내'와 같은 수동적 저항의 몸짓 전략을 비판한다. 물론 이 여자 주인공의 비언어적 잠의 세계는 상징계 언어 이전의 고유한 자유의 영역으로 긍정적인 것일 수 있다. 예를 들어 프랑스의 페미니즘 철학자 크리스테바(J. Kristeva)는 '상징계'의 가부장적 언어 이전의 그런 어린아이의 옹알이 같은 언어를 회복하자고 주장하기도 한다. 그것은 자연성의 원초적인 육성이며, '상징계'의 문자언어적 의미 이전의 '기호계(das Semiotische)'에 해당한다. 그것은 남성문명이 억압한 여성들의 육체의 고통과 같은 무의식적인 것이며, 문명의 관리와 통제를 거부하는 몸부림 같은 것이다.

> 언제 봐도 단정한 아파트 단지의 창문들, 언제 봐도 그린 듯이 정확히 배치된 놀이터와 벤치와 나무와 주차 라인과 보도 블록, 상가 앞에 오가는 사람들도 언제 봐도 그렇게 정한 듯이 몇 명. 비슷한 비닐봉지, 비슷한 옷차림, 하늘도 언제 봐도 대충 그런 색의 지루한 안정의 빛이고 공기의 냄새마저도 도식적이라고 아내는 말했다. 신도시에는 길이 없어요. 덩치가 큰 건물에 다 가로막혀 있어요. 신발을 신고 산책이나 하려고 나갔다가도 길이 다 끊어져 있어서 그냥 돌아와 버려요. 찻길밖에 없어요.

아내는 자신을 주부로밖에 인정하지 않으려는 '상징계'의 문명 세계로부터 탈출을 꿈꾼다. 그러나 그녀가 여기서 탈출하면 그녀를 기다리는 바깥 세계는 죽음의 세계뿐이다. 서양 문학에서 문명 바깥의 자연세계는 동경의 대상이지만 돌아갈 수 없는 딜레마에 처한 곳으로 자주 묘사된다. 예를 들어 카프카의 「학술원에 드리는 보고(Ein Bericht für die Akademie)」에서 주인공은 유럽에서 문명화된 원숭이인데 그 역시 그가 동물사냥꾼에게 체포되었던 아프리카의 "황금해안"으로 돌아가고 싶어 한다. 하지만 문명의 역사는 이미 시작되었고 그 시곗바늘을 되돌릴 수는 없다. "왜냐하면 그가 (문명의) 울타리 밖으로 머리를 내밀자마자, 사람들이 나를 금세 다시 잡아들였을 것이며, 또는 다른 사람이 눈치채지 못하게 다른 동물들이 있는 곳으로, 예컨대 건너편 뱀 울타리 안으로 도망치자마자, 그의 몇 차례 포옹을 받아 마지막 숨을 거두었을 것이기 때문이다."

프랑스의 페미니즘 철학자 이리가레는 죽음을 의미할 수도 있는 원초적 자연으로서의 여성성을 적극적으로 활성화시킴으로써 현대 문명 사회의 남성주의적 지배 체제를 뒤흔들자고 주장한다. 이 목적을 위해 그녀는 여성주의 문학이 '오용(誤用) 문체(catachresis)'를 사용해야 하고 '환유(metonymy)'의 언어를 사용해야 한다고 주장한다. 왜냐하면 단어의 의미가 확정되면, 그 확정은 벌써 남성 주체의 논리적 세계의 체계적 언어에 의해 포획되므로 여성 개인에게 자유를 허용하지 않을 것이기 때문이다. 이 작품에서 아내와 관련된 수수께끼 같은 "상자", "아내의 방", "포푸리", "닭장", "공동묘지", 또는 "그곳"으로만 거명되는 어떤 감호시설 등의 표현은 그녀의 깊은 "잠"과 마찬가지로 그런 이리가레식의 환유의 언어에 해당할 것이다.

그러나 버틀러는 이런 이리가레의 '환유'나 또는 크리스테바의 '기호계'를 여성들이 동일시하는 것은 위험하다고 비판한다. 논리적 언어로 표현될 수 없는 영역은 글자 그대로 죽음의 영역이며 텅 빈 '공간(chora)'이기 때문이다. 이 텅 빈 것과 여성성을 동일시하고 그곳으로 도피하려는 것은 결국 현실의 정치적 사회적 영역을 남성들에게 독점하라고 내어주는 행위다. 그런 이분법적 사고는 결국 '여성성이 따로 있고 남성성이 따로 있다'라는 가부장적 젠더관의 이데올로기적 허상에 불과하다. 따라서 이 작품에서 아내는 그런 잘못된 젠더 관념에 따라 '기호계' 내지는 '실재계'와 자신의 정체성을 동일시하다가 '상징계'에서 배제되는 피해자로 전락한 것으로 평가받을 수 있다.

2) '상징계'에 갇힌 남성

남성은 근대 역사에서 사회의 정치적 영역을 독점했지만 피상적 삶의 형식에 익숙해지면서 역시 자연적 상태로서의 내면을 상실하고 말았다는 측면에서 볼 때는 역시 젠더규범의 피해자다. 인간을 구성하는 중요한 요소인 이성과 감성 중에서 감성 부분이 억눌린 것이다. 이 작품에서 남편은 아내의 "모텔" 사건이 있고 난 이후에도 평소와 다름없이 사회적 성공을 위해 기계처럼 살아간다. 그 사건이 있던 바로 다음 날, 아내가 "지독한 감기"에 걸렸지만 그는 이에 대해서 아랑곳하지 않는다.

> 지독한 감기였다. 아내는 며칠 동안 운신을 못하고 누워만 있었다. 물 한 방울 넘기지 않는 것 같았지만 나는 내버려 두었다. 얼마쯤 나은 뒤부터 그녀는 다시 청소와 빨래를 시작했다. 너무나 여위어서 미라 같았다. 나는 새벽 헬스클럽과 외국어 학원의 야간 강좌에 등록을 했다.

사회의 직장인으로서 남편은 '상징계'의 언어를 가지고 있지만 이 차가운 언어로는 아내의 내면의 '실재계'를 이해할 수도, 표현할 수도 없다. 그 언어는 다만 겉으로 드러낸 외양만을 중립적으로 기술할 수 있을 뿐이다. 그의 언어는 '상징계' 문명에서 실용적 용도를 위한 것이기 때문이다. 그것은 논리적으로 구조화되어 있다. 그러므로 그는 아내에 대해 "자기가 읽은 내용을 극히 단편적으로만 기억했으며 자기 식대로 엉뚱하게 알고 있는 것이 대부분이었다"라고 말하게 된다. 아내는 크리스테바가 주장하듯 '상징계' 이전의 어린아이의 옹알이 영역, 혹은 이 '상징계'가 남기는 흔적으로서의 '실재계(das Reale)' 영역을 차지하려 한다. 이 '실재계'는 라캉의 철학을 계승한 미국의 대중문화 평론가 지젝의 눈으로 볼 때 히치콕의 영화에서처럼 현실의 삶 속에서 수시로 얼굴을 드러낸다. '상징계'의 남편은 그것을 견디지 못하므로 억눌러야 한다. 작품의 마지막 부분에서 아내가 평소에 가보고 싶어했던 "중남미 문화원"이 있다는 곳으로 가보니, 그곳은 죽음의 "공동묘지"였다.

무덤을 가득 뒤덮인 거대한 산. 그리고는 낮은 하늘과 귀기 어린 정적뿐이다. … 겨드랑이가 땀으로 젖기 시작한다. 화장터와 마을이 갈라지는 길에서 팻말이 나온다. 급하게 마을 쪽을 향해 운전대를 꺾었지만 숲은 점점 깊어지는 것 같았다. 무덤만이 끝날 줄 모르고 이어져 있다.

그러므로 그는 죽음의 공포를 느끼며 다시 '상징계'의 문명으로 되돌아 와야 한다.

그렇다. 나는 아내를 위해 모든 것을 했다. … 오늘 그녀의 방은 없어졌다.

이윽고 시야가 뚫린다. 반갑게도 저 멀리에 늘씬한 포장도로가 나타나 있다.

결국 남편은 아내를 보호시설에 감금하고 신도시의 문명세계로 귀환한다. 이리하여 그는 문명의 '상징계'에 다시 갇히게 된다. 그는 "외국어학원"에서 또 다른 기능적 언어를 배울 것이며 여전히 "증권"시황 소식에도 관심을 기울일 것이다. 그렇다면 아내의 '실재계'와 남편의 '상징계'는 어떻게 해야 서로를 배제하지 않으면서 소통할 수 있을까? 라캉에 의하면 그 길은 없다. 언어는 의식이고 실재계는 언어가 배제하는 무의식이기 때문이다.

이제부터는 이런 문명의 딜레마라는 문제 의식을 가지고 무질의 단편 「그리지아」와 공선옥의 소설 「홀로어멈」에 대해서도 살펴보기로 하자. 전자에서는 주인공이 남성이지만 나름대로 그 낯선 여성의 '실재계'를 이해하려고 하며, 후자에서는 주인공이 여성이지만 남성의 규범적 '상징계'를 전유하려 함으로써 나름대로 그 영역의 분리를 넘어서려 시도한다.

3. 무질의 단편소설 「그리지아」

무질의 단편소설 「그리지아(Grigia)」에서 보면 남자 주인공 호모(Homo)는 지질학자로서 평범한 가정의 남편이자 아버지의 역할을 다하고 있다. 그는 평소에 복잡한 도시를 떠나 조용한 곳에 가서 쉬고 싶지만 "그로써 자신, 책, 계획 그리고 인생으로부터 너무 오래 떨어져 있을지도 모른다는 생각이 들어" 결단을 내리지 못하는 상태다. 그는 논리적 언어를 특징으로 하는 문명사회의 '상징계'에 속하는 사람이지만 원초적 '상상계'의 자유를 그리워하는 사람인 셈이다. 그러던 중 그는 어느 날 이탈리아의 광산 마을에서 호핀고트(Mozart Amadeo Hoffingott)라는 사업가로부터 폐쇄된 금광의 재개발 사업에 참여해 달라는 편지를 받고 마침내 만사를 제쳐 두고 그곳으로 가게 된다. 이 사람의 이름은 독자들에게 볼프강 아마데우스 모차르트를 연상시키며 '음악'과 '죽음' 등의 '실재계'를 생각나게 한다.

1) '실재계'의 자연적 존재로서의 여성상

주인공의 이름이 호모이듯 그는 현대 문명인을 대표하는 평범한 남자다. 그는 프로이트의 말처럼 현대인이면 누구나 느끼는 '문명 속의 불만'을 느껴 '상상계'를 찾아 내면으로의 여행을 하는 것이다. 작품의 이런 존재회복 관련 주제의식은, 주인공이 마을에 도착했을 때 그의 눈에 처음 포착된 산골 마을의 모습에서도 감지된다.

> 그 풍경은 윗부분이 암벽으로 되어 있는 높은 산들이 반원형보다 좀 더

길게 원형의 담처럼 에워싸고 있었고, 그 산들은 급경사를 이루며 아래로 내려와 중앙의 조그만 곤봉 모양의 숲을 감싸고 이어져 있었다. 그 전체의 모습은 마치 속이 빈 구글후프 케이크처럼 생겼다. 거기서부터는, 마치 누군가가 한입 베어 먹은 듯, 한 귀퉁이가 터져 있어 계곡의 물이 흘러내렸고 바로 이런 이유 때문에 그 전체의 모습은 거기서부터 저 아래쪽으로 이어진 높은 능선의 경사면을 향해 입을 벌린 채 기대어 있는 형상이었고, 그 능선의 가파른 벼랑에 마을이 매달려 있었다.

마을이 위치한 주변 풍경은 호모의 재탄생을 준비하고 있는 듯이 자궁의 형상을 하고 있다. 시냇물이 생명의 근원으로서 거기서 흘러나와 계곡 아래로 흐르는 곳에 마을이 마치 나팔관에 착상된 수정란처럼 자리 잡고 있다. 이 마을은 그곳에 오는 모든 사람들에게 편안함을 안겨 준다.

축복을 가져다 주었으므로, 어디서든 사랑의 대상을 찾을 수 있었다. 이 사랑은 마치 전령처럼 앞서 달렸고 새로 깐 손님용 침대처럼 어디를 가든 준비되어 있었다. 또 사람들의 눈빛에는 반갑게 맞이하는 환영의 선물이 담겨 있었다.

그는 이 마을에서 그리지아라는 소 치는 여성을 사귀게 된다.

그녀의 이름은 레네 마리아 렌치였다. 그 이름은 젤보트나 그론라이트, 또는 말가 멘다나 같은 자수정 결정이나 꽃 이름처럼 들렸다. 하지만 그는 그녀를 그리지아로 부르기를 더 좋아 했다. 'ㅣ'모음을 길게 발음하면서 입김을 내쉬는 '챠'가 따라 붙게 하는 것인데, 그것은 그녀가 가지고 있는 암소 이름을 딴 것이었다. 회색 암소를 그녀는 그리지아라고 불렀던 것이다.

그녀는 정체가 명확하지 않다. 자연의 사물들처럼 자연과 하나가 되어 끝없이 변화하는 형상이다. 그는 그녀가 소에 꼴을 먹이느라 언덕을 오르내리는 모습을 바라볼 때는 그녀를 암소라고 느끼며, 마을의 어떤 소녀가 멀리서 건초더미를 잔뜩 끌어안고 언덕을 오르는 모습을 볼 때에도 "말똥구리", "풍댕이" 같다고 느끼며 그 소녀를 "그리지아"일 것이라고 생각한다. 그 과정에서 남자 주인공은 차츰 '상징계'의 논리적 언어의 주체로서의 정체성을 상실하며 자신도 그 미지의 자연세계에 통합된다는 느낌을 갖는다.

이런 존재 체험은 철학자 하이데거의 존재철학에 따르면 우리라는 개별적 "존재자(das Seiende)"가 원래의 참된 자연적 "있음(Sein)"을 회복하는 것이다. 이 "있음"은 우리가 세계와 주체 대 객체로 분리해서 존재하는 문명의 소외를 극복하고 대자연과 소통하는 상태를 말한다. 염재철 선생은 이에 대해 다음과 같이 말한다.

> 세계와 대지라는 거대한 존재의 일렁거림 안에서 각 존재자들은 그 나름의 넓음과 좁음, 느긋함과 조급함, 미움과 사랑, 슬픔과 기쁨, 멂과 가까움으로 자리 잡는다. 존재자는 바로 그렇게 존재하는 것이다. 농부는 그렇게 존재하는 자이고, 나무는 그렇게 존재하는 것이며, 태양도, 별도, 밭고랑도 각각 그렇게 존재하는 것들이다.

호모는 이렇게 "거대한 존재의 일렁거림"과 다시 관계를 맺음으로써 '상징계'를 뒤로하고 그 자연의 세계로 들어간다. 쉽게 말해 문자문명으로 시작한 도시문명의 경계를 넘어가게 되는 것이다. 그 자연 세계에는 네 것과 내 것의 구분이 없다. 그리지아라는 시골여자는 소박한 자연적 존재로서 그 사실을 직관적으로 알고 있다.

> 그리지아는 자기가 사는 산 너머에 호모가 자기보다도 더 사랑하고, 온

영혼으로 사랑하는 사람들이 있다는 것을 당연하게 여기는 것 같았다. 그리고 호모는 이 사랑이 사그라드는 것이 아니라 더욱 강렬해지고 새로워지는 것을 느꼈다.

이 사랑의 세계에는 '상징계'의 언어가 필요 없다. 무한한 웅성거림이 있을 뿐이다. 호모는 마을 사람들의 말을 그렇게 동물의 말처럼 느낀다.

서로 말을 나눈 것이 아니라 그저 말을 했을 뿐이다. 그들이—개인학자, 사업가, 전직 교도소장, 광산엔지니어, 퇴역 소령이 무슨 말을 해야 했겠는가? 그들은 부호로 말했다. 만약에 그 말이 단어여야 했다면 말이다. 불편함, 상대적 편안함, 동경의 말, 요컨대 동물의 말이었다.

이 세계에서는 '상징계'처럼 남녀, 인간과 동물 간의 위계질서가 사라진다.

수많은 말들과 떼거리 개들이 함께 있어 누가 주인인지 헷갈린다.

무질은 이 작품에서 그리지아라는 여성을 이런 '실재계'의 자연적 존재로 이상화시켰다. 그것은 그의 시대의 남성들이 여성의 실제 모습과 무관하게 '상징계'의 극심한 생존경쟁에서 벗어나 안식처를 찾고 싶은 마음에서 여성을 천사처럼 이상화시킨 결과일 것이다. 사이드(E.W.Said)의 어려운 말로 표현하자면 그리지아는 남쪽 나라 이탈리아의 여인으로서 북부 유럽 남성들의 유토피아적 오리엔탈리즘의 산물인 셈이다.

2) '실재계'와 '상징계'가 교차하는 여성상

그러나 마을 사람들과 자연 특히 그리지아의 모습에서 체험되는 '실재계'는 주인공 호모의 동경의 대상일 뿐만 아니라 역시 그에게 죽음을 안겨다 줄 수도 있는 위험한 것이다. 이 소설의 작가 무질은 이 사실에 대해서도 정확히 알고 경고한다.

> 우리는 자연이 결코 자연적이지 않다는 것에 대해 결코 실망해서는 안 된다. 자연은 인간이 강제력을 부과하지 않았을 때는 모든 면에서 흙과 같고 모가 나 있으며 독성이 있고 비인간적이다. 아마도 그를 이 시골 여자와 가깝게 맺어 준 것은 바로 그런 연유에서였을 것이다. 다른 한편으로는 그녀가 너무도 여자답다는 사실에 대한 지칠 줄 모른 경탄이었다. 찻잔을 들고 나무의 한복판에 찻잔을 들고 앉아 있는 귀부인을 본다면 사람들은 분명 경탄을 금치 못하리라.

자연은 전원적일 뿐만 아니라 파괴적일 수 있다. 그럼에도 불구하고 호모가 그리지아에게 마음이 이끌린 것은 '상징계'의 현실충동에서 벗어나고 싶게 만드는 바로 그 '실재계'의 죽음충동 때문일 것이다. 문명에 대한 염증과 그 포기는 자연의 폭력성에 따른 죽음을 의미한다.

그리지아는 만물을 서로 사랑으로 연결되게 하는 대지의 여신과 같은 존재이지만 이미 봄의 새싹이 "독처럼 푸른" 것과 마찬가지로 재생을 위한 죽음의 여신이기도 하다. 이리하여 주인공은 그녀와 사랑을 나누기 위해 폐광 동굴 속에 들어갔다가 결국 "밀렵꾼"처럼 생긴 그리지아의 남편에 의해 그곳에 갇혀 죽는다. 그 남편이 동굴 입구에 커다란 돌을 굴려 막아 버리기 때문이다.

> 거기서 그(호모)는 좁은 틈을 발견했다. 그것은 아마도 옆으로 해서 바깥으로 이어지는 통로일 것이다. 그리지아는 팔다리가 가늘었다. 그러나 그 역시 힘을 주었더라면 아마도 그 사이로 빠져나올 수 있었을 것이다. 그것

은 출구였다. 그러나 그는 이 순간에 아마도 삶으로 되돌아오기에는 너무 약해져 있어서 원하지 않았거나 아니면 실신했다. 동일한 시간에, 사람들은 모든 노력들의 헛됨과 시도의 헛수고를 통찰했기 때문에, 모짜르트 아마데오 호핀고트가 저 아래서 작업의 중단명령을 내렸다.

호모는 폐광된 굴속에 매장되어 죽는다. 이 사건은 황금을 캐기 위한 물질문명의 종식 선언처럼 해석된다. 즉 문명의 규범적 '상징계'가 '실재계'에 의해 포섭되는 순간인 것이다.

그러나 이 작품의 전체 서사 양상을 보면 그것은 어느 하나가 다른 하나를 누르고 승리하는 형식이 아니다. 그 양자는 언제나 서로의 영역을 가로지르고 있다. 예를 들어 마을의 여인들에게는 성(聖)과 속(俗), 문명과 자연이 뒤섞여 있다. 그들이 높은 지대의 초지에서 건초더미에 누워 쉴 때면 그들은 마치 "피렌체의 메디치 예배당에 있는 미켈란젤로의 조각상들처럼 보였다." 그들은 "싸구려 날염"을 한 옷을 입고 다녔지만 그것은 "농부들의 전통의상보다 더 오래된 것"이었으며, 북유럽 네덜란드 여인들처럼 "통나무배 신발"을 신고서 "일본 여자처럼 걸어갔다." 그들은 짐을 나르다 피곤하면 길바닥에 털퍼덕 주저앉아 "흑인처럼 무릎을 세웠다." 그들은 나귀를 타고 산을 올라가야 할 때면, 치마를 젖히고 안장의 날카로운 나무 모서리에 "남자들처럼" "둔감한 허벅지"의 맨살을 대고 앉았다. 일을 할 때면, "여자들은 … 목의 핏줄이 불거져 나올 정도였다." 이런 혼종적 세계에서는 남녀의 역할구분이 무의미하다. 그들의 남편이 외지로 돈벌이를 갔다가 오래간만에 돌아오면 그들이 남편인지 아닌지 확실히 구분이 안 가 의심스럽지만 그냥 함께 살아간다. 그래서 "사기꾼"과 함께 살게 되는 경우도 있다. '상징계'의 엄격한 도덕으로부터 '풀린' 여성들인 것이다.

크리스테바는 모든 존재자들이 그렇게 타자성을 보존하며 수평적으로 공존하는 모습을 바흐의 바로크 음악에 비유하며 긍정한다. 낯선 타자들의 멜로디가 자율적이면서도 서로 교차하며 조화로운 전체를 무한히 형성하기 때문이다. 그것들은 동양 고전「주역(周易)」의 가르침처럼 상의적(相依的)인 것이다.

4. 공선옥의 단편소설「홀로어멈」

무질이 '상징계'의 문명에 포획되지 않는 대자연적 존재와 혼종적 여성성을 통해 '상징계' 바깥의 '실재계'를 현실 속으로 끌어들이려 했다면, 공선옥의 소설「홀로어멈」은 그 모든 '실재계'에 대한 남성주의적 환상과 무관하게 경제적으로 생존하게 하기 위해 노력하는 현실 속의 여자다. 그녀는 남성이나 여성의 여하한 '실재계'의 환상에도 빠지지 않으면서 '상징계'라는 현실 속에서 생존하기 위해 적극적으로 혹독한 현실에 적응하며 삶을 개척한다.

1) '고장난 상징계'의 남자들

작품의 여주인공 정옥은 한국의 90년대 후반 IMF 경제 위기시대에 세 명의 어린 딸과 함께 귀촌해 살아가는 젊은 이혼녀다. '상징계'의 문명 신화를 일구던 한국 사회는 그 한계를 드러내며 위기에 봉착해 있다. 이 작품에 등장하는 젊은 남자 셋의 모습은 생계를 책임지는 가장으로서의 젠더 역할을 충실히 이행할 능력이 없다. 그녀의 남편은 성실하지 못해서 실직한 후 음주에 빠져들었고 일확천금이나 꿈꾸면서 급기야 그녀에게 손찌검까지 했다. 이에 그녀는 그와 이혼한 후에 시골의 폐교에 교실을 임차해 살면서 억척스럽게 살아간다.

> 비가 온다. 비가 와서 꼼짝을 안 하고 싶다. 비 맞고 해야 할 짓은 다 했다. 부러진 고춧대 세웠지. 옥상에 올라가 방수비닐 쳤지. 물 안 나가는 하수구 뚫었지. 숨이 턱에 차도록 뛰어다녔다. 이제 정말 지긋지긋하다. 하지만 걱정이 된다. 비 맞는 닭들 생각에 정옥은 잠도 편히 못 잔다.

이렇게 고생하는 그녀를 위해 그녀의 오랜 친구 순아가 그녀에게 재혼을 누차 권유하며 이웃의 젊은 남자들을 소개한다. 그러나 그들은 정옥의 생계 문제 해결에 밝은 전망을 보여 주지 못한다. 왜냐하면 정옥 자신이 마을의 그 어떤 남자들보다 더 유능하다는 것이 확인되기 때문이다. 예컨대 순아가 그녀의 집의 정전(停電)사태를 해결해 주기 위해 데려오는 남자의 모습은 온실 속의 남자처럼 무기력해 보인다.

> 머잖아 윗집 홀아비는 '눈부시게 깔끔한' 모습을 하고 순아를 따라 왔다. 전기 계통의 일을 한 사람의 손치고는 지나치게 허옇고 손가락이 길쯤하다. 웬일인지 남자의 허연 손을 보자 정옥은 소름이 쫘악 끼친다. 순아는 무엇이 좋은지 내력 없이 겅중겅중, 히히덕거린다.

이 남자는 문제를 해결하지 못하고 당황하다가 "겸연쩍게 웃는다." 순아가 재혼을 권유하는 또 다른 남자인 "저쪽 축사 있는 외딴집"의 "젊은치" 역시 무능하기는 마찬가지다. 이 작품에 등장하는 도시 출신의 세 남성의 무능한 모습에 비해 정옥은 억세게 일상생활의 문제들과 맞서 싸워 나간다.

2) '고장난 상징계'를 수리하는 "슈퍼맘"

주인공 정옥의 적극적 행동은 종종 마을 사람들과 충돌을 빚는다. 하지만 이 충돌은 결과적으로 마을의 가부장적이고 보수적인 분위기에 변화의 바람을 불어넣고 새로운 수행적 행동을 도입하는 자극제가 된다. 예컨대 마을 사람들은 마을 입구에 산사태가 나서 고립되어도 스스로 길을 고치면 된다고 생각하지만, 정옥은 적극적으로 "군청 재해대책반"에 신고를 한다. 마을 사람들은 이런 그녀의 행동이 "돈"으로 모든 문제를 해결하려는 태도로서 "동네 우세를 사게" 하는 일이라고 핀잔을 준다. 그녀는 그런 말에 "얼굴이 확확" 달아오르지만 자신의 생각을 굽히지 않는다. 그녀는 지금의 낯선 생활환경 속에서 혼자서 그 모든 역경을 감당하느라 힘들고 외롭지만 "내 외로움이, 내 가난함이 사실은 내 힘이라는 사실을" 가슴속 깊이 되새기며 부지런히 산다.

그녀는 직접 읍내의 교육청을 찾아가서 자녀들의 "교통비" 보조금 지급을 요구하는 억척스런 권리의식도 보인다. 그녀는 처음에는 거절당하지만 "교육장"과의 직접 면담을 통해 지급 약속을 받아내고 만다. 하지만 그녀가 교육청 문을 나서려는 순간 교육장이 옆의 과장에게 '그녀에게 더 이상 폐교 임대계약의 재연장을 허락하지 말라!'고 지시하는 순간 울컥 화가 나 속에서는 분이 치민다.

> 교육장실 안으로 다시 쳐들어갈 것인가, 말 것인가, 정옥은 입술 끝만 괜히 씰룩거리는데 지금까지 가만있어서 불만이었던 갑철 총각이 말릴 새도 없이 교육장실 유리문을 와장창 박살내 버렸다.

정옥의 권리 주장 행동은 뜻밖에도 수동적인 이웃남자를 사회의 변화를 위한 행동가로 만든다. 여성의 역할은 더 이상 가정이라는 사적 영역에서 주부로서의 역할에만 한정되지 않는다. 정옥은 여성도 사회의 리더로서 가부장적 '상징계'를 새롭게 민주적으로 재편할 수 있다는 가능성을 열어 보인다. 물론 라캉은 이 민주적 세계 역시 '상징계'의 테두리에 갇혀 있을 뿐이라고 비판할 테지만, 이 작품의 분위기는 우선 이 가부장적 '상징계'의 재편이 급선무이며 그 가능성이 작품의 곳곳에서 암시된다. 작품에 등장하는 모든 사람들의 마음속에 서로 이해하고 소통하려는 정이 담겨 있기 때문이다. 예를 들어 정옥은 초겨울 산속의 감나무에 매달려 있던 야생 감을 임자가 있는 줄도 모르고 자녀들에게 주려고 따 왔다가 주인 영감에게 들켜 그 대금으로 "오만 원"이라는 거액을 요구받지만 결국 그녀가 "사과(謝過)"하는 선에서 그도 눈감아 준다. 그녀의 이웃친구 순아는 늘 음식을 그녀의 집으로 가져와 아이들과 함께 나누어 먹으라고 하며, "윗집 사는 할멈"은 그녀에게 "힘든 일"을 "술 힘으로" 이겨내는 법을 가르쳐 준다.

정옥은 마을의 보수주의적 분위기 속에서도 면면히 흐르는 이런 생태계적 순환의 흐름 속에 몸을 맡긴다. 작품의 마지막 장면, 즉 갑철이 교육청 유리창을 깬 다음에 벌어지는 진풍경은 이런 생태계적 순환으로서의 세계의 모습을 상징적으로 보여 준다.

> 그 서슬에 정옥이 안고 있던 닭이 공중으로 푸드덕 솟구쳐 오르더니 쏜살같이 도망을 간다.
>
> 정옥과 갑철이 닭을 잡으러 뛰어가고 교육청 공무원들은 유리창 깨놓고 도망가는 인간들을 잡으러 뛰어오고 있다. 햇빛은 쫓겨가는 닭과 쫓아가는 인간과 쫓아오는 인간들 머리 위로 사정없이 쏟아진다.

햇빛이 추격자, 도망자, 닭을 가리지 않고 모든 존재자들에게 골고루 비치듯, 이 작품에서 정옥의 생존 노력은 우주의 거대한 생태계적 순환 속에 존재한다. 정옥이 세들어 살고 있는 폐교는 이에 대한 알레고리로 해석될 수 있다. 그것은 전천후 건물인 콘크리트 아파트와 달리 자연의 재해와 축복에 모두 노출되어 있다. 장마철의 "눅눅한 습기"와 추운 바람, 여름밤의 폭풍우에 내맡겨져 있는 것이다. "천둥벼락이 내리치자 집안의 많은 전자제품들, 전기기기들이 한꺼번에 고장나 버렸다." 정옥은 그것들의 재순환을 위해 노력한다. 마을을 외부세계와 소통시키기 위해서 "재해대책반"에 신고하며, 읍내 교육청으로 찾아가서는 "교통비" 지원을 요청하는 것이다. '상징계'는 더 이상 라캉의 '아버지의 법'처럼 남성들이 독점하는 것이 아니다. 그 세계는 정옥의 새로운 젠더 정체성 실천으로 새롭게 재편될 것이다.

5. 나오며

지금까지 우리가 살펴 본 은희경의 「아내의 상자」, 무질의 「그리지아」 그리고 공선옥의 「홀로어멈」에 나타난 여주인공들의 모습을 다시 정리해 보자면 그들의 모습은 가부장적 '상징계'와 몸의 '실재계'에 갇힌 여자(1), '실재계'의 팜프파탈로 작용하는 자유로운 여자(2), '상징계'를 재편해 남자와 여자를 소통시키려는 여자(3)로 요약될 수 있을 것이다.

좀 더 구체적으로 말하자면 첫째, 「아내의 상자」의 여주인공은 남녀 역할 분리의 이분법적 질서가 지배하는 '상징계'의 평범한 일상생활에서 몸이 무의식적으로 불편을 느껴 거기에 저항하면서 '실재계'를 지키려 하지만 그것은 '상징계'의 남편에게 이해될 수 없으므로 정신병자 취급을 당해 배척당하고 만다. 둘째, 「그리지아」에서는 남성 주인공이 직접 문명의 '상징계'를 돌파하기 위해 낯선 농촌 여성을 통해 우주적 자연을 체험함으로써 '실재계'에 다가서려 하지만, 이 '실재계'로서의 여성은 생명의 재탄생을 위한 죽음을 내포하므로 남성을 죽음에 이르게 한다. 마지막으로 「홀로어멈」에서는 IMF 경제 위기로 상징되는 망가진 '상징계'에서 경제적 생존과 자녀양육이라는 시급한 문제 해결을 위해 좌충우돌하는 여성 주인공이 '상징계'의 막힌 부분들을 서로 소통시키는 역할을 한다.

끝으로 한마디 덧붙이자면 세 작품은 나름대로 현대 역사 속의 다양한 여성들의 성 정체성(내지는 남성들의 여성에 대한 관념)을 보여 줌으로써 오늘날 우리의 현실에서 자연적 성으로 착각하기 쉬운 젠더 정체성에 대해 다각도로 성찰해 볼 수 있는 좋은 거울이 되어 준다 하겠다.

참고문헌

작품

공선옥, 「홀로어멈」,『멋진 한세상』, 창비, 2006, pp. 112–139.

은희경, 「아내의 상자」,『이상문학상 수상작품집 22–아내의 상자 외』, 문학사상사, 1998, pp. 23–59.

Kafka, Franz, *Ein Bericht für eine Akademie*, in: F. K., Sämtliche Werke, Frankfurt a. M., 2008, pp. 870–878.

Musil, Robert, *Drei Frauen*, Reinbek, 1988.

무질, 로베르트, 『세 여인』, 강명구 역, 문학과 지성사, 1997.

연구문헌

염재철, 「예술작품을 향한 존재자 지향적인 길과 존재 지향적인 길 –하이데거의 예술철학 논구(1)–」, 『미학』 53집, 2008, pp. 95–126.

정문권·윤남희, 「〈경희〉의 페미니즘 수사전략」, 『한국언어문학』, 68집 2009, pp. 455–474.

버틀러, 주디스, 『의미를 체현하는 육체』, 김윤상 역, 인간사랑, 2003.

버틀러, 주디스, 『젠더 트러블』, 조현준 역, 문학동네, 2008.

Buthler, Judith, *Körper von Gewicht*, Translated by Karin Wördemann, Frankfurt a. M. 1997.

Kristeva, Julia, *Fremde sind wir uns selbst*, Frankfurt a. M., 1990.

이리가레, 뤼스, 『하나이지 않은 성』, 이은민 역, 동문선, 2000.

하이데거, 마르틴, 『존재와 시간』, 전양범 역, 시간과 공간사, 1995.

지젝, 슬라보예, 『이데올로기라는 숭고한 대상』, 이수련 역, 인간사랑, 2002.

Žižek, Slavoj, *The Sublime Object of Ideology*, London, 1989.